2025학년도 대입 논술 · 구술 면접 대비

대학으로 가는 논술·구술 필수상식

시대에듀

대학으로 가는
논술 · 구술
필 수 상 식

Always **with you**

사람의 인연은 길에서 우연하게 만나거나 함께 살아가는 것만을 의미하지는 않습니다.
책을 펴내는 출판사와 그 책을 읽는 독자의 만남도 소중한 인연입니다.
시대에듀는 항상 독자의 마음을 헤아리기 위해 노력하고 있습니다.
늘 독자와 함께하겠습니다.

머리말 PREFACE

자신의 의견을 논리정연하게 창의적으로!

대학 입시에 있어 논술과 구술 면접은 합격 여부를 결정하는 중요한 요소의 하나로 자리 잡았습니다. 두 가지 모두 자신의 의견을 얼마나 논리정연하고 창의적으로 답하느냐에 따라 합격과 불합격이 결정되지요.

특히 최근의 논술과 구술 면접은 단순한 인성평가 외에 사회적 이슈를 여러 교과 지식, 자기소개서, 생활기록부와 연계해 묻는 유형이 주를 이루고 있습니다. 논술 및 면접에 대비하기 위해서는 우선 기본상식을 바탕으로 최근 사회 현상에 대한 자신만의 관점, 가치관을 가져야 합니다. 이어 그 문제에 대해 입장을 표현할 수 있어야 하는데요. 대학에서는 단순한 암기 위주의 실력과 스킬보다는 창의적이고 비판적인 안목을 가진 학생을 선발하기 때문입니다.

이것이 〈대학으로 가는 논술 · 구술 필수상식〉을 봐야 하는 이유입니다. 이 책은 최근 우리 사회에서 일어난 주요 사건을 각 문제에 대한 원인과 해결방안, 자신의 입장과 견해의 측면에서 정리할 수 있도록 ▲ 면접 기출문제 ▲ 최신 시사이슈 분석 ▲ 이슈 찬반토론 ▲ 논술 · 구술 기출용어 등으로 구분해 체계적으로 살펴볼 수 있게 구성했습니다.

〈대학으로 가는 논술 · 구술 필수상식〉이 논술 · 구술 면접에 대한 정답을 알려주는 것은 아닙니다. 다만 효율적인 방향을 제시함으로써 여러분이 '원하는' 대학으로 가는 데 큰 밑거름이 될 것을 확신합니다. 이 책을 통해 최신이슈에 대해 자신의 의견을 정리해보고, 일반상식을 두루 갖춰 논술과 구술 면접에 임하는 데 도움이 되길 바랍니다.

이 책으로 공부하는 방법

대입 논술·심층면접

완벽 대비서!

01 대학별 **기출문제** / 빈출 **인성면접 문제**

PART1은 2024~2020학년도 대입 수시 시험에 기출된 논술·구술 질문들을 망라하여 읽는 것만으로도 입시 흐름의 맥을 잡을 수 있도록 구성했습니다. 빈출 인성문제도 읽어보며 어떤 질문들을 대비해야 하는지 파악하도록 합시다.

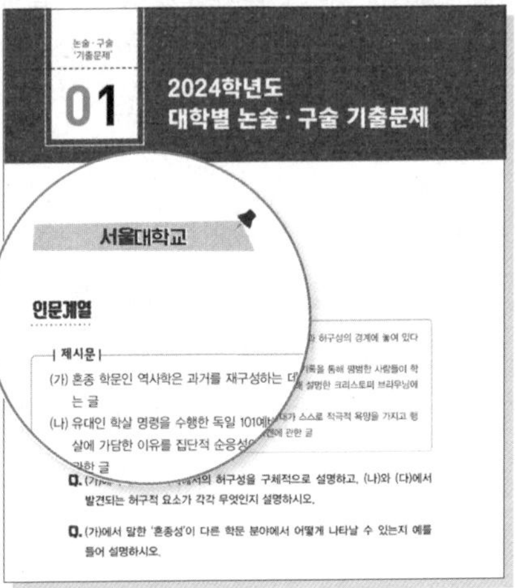

논술·구술 '기출문제'

01 2024학년도 대학별 논술·구술 기출문제

서울대학교

인문계열

제시문

(가) 혼종 학문인 역사학은 과거를 재구성하는 데 … 는 글

(나) 유대인 학살 명령을 수행한 독일 101예비 … 살에 가담한 이유를 집단적 순응성 … 관한 글

Q. (가) … 허구성을 구체적으로 설명하고, (나)와 (다)에서 발견되는 허구적 요소가 각각 무엇인지 설명하시오.

Q. (가)에서 말한 '혼종성'이 다른 학문 분야에서 어떻게 나타날 수 있는지 예를 들어 설명하시오.

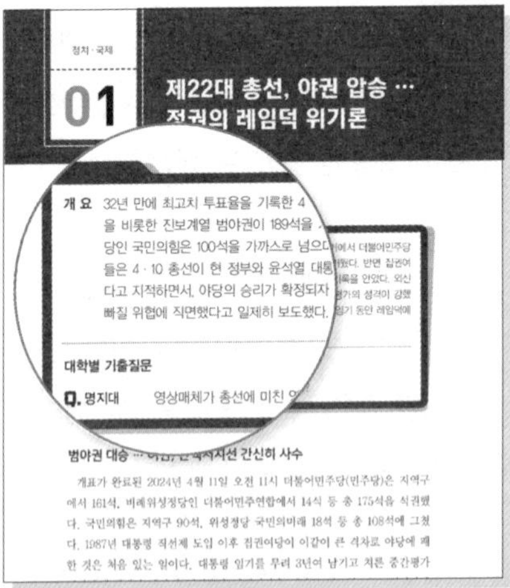

정치·국제

01 제22대 총선, 야권 압승 … 정권의 레임덕 위기론

개 요 32년 만에 최고치 투표율을 기록한 4 … 을 비롯한 진보계열 범야권이 189석을 … 당인 국민의힘은 100석을 가까스로 넘으 … 들은 4·10 총선이 현 정부와 윤석열 대통 … 다고 지적하면서, 야당의 승리가 확정되자 … 빠질 위험에 직면했다고 일제히 보도했다.

대학별 기출질문

Q. 명지대 영상매체가 총선에 미친 …

범야권 대승 … 여당, 간신히 … 사수

개표가 완료된 2024년 4월 11일 오전 11시 더불어민주당(민주당)은 지역구에서 161석, 비례위성정당인 더불어민주연합에서 14석 등 총 175석을 석권했다. 국민의힘은 지역구 90석, 위성정당 국민의미래 18석 등 총 108석에 그쳤다. 1987년 대통령 직선제 도입 이후 집권여당이 이같이 큰 격차로 야당에 패한 것은 처음 있는 일이다. 대통령 임기를 무려 3년여 남기고 치른 중간평가

02 꼭 알아야 할 **최신 핫이슈**

PART2에서는 최근 이슈가 되거나 입시에 출제된 29개의 주목할 만한 시사 주제들이 요약되어 있어 대입 논술·구술 시험에 필요한 배경지식을 쌓을 수 있습니다. 관련 기출문제가 어느 대학에서 출제되었는지도 확인해 봅시다.

최신 시사상식으로 논술·구술

한 번에 잡자!

03 실전 시사 실력을 쌓는 **찬반토론**

PART3에서는 사회적 논쟁이 되는 주제들에 대한 찬반 의견을 정리해 배워봅니다. 자신의 의견을 정리할 수 있는 힘을 기를 수 있습니다.

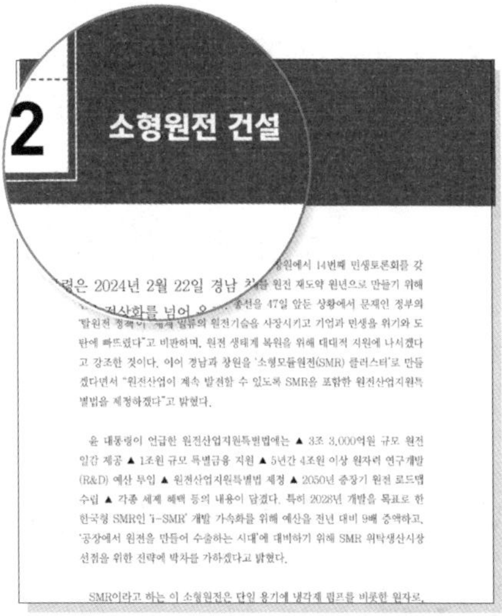
2
소형원전 건설
렸은 2024년 2월 22일 경남 창원에서 14번째 민생토론회를 갖
'탈원전 정책이 세계 일류의 원전기술을 사장시키고 기업과 민생을 위기와 도탄에 빠뜨렸다"고 비판하며, 원전 생태계 복원을 위해 대대적 지원에 나서겠다고 강조한 것이다. 이어 경남과 창원을 '소형모듈원전(SMR) 클러스터'로 만들겠다면서 "원전산업이 계속 발전할 수 있도록 SMR을 포함한 원전산업지원특별법을 제정하겠다"고 밝혔다.
윤 대통령이 언급한 원전산업지원특별법에는 ▲ 3조 3,000억원 규모 원전 일감 제공 ▲ 1조원 규모 특별금융 지원 ▲ 5년간 4조원 이상 원자력 연구개발(R&D) 예산 투입 ▲ 원전산업지원특별법 제정 ▲ 2050년 중장기 원전 로드맵 수립 ▲ 각종 세제 혜택 등의 내용이 담겼다. 특히 2028년 개발을 목표로 한 한국형 SMR인 'i-SMR' 개발 가속화를 위해 예산을 전년 대비 9배 증액하고, '공장에서 원전을 만들어 수출하는 시대'에 대비하기 위해 SMR 위탁생산시장 선점을 위한 전략에 박차를 가하겠다고 밝혔다.
SMR이라고 하는 이 소형원전은 단일 용기에 냉각재 펌프를 비롯한 원자로,

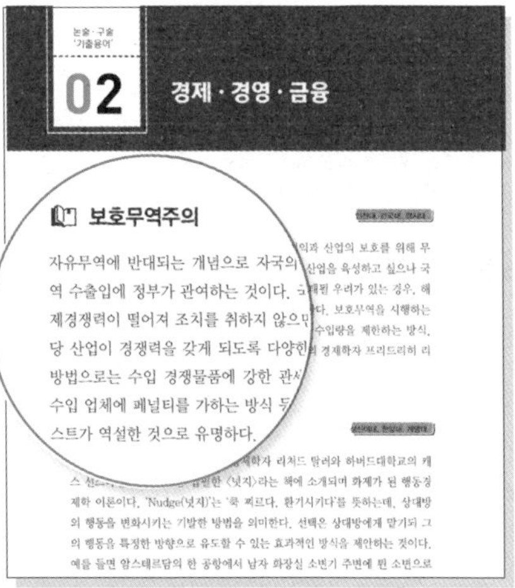
논술·구술 '기출용어'
02
경제 · 경영 · 금융
보호무역주의
자유무역에 반대되는 개념으로 자국의
역 수출입에 정부가 관여하는 것이다.
제경쟁력이 떨어져 조치를 취하지 않으
당 산업이 경쟁력을 갖게 되도록 다양한
방법으로는 수입 경쟁물품에 강한 관
수입 업체에 페널티를 가하는 방식 등
스트가 역설한 것으로 유명하다.
제학 이론이다. 'Nudge(넛지)'는 '쿡 찌르다, 환기시키다'를 뜻하는데, 상대방의 행동을 변화시키는 기발한 방법을 의미한다. 선택은 상대방에게 맡기되 그의 행동을 특정한 방향으로 유도할 수 있는 효과적인 방식을 제안하는 것이다.
예를 들면 암스테르담의 한 공항에서 남자 화장실 소변기 주변에 튄 소변으로

04 핵심만 콕콕! **기출 키워드**

PART4는 논술 · 구술 대비를 위한 필수상식을 분야별 키워드로 습득하기 위해 마련되었습니다. 주요 대학의 최신 기출용어를 완벽하게 설명하고 어렵고 난해한 개념들을 명확하고 깔끔하게 풀었습니다.

이 책의 목차

PART 1 논술 · 구술 '기출문제'

실제 시험장에선 어떻게 질문할까?

PART 2 논술 · 구술 '시사 이슈'

시사상식은 '고득점 + α' 필수

정치 · 국제

경제 · 경영

사회 · 법률

이 책의 목차

문화 · 미디어

과학 · IT

PART 3 논술 · 구술 '찬반토론'

사고를 넓혀주는 응용 상식

PART 4 논술 · 구술 '기출용어'

반드시 짚고 가야 할 기출 상식용어

“실제 시험장에선 어떻게 질문할까?”

PART 1

논술 · 구술 '기출문제'

01 2024학년도 대학별 논술 · 구술 기출문제

02 2023학년도 대학별 논술 · 구술 기출문제

03 2022학년도 대학별 논술 · 구술 기출문제

04 2021학년도 대학별 논술 · 구술 기출문제

05 2020학년도 대학별 논술 · 구술 기출문제

06 빈출 인성면접 기출문제

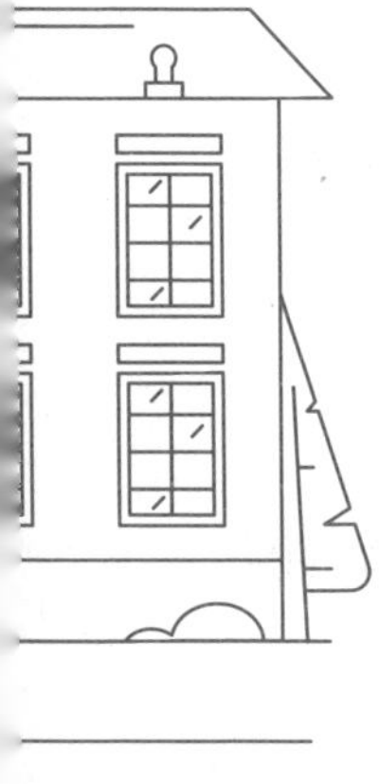

논술·구술
'기출문제'

01 2024학년도 대학별 논술·구술 기출문제

서울대학교

인문계열

| 제시문 |

(가) 혼종 학문인 역사학은 과거를 재구성하는 데 있어 사실성과 허구성의 경계에 놓여 있다는 글

(나) 유대인 학살 명령을 수행한 독일 101예비경찰대의 재판 기록을 통해 평범한 사람들이 학살에 가담한 이유를 집단적 순응성이라는 개념을 이용해 설명한 크리스토퍼 브라우닝에 관한 글

(다) 브라우닝과 동일한 사료를 검토한 후 101예비경찰대가 스스로 적극적 욕망을 가지고 행동했기 때문이라고 결론을 내린 대니얼 골드하겐에 관한 글

Q. (가)에서 말한 역사학에서의 허구성을 구체적으로 설명하고, (나)와 (다)에서 발견되는 허구적 요소가 각각 무엇인지 설명하시오.

Q. (가)에서 말한 '혼종성'이 다른 학문 분야에서 어떻게 나타날 수 있는지 예를 들어 설명하시오.

식품동물생명공학부

Q. (생활기록부를 보며) 동아리에서 수질정화 프로젝트를 진행한 이유와 맡은 역할을 말해보시오.

답변 예시 〈다크 워터스〉라는 영화를 보고 주변환경에 관심을 갖게 됐고, 동아리원들과 지역 하천의 수질을 정화해보고자 했다. 수질정화에 사용된다고 알려진 간이 정수기, EM(Effective Micro-organisms) 흙공, 응집제를 사용해 수질정화 프로젝트를 진행했다. 프로젝트를 진행하면서 앞서 언급한 세 가지 방법을 조사한 후 직접 샘플에 적용해보면서 수질정화에 가장 효과적인 방법을 찾고자 했다. 실험 결과 EM 흙공을 사용한 방법이 가장 효과적이었고, 이후 담당 선생님의 지도 아래 실제 하천에 EM 흙공을 투척하는 활동도 했다.

추가 질문 해당 활동을 하면서 성장한 점은 무엇인가?

답변 예시 예상과 달리 응집제가 수질정화에 효과적이지 않았다. 그 원인을 분석한 결과 크게 두 가지로 도출할 수 있었다. 첫 번째로 고분자응집제의 경우 불순물이 완전히 녹지 않고 물 분자 사이사이에 존재하는 콜로이드 상태여야 하는데, 사용한 샘플의 불순물이 완전히 녹아 용액 상태가 됐었다. 두 번째로는 시간이 부족해 원래 응집제를 넣고 교반기를 돌려야 하는 시간보다 적게 돌렸다는 점이다. 따라서 수질정화가 제대로 이루어지지 않았다고 판단했다. 이러한 과정을 통해 과학자로서 필요한 문제해결능력을 기를 수 있었다.

Q. (생활기록부를 보며) **3학년 사회문제 탐구에서 '노인 질식사고를 예방하는 고령친화제품'을 주제로 보고서를 썼는데, 그 동기와 과정을 말해보시오.**

답변 예시 매년 노인들이 질식사고로 사망한다는 뉴스기사를 봤다. 또 〈10년 후 세계사 두 번째 미래〉라는 책을 읽고 노인복지에 관심을 갖게 되어 노인 질식사고의 원인인 식품을 통해 이를 해결하고자 했다. 직접 지역 요양센터를 방문하고 인터뷰를 진행해 당사자들이 겪는 음식섭취의 불편함을 파악했다. 이를 바탕으로 노인들의 기호에 맞는 고령친화식품의 개발, 고령친화식품의 홍보와 대중성 확보를 해결방안으로 제시하는 보고서를 작성했다. 이 활동을 통해 노인들을 위한 고령친화식품에 대해 알게 됐고, 이후 식품개발자가 되어 고령친화식품을 개발해보고 싶다고 생각했다.

Q. (생활기록부를 보며) **식품의 반응속도와 아레니우스식에 관해 탐구를 했는데, 그 내용에 대해 말해보시오.**

Q. (생활기록부를 보며) **배양육을 주제로 칼럼을 쓰게 된 과정을 설명해보시오.**

추가 질문 배양육의 논란과 해결방안을 작성한 부분에 대해 자세히 말해보시오.

추가 질문 배양육에 과도한 항생제가 사용되는 등의 문제가 있는데 알고 있는가?

원자핵공학과

Q. (생활기록부를 보며) 핵에 관심을 가지게 된 이유를 말해보시오.

답변 예시 〈에너지 위기, 어떻게 해결할까?〉라는 책을 읽고 관심을 갖게 됐다. 프로젝트 과제로 신재생에너지에 대한 정보를 얻기 위해 이 책을 찾아봤는데, 원자력과 핵융합에 관한 내용이 수록돼있었다. 원래 영화나 후쿠시마 원전 사고 등을 통해 핵에 대해 부정적인 시각을 가지고 있었는데, 책을 읽다 보니 생각보다 친환경적이고 효율적인 잠재력이 있는 에너지원이라는 점에서 매력을 느끼게 되어 핵을 연구하는 삶을 살아야겠다는 다짐을 하게 됐다.

Q. (생활기록부를 보며) 핵에 대한 분야 중에서도 핵융합에 대한 관심이 가장 높은 것 같은데, 현재 핵융합이 상용화되기 어려운 이유를 알고 있는가?

답변 예시 플라스마의 불안정성 문제를 해결하는 것이 가장 큰 과제라고 알고 있다.

추가 질문 플라스마가 불안정해지는 원인은 무엇인가?

답변 예시 플라스마는 물리학의 매우 복잡한 문제를 합쳐놓은 유체다. 우선 전기적 성질을 띠어 전자기적인 해석 문제가 있고, 고온의 유체라는 점에서 난류 문제까지 있다. 이러한 원인 때문에 플라스마를 해석하기 매우 힘들다고 알고 있어 개인적으로 꼭 해결해보고 싶은 연구 분야이기도 하다.

추가 질문 한국의 핵융합장치로 무엇이 있는지 알고 있는가?

Q. (생활기록부를 보며) SMR에 대해 탐구한 것 같은데, SMR이 무엇인가?

답변 예시 SMR은 소형원전이다. 기존의 원전에 비해 많은 장점을 갖고 있는데, 우선 기존의 원전은 냉각수의 공급을 위해 반드시 바다 옆에 건설해야 한다. 그러나 SMR은 액체 나트륨 등을 냉각제로 쓰기 때문에 바다 옆에 짓지 않아도 되고, 대형원전에 비해 건설비용도 저렴하다.

추가 질문 SMR처럼 핵융합장치도 소형화하는 것에 대해 어떻게 생각하는가?

답변 예시 기존의 핵융합장치보다 훨씬 작기 때문에 플라스마 불안정성을 제어하는 것은 더 쉬울 것이다. 다만 작게 만들면 유효한 에너지 순생산량이 나오기 힘들 것이라 생각한다.

고려대학교

인문계열

| 제시문 |

① 이규보의 한문수필 〈경설〉 전문
② 다문화주의 이론 중 샐러드 볼 이론과 문화 다원주의의 개념을 설명하고 바람직한 다문화 사회로 나아가기 위해서는 문화의 다양성을 존중해야 한다는 글
③ 덴마크의 행복지수가 높은 이유를 덴마크 택시기사의 사례를 들어 설명한 글
④ 정호승의 시 〈슬픔이 기쁨에게〉 전문
⑤ 박태원의 소설 〈천변풍경〉 일부 지문
⑥ 그래프 자료 4개(아버지의 직업에 따른 자녀의 직업, 소득분위별 교육비 지출 현황, 국내 총생산에서 광역 경제권별 총생산, 유리천장 지수) 제시
⑦ 농사를 살피는 관원이 고을 백성들을 가난에서 구제하기 위해 농업을 장려하고 농업생산력을 증진해야 함을 주장하는 글

Q. ①~⑤ 가운데 셋을 선택하여 그것을 근거로 ⑥의 그림이 공통적으로 나타내는 사회적 문제의 해결방안을 제시하시오.

Q. ①~⑤ 가운데 셋을 선택하여 그것을 근거로 옹호나 비판 어느 한쪽의 입장에서 ⑦에 나타나는 '신(臣)'의 태도를 평가하시오.

약학과

Q. 지원동기는 무엇인가?

답변 예시 고등학교 3학년 창의진로시간에 우리나라의 25%가 반려가구라는 사실을 알게 됐다. 또 현재 반려견을 키우고 있는데, ○○○이라는 난치병을 알고 있다. 그러나 우리나라는 아직 반려동물에 대한 연구와 인식이 부족해 많은 물품을 해외직구로 구해야 하는 불편함이 있다. 약학과에 진학해 공부하면서 반려동물 연구에 대한 인식을 개선하고 인류보다 오랜 기간 진화해 온 동물진화 매커니즘을 밝혀 인류의 발전을 도모하고자 한다.

추가 질문 반드시 본 학과여야 하는 이유가 있는가?

답변 예시 약학대학에 대해 찾아보면서 생약학연구실을 알게 됐는데, ○○○ 교수님이 천연물로부터 분리한 화합물의 구조를 분석한 연구를 봤다. 고등학교 재학 3년간 해양미생물로부터 추출한 항암제 후보물질 등 천연물에 대한 연구를 진행한 적이 있다. 생약학연구실에서 이러한 연구를 지속적으로 이어나가고자 지원하게 됐다.

Q. 수의학에도 관심이 많은 것 같은데 왜 약학과에 지원했는가?

답변 예시 수의학에도 관심이 있어 고등학교 1학년 때까지만 해도 수의대와 약대 중 고민을 많이 했다. 하지만 하고 싶은 일이 동물의약품에 대한 연구이고, 동물의약품은 수의학도 중요하지만 '의약품' 연구이기 때문에 약학에 대해 기본이 되어있어야 한다고 생각한다.

Q. 탄산음료를 마시면 음료 속의 탄산 때문에 톡 쏘는 맛이 느껴진다. 시원할수록 그 맛이 더 강하게 느껴지는 이유를 알고 있는가?

답변 예시 탄산음료의 탄산은 이산화탄소가 액체에 용해되며 탄산이온이 돼 톡 쏘는 맛이 느껴지는 것이다. 이때 온도가 내려갈 경우 용해도가 높아져 더 많은 이산화탄소가 용해되어 톡 쏘는 맛이 강하게 느껴진다.

추가 질문 압력에 대해서도 설명할 수 있는가?

Q. DNA와 RNA의 차이에 대해 설명해보시오.

Q. (생활기록부를 보며) 내신 성적이 뛰어나지만, 특히 ○○ 과목이 뛰어나고 ○○ 과목은 상대적으로 성적이 떨어지는데 특별한 이유가 있는가?

성균관대학교

사범계열

Q. 인공지능 발달과 제4차 산업혁명 시대에 교사의 역할은 어떻게 변화할 것이라 생각하는가?

답변 예시 인공지능이 발달하면서 이를 정보탐색 등 교육현장에 폭넓게 활용할 수 있으리라 생각한다. 그러나 그렇다고 해서 교사의 역할이 크게 축소되지는 않으리라 본다. 인공지능으로 얻은 정보를 적절하게 활용하는 것은 교사의 재량이다. 또한 단순한 지식 전달만이 아닌, 학생들과 정서적으로 교감하며 인간성을 길러주는 것도 여전히 인간인 교사가 더 잘할 수 있는 영역이다.

Q. 교사의 교육권과 학생의 학습권 중 무엇이 더 우선한다고 보는가?

답변 예시 교사의 교육권을 보장하는 것이 곧 학생의 학습권과 연결된다고 생각한다. 학교에서의 교육은 교사와 학생, 어느 한 축으로만 이뤄지는 것이 아닌 양쪽의 권리가 동등하고 균형 있게 보장될 때 참되게 실현된다고 본다.

예체능계열

Q. 많은 사람이 스포츠를 취미로 즐기는 시대에 스포츠과학을 학문으로 탐구해야 하는 이유는 무엇인가?

답변 예시 스포츠에 대한 일반인들의 수요가 갈수록 늘고 있다. 언제 어디서든 스포츠를 어렵지 않게 즐길 수 있는 시대에 스포츠를 안전하고 효과적으로 누릴 수 있는 문화를 조성하는 것도 중요하다. 스포츠를 과학적으로 분석하고 발전시키는 노력은 이러한 문화를 조성하는 데 일조할 것이다.

Q. 가장 좋아하는 스포츠는 무엇인가? 또 스포츠를 관람하는 것을 좋아하는가, 직접 하는 것을 좋아하는가?

이화여자대학교

사범계열

Q. 본교의 본 학과에 지원한 동기는 무엇인가?

답변 예시 고등학교 때 약 2년간 다문화 가정 아이들을 위한 멘토링 봉사활동에 참여하며 교육학자로서의 꿈을 키웠다. 아울러 우리나라 최고 여성교육기관이라고 평가되는 본교에 걸맞은 교육 분야의 여성지도자로 성장하고 싶다.

Q. 우리나라 교육의 문제점은 무엇이라 생각하는가?

답변 예시 우리나라에 만연한 과도한 경쟁이 학생들의 성장과 진로에 악영향을 끼치고 있다고 본다. 교육적으로는 학생들이 다양한 적성을 발견하고 진로를 탐색할 수 있도록 진로 관련 과목을 활성화해야 한다. 또한 사회적으로 뿌리 깊은 대학서열화 문제를 해소할 수 있도록 노력해야 한다.

Q. 고등학교 수업과 대학교 수업의 공통점과 차이점이 무엇이라 생각하는가?

Q. 학교에서의 체벌이 가져올 수 있는 효과가 있다면 무엇이라 생각하는가?

건축도시시스템공학과

Q. 본인의 어떤 특성이 본 학과와 맞는다고 생각하는가?

Q. (생활기록부를 보며) 영어동아리에서 활동했는데, 기억에 남는 동아리 활동은 무엇인가?

답변 예시 유대인들의 토론을 이용한 전통적 교육방법인 하브루타 토론을 했다. '경쟁이 아닌 협력의 중요성'이라는 주제로 동아리원들과 1대1 영어토론을 진행하면서 다양한 아이디어를 도출할 수 있었다. 내 생각을 마음껏 표현하는 토론경험이 향후에도 굉장히 중요하다는 것을 깨달았다.

Q. 본 학과에 입학해 무엇을 하고 싶은가?

답변 예시 건축구조, 도시, 환경설비 등 다양한 건축 분야에 관심이 많다. 학과에 입학해 전문성을 키우고, 특히 건축구조와 시공에 관련된 경력을 향후 쌓아 나가고 싶다.

Q. 미래의 건축은 어떻게 변화할 것 같은가?

답변 예시 인공지능과 고령화, 기후변화, 에너지 위기 등 미래를 주름잡을 다양한 이슈가 건축에도 반영되리라 본다. 가령 저출산 · 고령화로 노인인구가 증폭될 것을 예상해볼 때 노인들을 위한 의료, 요양, 생활편의 등 다양한 서비스가 건축에 수반될 것이다. 이 과정에서 인공지능이 다방면에 활용될 수도 있을 것이다.

식품생명공학과

Q. 자신 있는 과목과 자신 없는 과목은 무엇인가?

답변 예시 생명과학 과목에 자신이 있다. 원래 흥미가 있는 과목이라 스스로 학습계획을 짜서 부족한 부분에 대한 복습을 철저히 해왔다. 반면 수학 과목은 자신감이 부족하다. 개념은 잘 익히는 편이나 이를 문제에 적용하는 것에 어려움을 느껴, 선생님과의 1대1 튜터링에 참여해 보완하고자 했다.

Q. (생활기록부를 보며) 2학년 때 전체적으로 성적이 떨어졌는데 이유가 무엇인가?

Q. 본 학과에 입학해 더 깊게 탐구하고 싶은 활동은 무엇인가?

답변 예시 고등학교 생명과학 시간에 DNA의 알레르기 항원을 검출하는 활동을 했다. 딸기와 브로콜리 등의 작물에서는 검출하는 데 성공했지만, 공기 중에서 검출하는 데는 실패했다. 활동 과정에서 여러모로 아쉬운 부분이 있어 이와 관련된 심화활동을 해보고 싶다.

Q. 본인이 순수하게 하고 싶은 활동과 대학입시를 위해 해야 하는 활동이 충돌한다면 무엇을 택할 것인가?

정치외교학과

Q. 자기소개 및 지원동기를 말해보시오.

답변 예시 정치외교학과에 진학하여 국제기구에서 국제적 사회 문제를 해결하고 싶다는 꿈이 있다. 그래서 국제기구 과목과 국제사회학을 배우고 정치학과 외교학 지식을 얻고 싶다. 또 본 학교의 프로그램을 통해 국제기구에서 일할 역량을 길러 꿈을 이루고 싶다.

Q. 어떤 사회문제에 관심이 많은가?

답변 예시 사회불평등, 특히 교육불평등에 관심이 많다. 교육불평등의 경우 저소득층이나 취약계층의 미비한 교육이 부익부빈익빈 현상을 초래한다고 생각해서 이를 해결하고 싶다.

추가 질문 교육불평등 해소를 위해 본인이 생각한 해결책이나 아이디어가 있다면 말해보시오.

답변 예시 사회적 인프라 구축이 우선이라 생각한다. 한국과 미국은 교육불평등 해소를 위해 적극적 우대 조치를 채택하고 있지만, 이는 결과적 평등 추구라고 생각한다. 교육불평등을 해소하기 위해서는 과정적 평등이 필요하다. 특히 아동 관련 국제기구인 유니세프에서 일하고 싶은데, 유니세프가 난민이나 취약계층 아동을 대상으로 교육 프로그램을 진행하고 있다고 알고 있다. 그래서 유니세프에서 사회적 인프라 구축을 위해 노력하고 싶다.

중앙대학교

건축학과

Q. (생활기록부를 보며) **물리 과목에서 제로에너지 건축에 대해 조사 후 발표했다고 했는데, 자세히 설명해보시오.**

답변 예시 친환경 건축에 관심이 있어 2학년 물리 교과 주제 발표에서 제로에너지 건축을 주제로 선정하고, 패시브기술과 액티브기술에 대해 조사하여 학급에서 발표했다. 당시 발표한 내용을 요약하면 패시브기술이란 건물에서 낭비되는 에너지를 최소화할 수 있도록 만드는 기술이다. 그 예시로는 지붕과 벽 단열, 열 회수 환기시스템이 있다. 액티브기술은 건물에서 자체적으로 에너지를 생산하는 기술을 말한다. 현재 떠오르는 신재생에너지가 액티브기술에 속하며, 태양열 발전과 풍력 발전을 예시로 들 수 있다.

Q. (생활기록부를 보며) **동아리에서 내진설계 실험을 진행했다고 했는데, 구체적으로 어떤 실험을 했는가?**

답변 예시 건물은 그저 단단하기만 해서는 지진에 견딜 수 없다. 따라서 내진설계가 필수적인데, 모형을 이용한 실험을 통해 내진설계를 직접 경험해봤다. 실험에서 다룬 내진설계는 면진설계 기법이다. 지반에서 진동을 흡수하는 면진장치를 스프링으로 대체하고 골조를 나무막대로 대체하여 실험을 진행했다. 그 결과 스프링을 설치한 건물모형이 설치하지 않은 모형보다 진동에 안정적으로 버틸 수 있었다. 이 실험을 통해 건물에는 단단함뿐만 아니라 유연함도 필요하다는 것을 깨닫게 됐다.

한국외국어대학교

국제학부

Q. 국제학이 뭐라고 생각하는가?

답변 예시 정치학, 경제학, 사회학 등 여러 가지 전공지식을 바탕으로 국제사회에 대한 견지를 넓히고, 국제학부 비전인 '글로벌 에티켓으로 이루는 따뜻한 휴머니즘'을 배양하는 것이 국제학의 목표라고 생각한다.

Q. (생활기록부를 보며) **동아리 시간에 '안전보장이사회(안보리) 무용론'에 관해 기사도 쓰고 관련 활동도 했다고 하는데, 왜 이런 주장을 했는지 설명하고 해결방안에 대해서도 말해보시오.**

답변 예시 러시아-우크라이나 전쟁을 보며 러시아 측에 문제가 있다고 느꼈다. 러시아는 우크라이나 민간인에게 끔찍한 범죄를 저질렀는데, 상임이사국이라는 지위 때문에 어떠한 제지도 받지 않았다. 이러한 문제점을 개혁하기 위한 방안으로는 만약 러시아와 같은 안보리 상임이사국이 전쟁범죄를 저지른다고 하면 몇 년간 상임이사국 지위를 박탈하는 방식 등을 생각했다.

추가 질문 그러면 무용론이 아니라 개혁론 아닌가?

답변 예시 그렇게 이야기할 수도 있지만 안보리가 제대로 그 역할을 하지 못하고 있기 때문에 무용론이라고 생각한다.

Q. (생활기록부를 보며) **영어 시간에 미중 공공외교 관련 영어읽기 활동을 했다고 하는데, 어떤 활동을 한 것인지 말해보시오.**

답변 예시 관련 논문을 읽는 활동이었다. 공공외교란 타국의 국민에게 직접적으로 접근해 국가 브랜드 또는 국가 이미지를 높여 양국 간 외교관계를 수립하는 것이다. 중국의 공공외교는 특수주의라고 해서 중국만의 특수한 가치를 내세워 공공외교를 진행한다. 예를 들어 유교, 사회주의 체제하의 경제성장과 같은 것으로 전 세계에 공자학교를 세우기도 한다. 반면 미국은 자유, 인권, 민주주의 같은 보편적 가치를 앞세워 공공외교를 진행한다. 이를 통해 미국의 글로벌 리더로서의 이미지를 강조하고 있는 것이다. 그러나 두 국가의 단점은 너무 자신만의 가치를 앞세워 타국에게 강요한다는 점이다. 그래서 한국은 자국의 가치를 강요하기보다는 공유하는 가치를 만들어 함께 이해할 수 있도록 해야한다고 생각했다.

외국어학계열

Q. (자기소개서를 보며) **스포츠 에이전트를 꿈꾸고 있는데 이유가 무엇인가?**

답변 예시 고등학교 때 잠시 축구부에 소속돼 활동을 했다. 그곳에서 기량이 뛰어난 부원들을 많이 봤으나, 정보가 부족해 해외 선진국의 유소년팀으로의 진출 시도가 무산되는 경우를 목격했다. 기량이 뛰어남에도 더 넓은 무대에서 재능을 펼치지 못하는 모습을 보고, 스포츠 에이전트가 되어 해외 구단에 뛰어난 어린 선수들을 진출시키고 싶다는 마음이 들었다.

추가 질문 축구 말고도 다른 나라와 교류를 증진할 만한 스포츠는 없는가?

답변 예시 우리나라는 전통적인 E-스포츠 강국이다. 최근에는 E-스포츠 시장도 전 세계적으로 성장하고 있으니, 이러한 점을 활용해 외국과 선수 육성 및 리그 운영, 국제대회 개최 같은 부분에서 다채롭게 협력할 수 있다고 본다.

Q. (생활기록부를 보며) **2학년 진로활동에서 소설 〈돈키호테〉를 읽었는데 감상이 어떠했나?**

답변 예시 읽기 전에는 단순히 영웅의 일대기를 그린 소설이라고 생각했으나, 한 인간의 무모함과 용기, 목표의식에 대해 이야기하는 작품이었다. 감상 후 나의 진로를 생각하면서 무엇이든 해보고 이루려는 용기가 필요하다는 것을 느꼈다.

예체능계열

Q. 메타버스와 스포츠를 어떤 방식으로 연계할 수 있는가?

답변 예시 가상환경인 메타버스는 시간과 공간의 제약이 적다. 이러한 점을 활용해 일정한 시간과 공간이 필요한 스포츠를 조금 더 편하게 즐길 수 있는 환경을 만들 수 있다.

추가 질문 메타버스로는 현실 스포츠 환경을 완벽하게 구현하기 어렵다. 이 점에 대해서는 어떻게 생각하나?

답변 예시 현재로서는 100% 구현하기 힘들지만 현장 음향이나 영상매체, 관련 기기 등으로 보완할 수 있는 여지가 있다고 본다. 또한 향후 기술이 발전하면 할수록 현실을 반영한 메타버스의 활용은 필수불가결하게 될 것이라 생각한다.

Q. (자기소개서를 보며) **비인기 종목을 미디어를 통해 활성화할 수 있다고 했는데 구체적으로 말해보라.**

답변 예시 초등학교 재학 중 비인기 종목 선수로 활동했었다. 당시에 TV에서 방영하던 한 예능 프로그램에서 해당 비인기 종목에 도전하는 내용을 방영했었다. 그런데 방영 이후 해당 종목을 배우고 싶어 하는 사람들의 수요가 크게 늘었다는 이야기를 접했다. 물론 미디어의 인기에 따라 영향력의 편차가 심할 수는 있으나, 대중들에게 비인기 종목의 재미와 열정을 전달할 수 있다면, 활성화에 어느 정도 도움을 줄 수 있다고 본다.

성신여자대학교

상경계열

Q. 경제학에 원래부터 관심이 많았는가?

답변 예시 고등학교 1학년 때 한 문학작품에서 '기본소득'이라는 개념을 접하면서 경제학에 관심을 갖게 됐다. 기본소득과 관련해 정부의 재정운용이 국민의 생활에 큰 영향을 끼친다는 사실을 알게 됐고, 경제정책에 대한 흥미도 함께 갖게 됐다. 이후 경제학과에 진학해 관련된 공부를 하고 싶다는 마음을 먹었다.

추가 질문 그렇다면 졸업 이후의 계획은 무엇인가?

답변 예시 정부의 경제 부문 공공기관에 진출해 경제정책연구원이 되고 싶다.

추가 질문 경제정책연구원이 가져야 할 자질은 무엇이라고 생각하나?

답변 예시 국가의 경제상황을 분석해야 하기 때문에 객관적인 눈과 분석력을 가져야 한다고 생각한다. 아울러 경제정책을 수립할 때에는 국가의 다양한 계층의 목소리를 두루 반영해야 한다고 생각한다. 따라서 여러 전문가, 시민들과 의사소통할 수 있는 능력을 갖춰야 한다고 본다.

Q. (생활기록부를 보며) **고등학교 때 주로 경제 관련 동아리에서 활동했는데, 다른 동아리 활동 사례는 없는가?**

Q. 본 학과에 진학한 후에 학습계획은 어떠한가?

Q. 본인의 단점은 무엇인가?

답변 예시 한 가지 일에 집중하게 되면 해야 하는 다른 활동에는 신경을 쓰지 못하는 때가 많다. 이 때문에 공부나 여타 활동을 하면서 지장을 겪은 일이 있었는데, 이 점은 계획과 시간을 사전에 잘 배분해 극복하려고 노력 중이다.

법학계열

Q. 성적이 굉장히 좋은데 학습비결이 무엇인가?

Q. (생활기록부를 보며) 인공지능의 특수불법행위에 대해 탐구했는데 자세히 설명해보시오.

답변 예시 인공지능에는 사람이 가진 일반적인 권리나 능력이 없다고 생각한다. 인공지능이 사전에 입력된 알고리즘을 바탕으로 표절과 같은 특수불법행위를 범했을 경우, 이것이 인정되면 일단 사용자에게 책임을 부과한다. 그러나 사용자가 불법행위를 방지하기 위해 노력을 다한 것이 인정되면, 책임은 인공지능을 개발한 기업에게 넘어간다고 봤다. 챗GPT 등 생성형 인공지능의 발달로 파생되는 불법행위가 예상되는데, 그에 다른 책임소재를 가리는 문제도 중요하다고 생각한다.

Q. (생활기록부를 보며) 정부의 코로나19 방역패스와 관련한 과잉금지의 원칙을 탐구했는데 자세히 말해보시오.

답변 예시 과잉금지의 원칙이란 목적의 정당성, 수단의 적합성, 피해의 최소성, 법익의 균형성으로 분류된다. 방역패스는 결과적으로 백신을 개인적 이유 혹은 양심의 자유로서 맞지 않은 사람에게 사회생활에 제한을 가하는 등 불이익을 줬다. 이런 점에서 방역패스는 수단의 적합성과 피해의 최소성에 위배되는 정책이라고 생각했다.

동덕여자대학교

외국어학계열

Q. (생활기록부를 보며) **고등학교 때 프랑스어를 공부했는데 이유가 무엇인가?**

답변 예시 1학년 때 프랑스 영화 한 편을 감명 깊게 보았다. 영화의 메시지뿐 아니라 프랑스어 자체의 아름다움을 느낀 시간이었다. 영화를 본 후 프랑스의 문화콘텐츠를 우리말로 옮기는 번역가가 되고 싶다고 생각해, 제2외국어로 프랑스어를 선택했다.

추가 질문 영화에 대해 자세히 이야기해보라.

답변 예시 〈세월의 거품〉이라는 원작소설을 영화화한 작품이다. 제목처럼 사람들에게 깊은 영향을 끼치던 존재들도 세월이 흐르다 보면 거품처럼 한순간에 사라질 수 있다는 내용을 담았다. 영화를 감상하고 난 뒤 나 자신은 허무한 존재로 거품처럼 사라지지 않도록 나의 이름으로 번역한 작품을 남겨 사람들에게 기억되고 싶다는 생각이 들었다.

Q. (생활기록부를 보며) **프랑스의 루브르박물관을 탐구했다고 하는데, 해당 활동에 대해 구체적으로 말해보시오.**

문헌정보학과

Q. 학교생활 중 리더십을 발휘한 사례가 있는가?

Q. 본인이 생각하는 본인의 성격은 어떠한가?

Q. 교내에서 학생과 교사 등 세대갈등이 발생했을 때 해결할 수 있는 방법은 무엇인가?

인하대학교

사학과

Q. (생활기록부를 보며) **동아리 활동에서 역사신문을 제작했다고 되어 있는데 자세히 말해보시오.**

답변 예시 일제강점기 당시 일제가 폈던 민족말살정책에 대한 글을 썼다. 일제가 이 정책을 시행하게 된 계기와 상세한 내용을 담았다.

Q. (생활기록부를 보며) **학교를 다니며 특별히 열심히 한 활동은 무엇인가?**

답변 예시 역사와 관련한 활동을 주로 했다. 특히 역사적인 사건과 역사서를 소개하는 블로그 활동을 왕성하게 했고, 서울에 있는 역사탐방 명소를 소개하는 활동도 했다. 서울 내 한 지역을 중심으로 가까운 곳을 따라 역사탐방을 다닐 수 있는 경로를 짜 친구들에게 소개했다.

Q. 서울 종묘가 어떤 곳인지 아는가? 방문한 소감은 어떠했나?

답변 예시 여름과 겨울에 한 번씩 방문했다. 더없이 신성한 장소라는 생각이 들었고, 역대 왕과 왕비의 신위를 모신 장소답지 않게 검소한 건축양식이 눈에 띄었다.

행정학과

Q. (생활기록부를 보며) **3학년 때 토론동아리에서 우리 사회의 공정을 주제로 토론했다고 되어 있는데 자세히 이야기해보라.**

Q. (생활기록부를 보며) **최근 신냉전의 현황과 이에 따른 우리나라 외교정책 방향에 대해 글을 작성했다고 하는데 자세히 이야기해보라.**

Q. 최저가격제의 사례와 장단점을 한 가지씩 이야기해보시오.

명지대학교

미디어계열

Q. 본 학과에 지원한 동기는 무엇인가?

답변 예시 고등학교 때 방송부 활동을 하며 학교 축제영상이나 라디오 방송을 제작했다. 그러면서 콘텐츠 제작에 흥미를 갖게 됐고 미디어 제작사의 콘텐츠 제작PD가 되기로 결심했다. 본 학과에 입학해 미디어 이론을 바탕으로 실제 콘텐츠를 제작하는 전문기술을 익혀야 한다는 생각으로 지원했다.

Q. 어려운 내용의 책을 끝까지 읽었던 경험이 있는가?

Q. 넷플릭스 같은 글로벌 OTT가 우리나라 미디어에 미치는 영향이 무엇이라 생각하는가?

정치외교학과

Q. 본 학과에 지원한 동기는 무엇인가?

답변 예시 고등학교 때 학급임원을 도맡으며 적극적이고 열정적인 태도를 기를 수 있었다. 아울러 리더십의 중요성에 대해서도 체감할 수 있었는데, 리더십의 긍정적인 힘에 관해 전파하는 문화콘텐츠 기획자가 되고 싶다. 이러한 콘텐츠를 제작하기 위해서 각 국가 사이에 얽힌 힘의 논리와 관계를 탐구할 수 있는 정치외교학과를 선택해야 한다고 생각했다.

추가 질문 구체적으로 어떤 문화콘텐츠를 말하는 것인가?

Q. (생활기록부를 보며) 북한의 체제선전에 관련한 탐구활동을 했는데 구체적으로 말해보시오.

답변 예시 북한의 체제선전이 기존과는 달리 SNS나 플랫폼을 통한 동영상 콘텐츠로도 이뤄지고 있다는 것을 알게 됐다. 북한이 직접 운영하는 동영상 플랫폼의 채널을 접하고 흥미를 느꼈다. 이들의 체제선전도 국제적인 흐름에 따라 달라지고 있다는 것을 알게 됐다.

추가 질문 방식이 구체적으로 어떻게 변화했는가?

답변 예시 과거에는 선군정치를 내세워 군사력을 위주로 강조하는 편이었다면, 최근에는 북한사람들의 일상을 브이로그처럼 보여주는 체제선전을 하고 있었다. 내 · 외부인들에게 북한 정권에 대한 친근한 이미지를 심어주려 한다는 생각이 들었다.

광운대학교

상경계열

Q. (생활기록부를 보며) 미디어와 마케팅 등 관심사가 다양한 것 같은데 구체적인 진로가 무엇이고, 본교에 진학해 무엇을 이루고 싶은가?

Q. 진로와 관련해 배우고 싶은 외국어는 무엇인가?

Q. (생활기록부를 보며) 브랜드 컬러 마케팅에 대해 탐구했는데 구체적으로 설명해 보시오.

추가 질문 그 마케팅 방식에 어떤 효과가 있고, 어떤 사례가 있는가?

수학과

Q. (생활기록부를 보며) 성적이 잘 유지되다가 3학년에 들어서 하락했다. 이유가 무엇인가?

Q. 고등학교 때 배운 수학 개념 중 가장 재미있는 것은 무엇인가?

Q. 불연속점에서의 입실론-델타 논법에 대해 설명해보라.

추가 질문 구체적인 함수를 하나 말해보고, 이 함수가 불연속적인지 확인할 수 있는 방법을 제시하라.

Q. 인공지능을 활용했을 때의 문제점과 이에 대처하기 위한 정부의 정책을 제시해보라.

가천대학교

상경계열

Q. 고등학교 때 경영과 관련한 활동 중 기억에 남는 것은 무엇인가?

답변 예시 3학년 때 소비자의 심리를 분석하는 활동을 했다. 경영은 사람을 대하는 것이므로 사람에 대한 이해를 높이는 것이 중요하다는 것을 알았다. 합리적 소비와 비합리적 소비, 베블런 효과 등 소비자 심리와 관련된 개념을 탐구하고 연구하는 활동을 했다. 더 나아가 심리지표인 MBTI를 활용한 소비자 유형 테스트를 만들어서 반 친구들에게 호응을 얻을 수 있었다.

추가 질문 베블런 효과가 무엇인가?

Q. (생활기록부를 보며) 1학년 때 기업분석 활동을 했는데, 어떤 기업을 분석했는가?

답변 예시 중고거래 플랫폼을 운영하는 기업에 대해 분석했다. 해당 기업은 밈을 활용해 '동네 주민끼리의 중고거래'라는 서비스의 친근함을 극대화하는 데 성공했다.

Q. 마케팅 믹스에 대해 설명해보시오.

Q. 가격탄력성에 대해 설명해보시오.

Q. (생활기록부를 보며) 재무제표를 분석하는 활동을 했는데, 재무제표의 종류에는 무엇이 있나?

추가 질문 재무상태표의 구성요소 세 가지는 무엇인가?

미디어계열

Q. (자기소개서를 보며) 공익광고 기획자를 꿈꾸고 있는데, 많은 광고 분야 중 왜 공익광고인가?

답변 예시 사회의 올바른 발전에 이바지할 수 있는 일을 하고 싶다. 특히나 인접국의 역사왜곡을 홍보할 수 있는 공익광고를 제작하고 싶다. 물론 공익광고로 이익을 기대하기는 어렵지만, 모든 사람이 이익을 추구하며 상업광고에만 뛰어들 수는 없다. 누군가는 이 같은 일을 해야 한다고 생각한다.

추가 질문 상업광고로도 역사왜곡과 관련한 메시지를 낼 수 있다. 이 점은 어떻게 생각하나?

Q. 챗GPT를 광고제작에 활용하는 것에 대해 어떻게 생각하는가?

답변 예시 챗GPT를 광고제작에 활용하는 것 자체에는 긍정적이다. 그러나 챗GPT는 아직 표절 논란이나 잘못된 정보 산출 등 여러 문제도 함께 갖고 있다. 챗GPT를 활용해 광고를 제작할 때에는 광고의 전체적인 큰 방향을 구상할 때에만 활용하고, 나머지 상세한 부분이나 아이디어를 구축하는 과정은 광고기획자가 전담해야 한다고 생각한다.

삼육대학교

관광계열

Q. (생활기록부를 보며) 고등학교 때 본 학과와 관련된 특별한 활동내역이 없는데 지원동기가 무엇인가?

Q. (생활기록부를 보며) 제2외국어 과목 활동 때 일본 항공사에 대해 알아봤다고 하는데, 어떤 항공사가 있고 승무원 자격요건은 어떠한가?

Q. (생활기록부를 보며) 전체적으로 성적이 고르지 않은데, 이유가 무엇이고 이를 어떻게 극복할 것인가?

화학생명공학과

Q. (생활기록부를 보며) 항생제에 대해 탐구했는데, 항생제에 대체제가 필요한 이유는 무엇인가?

추가 질문 천연항생제에 대해 말해보시오.

Q. 코로나19 자가진단키트의 민감도와 특이도란 무엇이고, 둘의 차이점은 무엇인가?

Q. 일반 의약품이란 무엇이고 어떤 종류가 있으며, 어떤 부작용이 있는가?

성공회대학교

인문계열

Q. 인문학과 함께 경영학을 필수로 이수하고 싶다고 했는데 이유가 무엇인가?

답변 예시 여행상품을 개발하는 직업을 갖고 싶다. 소비자의 심리 · 행동을 연구하고 상품 트렌드를 분석해보는 경영 분야를 공부하면 도움이 되리라 생각한다. 여행상품 중에서도 일본의 소도시를 홍보해 관광상품을 개발하는 것이 목표다. 때문에 일어일문학을 주전공으로 할 생각이다.

추가 질문 왜 일본의 소도시를 선택했나?

답변 예시 일본에는 매력적인 소도시가 많이 있다. 가령 북해도 지역은 겨울철 눈이 많이 내리기로 유명하지만, 삿포로 같은 대도시 외에도 설경이 아름다운 소도시가 많다. 이러한 소도시를 발굴하여 소규모 관광상품을 개발하면 시장성이 있을 것이라 생각한다.

사회계열

Q. 학부에서 어떤 학문을 전공할 것이며 전공학습을 위해 사전에 어떤 노력을 했는가?

Q. 사회복지학과 사회학은 어떤 관련이 있는가?

Q. 고등학교 시절 기억에 남는 성공 사례와 실패 사례가 있다면 무엇인가?

세종대학교

생명공학계열

Q. 본 학과가 학생을 뽑아야 할 이유를 말해보시오.

답변 예시 어릴 적부터 식물을 꾸준히 길러와 이에 대한 지식과 경험이 풍부하고 흥미를 가지고 있다. 또 이러한 점을 바탕으로 고등학교 재학 중 GMO나 스마트팜에 대한 활동 등에 열정적으로 임하면서, 적성을 발견할 수 있었다. 본 학과의 커리큘럼에 누구보다 잘 적응할 수 있다고 확신한다.

추가 질문 다양한 탐구를 진행한 것 같은데 기억에 남는 한 가지를 말해보라.

답변 예시 기후변화 상황에서 농작물의 안정적 생육환경을 조성할 수 있는 스마트팜에 대한 탐구를 진행했다. 스마트팜의 장단점과 함께 친환경적인 측면에서 어떠한 특성을 갖고 있는지 탐구했다. 더 나아가 스마트팜 기술에 적용되는 신경망, 열역학 등과 같은 개념도 함께 알아보는 시간을 가졌다.

추가 질문 스마트팜이나 GMO 기술에 관심이 많은 것 같은데 우리나라에서 이런 기술을 상용 · 보급함에 있어 장애가 되는 점은 없는가?

Q. 학과 졸업 후에는 어떤 진로계획을 갖고 있나?

답변 예시 우리나라가 국제 농업시장에서 경쟁력을 가질 수 있게 하는 식물생산 관련 분야의 과학자가 되고 싶다.

추가 질문 답변한 진로를 감안할 때 많은 국제 전문가들과 협업하게 될 텐데 이러한 협업 과정에서 가장 중요한 역량은 무엇인가?

답변 예시 협업에서는 의사소통능력이 필수적이라고 생각한다. 고등학교 시절 보건 시간에 친구들과 협업할 기회가 있었다. 나와는 다른 영역에 관심을 둔 친구였기 때문에 과제를 선정해 진행하는 과정에 있어 의견차와 갈등을 빚었다. 그러나 의사소통을 통해 서로의 관심사를 공유하며 절충하는 주제를 선정할 수 있었다.

수원대학교

정보통신학부

Q. 인생의 가치관이 있다면 본인이 생각하는 진로와 어떻게 연관되는가?

답변 예시 무엇이든 끈기 있게 하자는 것이 인생의 가치관이다. 끈기는 많은 일을 가능케 하는 가치이자 자질이라고 생각한다. 계획하는 진로는 누구나 통신자원을 공유할 수 있는 탈중앙화된 통신서비스를 구축하는 일을 하는 것이다. 정보보안과 관련된 지식을 쌓고, 보안을 위한 끈기 있는 노력을 기울여 진로에 다가갈 수 있도록 노력할 것이다.

Q. 전공과 관련한 신문기사를 읽은 적이 있는가?

답변 예시 현대 암호학에서 주로 쓰이는 암호체계가 향후 보안성을 잃을 수 있다는 기사를 읽었다. 다만 이것은 암호체계 자체에 결함이 있는 것이 아니며, 양자컴퓨터의 등장 등 기존을 훨씬 뛰어넘는 연산능력을 갖춘 시스템이 등장하며 나타나는 필연적인 결과라는 내용이었다. 이와 관련해 새로운 암호체계는 어떻게 변화할 것인지, 기존의 암호체계는 어떤 적응과정을 거쳐야 할 것인지 연구해보고 싶었다.

호텔관광학부

Q. 리더로서 창의력이 필요한 이유가 무엇이라 생각하나?

답변 예시 리더가 이끌어야 할 집단은 구성원 간에 공통점도 있겠지만, 반면 차이점도 있을 것이다. 각자 성격과 성향이 다르고, 서로 다른 환경에서 성장했으며, 다양한 가치관을 갖고 있다. 이렇듯 저마다 다른 개개인을 이끌기 위해서는 때때로 다른 수단과 방법을 생각해내야 한다. 유연하고 창의성 있는 태도로 조직을 이끌어야 한다고 본다.

Q. 입학한 학과가 막상 자신과 맞지 않는다고 느낀다면 어떻게 할 것인가?

답변 예시 처음 새로운 환경과 마주했을 때 스스로 생각했던 현실과는 달라 당황할 수 있다고 생각한다. 그러나 이런 상황에서 좌절하고 회피부터 하려는 태도보다는 적극적으로 적응하려는 태도가 바람직하다고 본다. 혼자서 적응하기 힘들다면 선배, 동기 등 학우들과 교수님들에게 도움을 청해 극복하려는 태도를 견지할 것이다.

논술 · 구술
'기출문제'

02 2023학년도 대학별 논술 · 구술 기출문제

서울대학교

인문계열

| 제시문 |

(가) 고전비평과 달리 현대비평에서 독자의 역할은 글을 쓰는 저자의 역할을 전복시킬 정도로 커졌다는 글
(나) 창작은 작품을 읽고 재탄생시키는 독자의 역할을 통해서 완성된다는 글
(다) 고전은 특정 사회집단에 속하는 생산자와 소비자, 관계자의 참여로 결부되며 고전의 가치가 누구에 의해 또 어떤 목적에 의해 생성 · 전달되는 가가 중요하다는 글

Q. 독자와 저자(혹은 작가)의 관계에 관해 (가)와 (나)에 제시된 입장을 비교하시오.

답변 예시 (가)와 (나)는 모두 독자의 역할에 대해 이야기하고 있으나, (가)는 독자가 창작의 영역에 들어서는 적극적인 역할에 대해 반대하고 있고, (나)는 독자의 역할이 있어야 비로소 작품이 완성된다고 하면서 독자의 적극적 역할을 옹호하고 있다.

Q. (가)와 (나)에 나타난 독자에 대한 공통된 이해방식을 (다)의 맥락에서 평가하시오.

답변 예시 (다)는 고전을 생산 · 소비하는 과정에서 개입하는 특정계층의 이해관계자들에 대해 다소 부정적으로 평가하고 있고, (가)와 (나)는 모두 고전에서 현대로 넘어오며 독자의 역할이 증대되고 있다고 이해한다. 이로 미루어보아 (다)는 (가)에 대해서는 작품의 가치가 생성 · 전달되는 과정에 특정계층이 아닌 독자의 개입이 늘어나는 것은 자연스런 흐름이라고 비판할 것이다. 반면 (나)에 대해서는 독자의 개입이 작품이 생성되는 통로의 저변을 넓히고, 더 다양한 작품의 가치를 만들어 내리라 옹호할 것이다.

재료공학부

Q. 재료공학부에 지원한 동기는 무엇이며, 무엇을 배우는지 알고 있는가?

답변 예시 신재생에너지에 관심이 많았고 발전에 사용되는 전지의 소재에도 흥미를 갖게 됐다. 어떤 재료를 쓰느냐에 따라 발전효율에 영향을 미칠 수 있다는 생각이 들어, 재료에 대해 심도 있게 공부할 수 있는 재료공학부를 선택했다. 재료공학부에서는 물질의 다양한 물리적 · 화학적 특성을 배우면서, 물질의 재료로서의 새로운 가능성을 탐구하는 것으로 알고 있다.

추가 질문 재료공학부에서 신재생에너지와 관련된 교과목은 무엇이며, 본인이 관심을 갖고 있는 재료는 무엇인가?

추가 질문 재료공학부에서 공부를 시작한 본인의 10년 뒤 모습은 어떠할 것 같은가?

기계공학부

Q. (생활기록부를 보며) 내연기관의 완전 퇴출에 대해 반대하는 입장인데 근거가 무엇인가?

답변 예시 개발도상국에서는 국민들이 전기 · 수소자동차를 이용할 만한 인프라가 충분하지 않다. 또한 전기 · 수소차를 생산하는 비용도 만만치 않아 개도국에선 쉽게 상용화되기 어렵다. 국가의 경제발전과 국민의 경제생활에 차량은 필수적이다. 이 때문에 내연기관차가 완전 퇴출돼서는 안 된다고 본다.

추가 질문 지금 이야기한 문제에 대해 직접 수집한 구체적인 자료가 있는가?

Q. (생활기록부를 보며) 라이다 센서에 대해 관심이 많은 것 같은데, 이와 관련해 기계공학부에서 무엇을 배울 수 있나?

답변 예시 현재 상용화된 라이다 센서는 지나치게 크고 비싸다. 기계공학부에서는 재료 · 유체 등 4대 역학을 배울 수 있는데, 이를 통해 저렴하고 가벼운 신소재 라이더 센서 개발과 이를 탑재한 차량의 연료효율도 개선할 수 있는 방법을 연구할 수 있으리라 생각한다.

추가 질문 고등학교 때 3D 모델링 동아리에서 활동했는데 활동계기가 무엇인가?

추가 질문 기계공학부에서 공부하며 발휘할 수 있는 본인의 장점은 무엇인가?

의류학과

Q. (생활기록부를 보며) 고등학교에서 ○○ 과목을 수강했는데, 무엇을 배웠고 가장 기억에 남는 내용은 무엇인가?

Q. (생활기록부를 보며) 고등학교 시절 학생들이 입을 편안한 교복 디자인을 건의했다고 돼 있는데 자세히 말해보시오.

Q. 의류학과와 관련해 경험해본 예술활동이 있는가?

고려대학교

자연계열

| 제시문 |

(가) 호르몬의 분비에 이상이 생기면 질환이 발생한다는 설명과 함께 인슐린 부족이 제1형 당뇨병을 유발하는 예시를 든 글

(나) 내연기관의 발명으로 화석연료 소비가 급증했고, 현재는 화석연료의 고갈 문제가 심각해 새로운 에너지원을 모색하고 있다는 글

(다) 산업화 이후 사회공동체의 결속이 약해져 인간 소외 등 여러 사회 문제가 발생했다는 글

(라) 미적분–자연로그 적분의 식

Q. (가)와 (나)의 문제원인에 나타나는 공통점과 해결방법에 나타나는 차이점을 각각 한 단어로 설명하시오.

답변 예시 공통점은 결핍, (가)의 차이점은 보충, (나)의 차이점은 대체다. (가)에서는 인슐린의 결핍으로 당뇨병이 유발되며, (나)에서는 화석연료의 고갈 즉, 결핍 때문에 새로운 에너지원을 찾고 있다. (가)에서는 당뇨병을 치료하기 위해 인슐린 호르몬제를 보충해야 하며, (나)에서는 화석연료를 대체할 신에너지를 찾아야 한다.

Q. (다)에 나타난 사회적 문제의 해결방안을 (가)와 (나)의 관점에서 각각 설명하시오.

답변 예시 (다)에서는 산업화 이후 이웃 간의 교류가 부족해져 사회공동체의 결속이 느슨해지고, 소외 등 사회적 문제가 발생한다고 말한다. 이러한 문제를 해결하기 위해선 사람간의 연결고리를 강화하도록 지자체에서 별도의 사회 프로그램을 보충하면 좋겠고, 인간 소외를 해소하기 위해 이웃을 대체할 만한 인공지능 · 디지털 기기 등을 보급할 수 있겠다.

Q. 1번 문항의 (나)의 차이점으로부터 유추할 수 있는 수학적 용어를 제시하고, 이를 활용해 (라)의 수학식을 설명하시오.

답변 예시 (나)의 차이점은 대체이고 이는 수학에서 치환과 같은 의미라고 할 수 있다. 제시된 수학식은 미적분으로 문자 상수를 치환하여 해결할 수 있다.

| 제시문 |

(가) 영국의 생물학자 찰스 다윈이 갈라파고스 군도 등지를 탐사한 자료를 바탕으로 〈종의 기원〉을 집필했다는 글

(나) 유치환의 시 〈깃발〉 전문

(다) 증명의 정의와 함께 수학에는 증명된 많은 수학적 명제가 있다고 하며, 증명된 명제의 한 가지 예시를 든 글

Q. (가)에 사용된 과학탐구방법을 설명하고, 관련된 역사적 사례를 들어 이와 상반된 탐구방법을 설명하시오.

Q. (다)에 제시된 명제를 (가)에 사용된 과학탐구방법과 유사한 수학적 증명방법으로 설명하고, (가)의 탐구방법과 다른 점은 무엇인지 설명하시오.

Q. (나)의 시의 밑줄 친 부분에 사용된 표현기법과 연관된 수학적 증명방법을 말하고, 이를 이용해 (다)의 명제를 설명하시오.

디자인조형학부

Q. 본인이 40세가 되었을 때 무엇을 하고 있을 것 같은가?

Q. (생활기록부를 보며) 시각디자인 관련 활동만을 해왔는데, 우리 학교에는 시각디자인에 연관된 커리큘럼은 없다. 어떻게 생각하는가?

Q. (생활기록부를 보며) 책을 직접 제작했다고 되어 있다. 디자인뿐 아니라 원고 집필도 직접 한 것인가?

Q. 자신에게 가장 큰 영향을 준 디자이너는 누구인가?

서강대학교

인문계열

| 제시문 |

(가) 자연개발과 보존 사이의 딜레마를 설명하며 이를 극복하기 위해 생태 지속가능성을 고려해야 한다는 글

(나) 사람들의 삶은 경제생활의 연속이며 자원의 희소성 때문에 사람들이 경제원칙에 따른 합리적 선택을 한다는 글

(다) 인간 중심의 환경경제학은 자연을 인간이 이익에 따라 소비하는 경제재로 다루는 데 반해, 생태경제학에서는 인간과 자연의 위치를 동등하게 여기고 인간 또한 생태계의 일부로서 경제학을 생각한다는 글

(라) 간척사업으로 환경오염이 심각해지자 최근 간척지를 이전 상태로 돌려놓는 역간척사업이 논의되고 있다는 글

Q. (가)의 입장을 뒷받침하는 논리를 (나)에서 도출하고, 이를 바탕으로 (다)의 두 가지 관점에서 각각 (라)의 사례를 설명하시오.

제시문

(가) 기능론은 사회불평등 현상이 개인의 능력과 노력에 따라 사회의 자원이 합리적으로 분배된 상태로 보고, 이러한 불평등이 경쟁을 유발해 사회 구성원의 성취동기를 높인다는 글

(나) 갈등론은 사회불평등 현상이 기득권을 가진 지배집단이 사회의 자원을 불공정하게 분배해 일어난다고 보고, 이러한 불평등이 대립과 갈등을 유발해 불평등한 계층구조를 재생산한다는 글

(다) 조선왕조의 신분제도를 설명하며 특권적 지배신분층인 양반이 법제적으로 피지배층을 속박했다는 글

(라) 18세기 실학자들이 조선의 신분제를 불변의 이치로 여기고 노비제도를 적극 옹호했다는 글

Q. (가), (나)를 참고하여 (다)를 요약하고, 제시문들의 함축된 의미에 기초해 (가)와 (나), (나)와 (다), (다)와 (가)에 대해 각각 두 제시문 간의 유사점과 차이점을 설명하시오.

이화여자대학교

영어영문학부

Q. 지원동기는 무엇인가?

답변 예시 원래 영어 등 외국어를 배우는 데도 흥미가 많았지만, 고등학교 때 미디어에 관련된 활동을 하면서 콘텐츠 제작에도 관심을 갖게 됐다. 영어영문학부에서 언어로서의 영어와 영문학에 관한 깊이 있는 소양을 쌓으며 교육, 문화 등 다양한 분야를 아우르는 영어콘텐츠 제작자가 되고 싶다.

추가 질문 구체적으로 어떤 콘텐츠를 만들고 싶은가?

Q. 기억에 남는 영어 원서 작품이 있는가?

Q. (생활기록부를 보며) 영어 관련 동아리 부장으로서 리더십을 발휘한 일화가 있는가?

답변 예시 동아리 대회를 준비하면서 부원마다 발표 순서를 정하는 데 의견충돌이 있었다. 부장으로서 모든 부원의 요구를 수용할 수 없어, 부원들의 토론을 유

도해 발표 주제와 분량 등을 종합적으로 고려해 각자의 의견을 최대한 수용한 절충안을 마련할 수 있었다. 이 때 부원들을 설득하는 과정이 필요했다.

경영학과

Q. 학교장 추천을 받아 지원하게 됐는데, 왜 추천을 받은 것 같은가?

Q. 본인이 고등학교 때 배운 과목 중 경영학을 공부하는 데 가장 중요한 과목은 무엇인가?

답변 예시 수학이 가장 중요하다고 생각한다. 확률과 통계를 배우며 회귀분석을 활용하는 실제 사례를 학습하고 이에 관련된 활동을 했다. 이러한 경험으로 경영학에서 말하는 재고관리나 의사결정의 과정에서 이러한 수학적 분석이 합리적 결론을 도출하는 역할을 한다고 느꼈다.

Q. 경영학과를 졸업한 후 어떤 분야에서 일하게 될 것 같은가?

답변 예시 통계에 기초를 둔 빅데이터를 활용하는 경영 컨설턴트가 되고 싶다. 각종 분야의 수많은 데이터를 쉽게 수집하고 분석할 수 있는 정보화 시대다. 경영학과 출신이라고 해서 단순 경영인의 길만 택할 것이 아니라, 시대의 흐름을 읽고 기회를 창출할 수 있는 길로 나아가고 싶다. 빅데이터를 통해 경영인이 논리적이고 합리적인 의사결정을 할 수 있는 방법을 제시하는 것이 목표다.

Q. 자신의 인성을 드러낼 만한 사례가 있는가?

환경공학과

Q. 고등학교 때 환경 관련 활동을 많이 했는데, 기억에 남는 활동은 무엇인가?

답변 예시 2학년 때 동아리에서 물벼룩을 이용한 수질오염 측정 실험을 했다. 물벼룩이 생태독성을 추정할 수 있는 지표종이라는 것을 알게 돼 시험을 설계하고 진행한 후 그 보고서를 작성하는 일까지 직접 수행했다. 비록 크게 의미 있는 결과를 얻지는 못했지만 스스로 주도적으로 처음부터 끝까지 수행한 실험이라 기억에 남는다.

Q. 오존층 파괴의 메커니즘을 설명해보시오.

Q. 본교에 입학한 후 진로계획에 대해 말해보시오.

중앙대학교

경제학부

Q. 지원동기는 무엇인가?

답변 예시 국내 금융시장의 동향을 파악하고 분석하여 적절한 경제정책을 제안하는 금융시장 분석가가 되는 것이 꿈이다. 특히 금리와 부동산시장에 관심이 많아 이에 대한 공부를 중점적으로 해보고 싶다. 금리와 부동산은 국민 모두의 삶과 밀접하게 맞닿아 있는 영역이라고 생각한다. 국민의 삶에 보탬이 될 만한 금리 · 부동산 정책을 고안하는 것이 목표다.

Q. (생활기록부를 보며) **멘토링 활동을 많이 한 이유는 무엇인가?**

답변 예시 학교에서 공부하면서 질문을 통해 많은 도움을 받았다. 질문은 내가 아는 것과 모르는 부분을 명확히 파악할 수 있게 하고, 무언가를 더 심도 있게 이해하도록 만든다고 생각한다. 멘토링은 이러한 질문을 매개체로 하는 활동이다. 다른 사람과 생각과 지식을 나누며 더욱 확장된 사고를 할 수 있다고 느껴 멘토링 활동에 열심히 참여했다.

추가 질문 멘토링을 했던 내용 중 한 가지만 소개한다면?

심리학과

Q. (생활기록부를 보며) **3학년 때 비교적 독서를 많이 했는데, 시간관리는 어떻게 했는가?**

답변 예시 2학년 때 〈심리학의 이해〉라는 책을 읽고 감명을 받아 3학년 때는 심리학과 관련된 조금 더 깊이 있고 체계적인 독서를 해야겠다고 생각했다. 그래서 아침과 점심, 취침 전 시간을 쪼개 일주일에 한 권에서 두 권 정도의 독서를 하기 위한 계획을 세워 틈틈이 책을 읽었다.

Q. 3학년 때 읽은 책 중 본인에게 가장 큰 영향을 끼친 책은 무엇인가?

답변 예시 스키너의 행동심리학에 관한 책이다. 책에서는 자신감과 관련된 내용이 등장하는데 학생의 입장에서 효율적인 공부방법의 측면에서도 생각해볼 만한 소재였다. 책 내용에 따르면 자신감은 행동이 소거되면 하락하고, 강화되면 높아진다. 학생들도 공부할 때마다 스스로에게 작은 보상을 주고 행동을 강화시키면 자신감도 붙고 성적도 오르게 될 것이라는 생각을 했다.

Q. 경계선 지능에 대해 설명해보시오.

Q. (생활기록부를 보며) **고교학점제를 심리학적으로 연구했다고 돼 있는데 자세히 말해보시오.**

답변 예시 고교학점제가 시행된다는 기사를 읽고 이를 학생의 심리와 관련해 생각해보기로 했다. 고교학점제가 학습에 대한 학생의 욕구심리를 자극할 수 있다고 분석했다. 기존 교육과정은 학생의 과목선택권 같은 자율성을 침해하고 있고, 또 이러한 환경으로 조성된 경쟁에서 적응하지 못하는 학생들도 있다. 학생이 스스로 공부하고 싶은 과목을 선택하도록 해주면 심리적 효능감과 학습욕구를 고취시킬 수 있을 것이다.

경희대학교

경영학과

Q. (자기소개서를 보며) **마케터를 희망하고 있는데 이에 대해 자세히 말해보시오.**

답변 예시 메타버스와 증강현실을 활용한 뉴미디어 마케터가 되는 것이 꿈이다. 첨단기술로 상품과 서비스에 대한 더욱 생생한 체험이 가능해지면서 홍보 효과를 극대화할 수 있는 가능성이 커졌다. IT기술과 마케팅을 접목한 한 단계 차별화된 체험형 마케터에 도전해보고 싶다.

Q. 현재까지 살아오면서 겪은 어려움과 이를 극복한 사례에 대해 말해보시오.

답변 예시 교내 행사 준비를 위한 학급회의를 진행하면서 학우들의 의견을 수렴하려 했지만, 선뜻 의견을 내는 사람이 없었다. 그래서 모바일 메신저의 익명 대화방을 개설해 학우들이 조금 더 편한 마음으로 의견을 이야기할 수 있도록 했다. 또 참고할 만한 영상과 자료를 공유해 학우들이 다양하고 구체적인 행사 참여방안을 생각할 수 있게 유도했다. 결과적으로 좋은 학급 무대를 꾸며 행사에 참여할 수 있었다.

유전생명공학과

Q. 지원동기를 말해보시오.

답변 예시 강력사건의 해결을 돕는 국립과학수사원의 유전자과를 알게 됐다. 범죄현장과 증거품에 대한 DNA 감식으로 범인 검거에 일조하는 것을 알게 되면서 이와 관련된 일을 하고 싶다고 생각했다. 체계적인 유전생명공학을 배워야겠다고 느껴 본 학과에 지원했고, 또 본교가 융복합적 인재를 지향하고 있는 만큼 생명공학부터 유전공학을 아우르는 다양한 지식을 배울 수 있을 것이라 생각해 지원했다.

Q. (생활기록부를 보며) 붉은빵곰팡이에 대한 실험을 진행해 돌연변이가 생존에 불리하다는 결론을 얻었다. 이유가 무엇인가?

답변 예시 현재 지구상에 살고 있는 생물종은 모두 자연선택에서 살아남은 것들이다. 돌연변이는 이 과정에서 도태되기 쉬우므로 생존에 불리하다고 생각한다.

추가 질문 돌연변이 중 살아남는 종에 대해서는 어떻게 생각하는가?

Q. 동아리 활동 중 기억에 남는 것은 무엇인가?

답변 예시 전기영동 실험이 기억에 남는다. 범죄현장 분석이라는 가상의 상황 속에서 DNA가 전개되는 모습을 직접 지켜보고 시료를 비교하며 용의자를 특정하는 활동을 했다. 이 활동을 하며 DNA 감식과 관련한 직업을 갖고 싶다는 마음이 더욱 굳어졌다.

체육학과

Q. 학교에서 진행하는 체육수업이 가진 한계와 해결방안은 무엇이라 생각하는가?

답변 예시 우리나라 체육교육의 주안점이 평가에만 치우쳐 있다고 본다. 체육의 본질에는 경쟁도 있지만 신체를 건강하게 기르고 이 과정에서 다른 사람과의 화합 · 협동정신을 배양하는 면도 있다. 경쟁에 따른 평가에만 중점을 두게 되면 정신의 건전한 함양이라는 가치는 퇴색하게 된다. 따라서 이러한 부분에 초점을 옮겨 학생들이 체육이라는 과목을 더 즐길 수 있도록 해야 한다고 본다.

Q. (생활기록부를 보며) 봉사활동 시간이 비교적 적은데 특별한 이유가 있는가?

답변 예시 특별한 이유라기보다는 역량을 발휘할만한 봉사활동을 찾지 못했고, 또 찾지 못한 그 자체로서 부족한 점이 있었다고 생각한다. 이 부분은 개인적으로도 매우 아쉽고, 본교에 입학한다면 특별히 적극적으로 봉사활동에 참여하고 싶다. 특히나 전공인 체육 분야와 관련된 봉사활동을 찾아보려 한다.

서울시립대학교

국제관계학과

Q. (자기소개서를 보며) 유럽 극우정치의 근원에 대해 설명해보시오.

답변 예시 유럽연합이 창설되었을 때 서유럽에 비해 동유럽의 경제는 열악했다. 그래서 같은 조건하에 동서유럽이 함께 연합에 가입했을 때 연합의 예산이 가난한 동유럽 국가에 대한 지역원조와 인프라 건설에 치중됐다. 이에 대해 서방 유럽 내부에서는 불만을 갖는 세력이 등장했는데 이들이 극우정치세력의 기원이 됐다고 본다.

추가 질문 서방 유럽국가에서 동유럽에 원조를 많이 하기도 했었다. 이 부분에 대해 설명한다면?

Q. 칩4동맹에 우리나라가 가입해야 한다고 생각하는가?

답변 예시 가입해야 한다고 생각한다. 우리나라가 강세인 메모리반도체 산업에 중국이 진입하는 것을 저지할 수 있고, 우리나라는 미국의 반도체 공급망에 올라 탈 수 있기 때문이다.

추가 질문 그렇다면 칩4동맹에 가입했을 때 발생할 문제는 무엇인가?

추가 질문 그 문제를 해결할 방법은 무엇인가?

도시공학과

Q. 도시공학에 관심을 갖게 된 계기는 무엇인가?

답변 예시 건축과 관련된 책을 접하고 먼저 건축에 관심을 갖게 됐다. 건축을 할 때에는 그 주변환경까지 고려해야 한다는 내용을 보고, 건축이 건축물 자체뿐 아니라 그 환경까지 함께 설계하는 것이라는 사실을 깨달았다. 그러던 중 도시공학이라는 학문을 알게 됐고 도시공학에서 건축과 환경, 교통 등과 같은 다양한 분야를 아우른다는 것에 매력을 느꼈다.

Q. (생활기록부를 보며) 3학년 때 성적이 많이 올랐는데 비결이 무엇인가?

답변 예시 처음 고등학교에 입학하고 나서 성적이 저조해 좌절하기도 했다. 그러나 사회 과목을 중심으로 대회에 참가하거나 탐구활동을 하면서 자신감이 생겼고, 특히 도시공학에 흥미를 붙이면서 공부에 대한 동기가 강해졌다. 이때부터 전과는 다르게 많은 노력을 기울여 좋은 결과를 얻을 수 있었다고 본다.

Q. 가장 좋아하는 과목은 무엇인가?

답변 예시 도시계획에 관심이 많았기 때문에 한국지리를 가장 좋아한다. 한국지리에서는 도시의 발전과 형성조건 등 도시와 관련한 다양한 지식을 배울 수 있어 유용하다.

건국대학교

중어중문학과

Q. (생활기록부를 보며) 통계를 통해 사회문제를 탐구했다고 되어 있는데 자세히 말해보시오.

답변 예시 중국에서 심각한 사회문제로 지목됐던 제로코로나 정책에 대해 탐구했다. 통계자료를 보면 중국에는 60세 이상의 고령자가 약 2억 5,000만명 있으며 이들을 감당할 의료 인프라가 충분치 않다. 이에 제로코로나 반대 시위가 대규모로 일어났지만 중국 정부의 입장에서는 위드코로나로 전환했을 때 예상되는 막대한 확진자 때문에 진퇴양난에 빠진 상황이다.

추가 질문 고령자수와 열악한 의료 인프라 중 무엇이 제로코로나가 야기한 문제상황에 더 큰 영향을 주었다고 생각하나?

답변 예시 제로코로나는 굉장히 강압적인 통제 조치로서 상하이의 사례를 봐도 국민에게 많은 고통을 안겨줬다. 국민을 집밖으로 못나오게 하는 억압된 조치는 중국의 의료 인프라가 수많은 확진자를 감당할 수 없다는 방증이다. 중국이 현실적으로 의료체계를 개선하지 못하면 제로코로나 같은 통제를 계속 펼칠 수밖에 없을 것이다.

Q. (생활기록부를 보며) **동북공정에 대해 탐구했는데, 해결방안이 무엇인지 말해보시오.**

답변 예시 동북공정 때문에 우리나라에서 반중정서도 확산되고 있다. 이 문제는 이성적인 태도로 접근해야 한다고 생각한다. 학술적인 차원에서 검증된 역사를 바탕으로 근거를 제시해 풀어가야 한다. 지나친 혐오는 양국의 관계에도 좋지 않다고 본다.

추가 질문 학술적인 차원의 해결 시도는 현재도 이뤄지고 있지만 쉽지 않은 상황이다. 이토록 해결하기 어려운 이유는 무엇이라고 생각하나?

답변 예시 중국이 동북공정 태도를 견지하는 근본적인 원인을 살펴봐야 한다. 중국은 역사적으로 하나의 중국을 표방하고 있다. 중국은 대만을 비롯해 수많은 소수민족과 갈등을 겪고 있고, 이들이 자신들로부터 이탈하지 않도록 정책을 펼치고 있는데 그 수단 중 하나가 동북공정이라고 본다. 이러한 중국의 오래되고 확고한 국가관이 동북공정 문제를 해결하는데 큰 장해물이 되고 있다고 생각한다.

Q. 중국어를 공부한 나름의 방법이 있는가?

사학과

Q. (생활기록부를 보며) **역사탐구 대회에서 수상한 내역이 있는데 자세히 말해보시오.**

답변 예시 '근대사회의 출현이 축복인가 재앙인가'라는 주제로 양측이 토론하는 것을 그림으로 제작했다. 산업혁명과 프랑스 대혁명을 중심으로 찬반 의견을 나누어 수록했다.

추가 질문 본인은 근대사회의 출현이 축복이라는 입장인가, 재앙이라는 입장인가?

답변 예시 근대사회로 진입하며 발생한 폐해도 많았으나 개인적으로 축복이라고 생각한다. 인류사회가 발전하며 거쳐야 할 필연적인 단계였다고 본다.

국제무역학과

Q. (생활기록부를 보며) **ESG 경영 보고서를 작성했다고 되어 있는데, ESG 경영이란 무엇인가?**

추가 질문 무역과 관련한 ESG 사례에 대해 알고 있는가?

답변 예시 무역에서는 물류의 이동이 발생하는데, 이 때 배출되는 탄소를 저감하기 위해 전기 화물차나 항공기를 이용하는 등의 노력을 기울이고 있다.

Q. (생활기록부를 보며) **광고 대회에서 대상을 수상한 내역이 있는데 자세히 말해보시오.**

답변 예시 공익광고를 제작하는 대회였는데 개인으로 준비하면서도 크게 어려움은 없었다. 다만 광고에 들어갈 목소리는 연기를 전공하는 친구에게 부탁해 완성도를 높였다. 대회의 경험을 통해 향후 진로를 정하는 데에도 이러한 경험을 반영하면 좋겠다는 생각을 했다.

동국대학교

정치학과

Q. (자기소개서를 보며) **정치학 연구원을 희망하는데, 어떤 정치 분야를 연구하고 싶은가?**

답변 예시 그저 정치라는 특정한 한 가지 분야만이 아닌 환경, 4차 산업 등의 다양한 영역을 연관시켜 정치학을 발전시키는 연구원이 되고 싶다.

Q. (생활기록부를 보며) **수학을 잘 하는가? 정치와 수학을 어떻게 연결 지을 수 있을까?**

답변 예시 수학에 흥미를 갖고 있다. 정치와 수학의 통계가 비슷한 면이 있다고 생각한다. 통계는 정치에서도 유의미하게 사용된다. 민주주의 지수나 지지율, 투표율과 정치성향 분석 등 다양한 통계지표를 가지고 정치 현안을 분석하거나 개선해야 할 점을 찾을 수 있다.

Q. (자기소개서를 보며) 칸트의 〈영구평화론〉을 읽었다고 돼 있는데, 여기 등장하는 공화주의란 무엇인가?

Q. 제4차 산업혁명에 관심이 많은 것 같은데, 이와 정치를 어떻게 엮을 수 있나?

사회학과

Q. (자기소개서를 보며) 소설 〈1984〉와 관련해 정보사회의 감시와 통제에 대한 탐구를 진행했는데, 현대사회에 존재하는 감시와 통제의 사례는 무엇인가?

답변 예시 현대사회에서는 알고리즘과 인공지능의 감시가 이뤄지고 있다고 본다. 이러한 첨단 도구들은 사람들의 관심을 끌 수 있는 미디어와 상품을 지속적으로 노출시키면서 관심과 흥미를 특정한 방향으로 유도할 수 있다.

추가 질문 알고리즘이 유의미한 수단이라 해도 사람에게는 성향에 맞는 콘텐츠를 소비할 자유의지가 있지 않나?

답변 예시 물론 사람에게는 자유의지가 있으나 알고리즘은 사람들의 무의식에 파고드는 방식으로 작동한다는 점이 주목할 만하다고 본다.

Q. 사회문제 탐구 대회에서 수상한 내역이 있는데 자세히 말해보시오.

답변 예시 제주도의 방언구획과 지리적 특성에 대한 탐구를 진행했다. 제주도가 역사적으로 동서도현과 조선시대의 삼읍체제로 방언구획이 동서로 나누어져 있음을 알게 됐다. 과거 삼별초의 항쟁으로 몽골어에 뿌리를 둔 방언도 많으며, 제주방언이 대체로 거센 억양과 축약된 형태를 띤 것이 바람이 많이 부는 자연환경적 특성에 기인했다는 것 또한 알게 됐다. 이 탐구를 통해 지역의 언어가 역사와 자연 · 지리환경에 영향을 크게 받는다는 사실을 깨달았다.

Q. 사회학을 공부하며 갖춰야 할 가장 중요한 역량은 무엇인가?

세종대학교

호텔관광외식경영학부

Q. 본 학부에 지원하기 위해 현재까지 노력한 것을 구체적으로 말해보시오.

Q. (생활기록부를 보며) 방송부 활동이 본인에게 어떤 영향을 끼쳤는가?

답변 예시 방송부 활동을 하면서 환경 캠페인과 관련된 영상을 제작했다. 쓰레기를 배출하지 않는 제로웨이스트 여행을 홍보하거나, 최근 지자체나 민간 등에서 활발해진 플로깅 캠페인에 대한 영상을 제작했다. 방송부 활동을 통해 사회에 좋은 영향력을 끼치는 일의 가치를 느낄 수 있었다.

Q. 우리나라와 유럽의 복지관광의 차이를 구체적으로 말해보시오.

추가 질문 우리나라에서는 어떤 곳에서 복지관광 정책을 수행하고 있는가?

Q. 메타버스를 활용한 관광상품에 대해서는 어떻게 생각하나?

Q. 관광과 결합하거나 연결 지을 수 있는 다른 학문은 무엇이 있다고 생각하는가?

소프트웨어학과

Q. 언제부터 소프트웨어 관련 학과에 관심을 가지게 됐나?

답변 예시 중학교 정보 과목 수업 때 스크래치를 배우면서 스스로 코딩을 통해 컴퓨터에서 동작하는 프로그램을 만들 수 있다는 사실이 놀라웠다. 또한 게임을 직접 제작하는 활동을 하면서 게임 제작 프로그래머가 되는 것에 흥미를 느꼈다.

Q. (생활기록부를 보며) 1학년 때 미인정 지각을 한 번 했는데 이유가 무엇이었나?

답변 예시 당시에 코로나19 때문에 온라인 · 오프라인 등교를 격주로 했었다. 당시 아침 7시에 일어나 등교 알람이 울릴 때까지 공부를 했었는데 등교일정을 착각해 오프라인 등교 알람을 설정해놓지 않아 지각을 했다. 이후 온 · 오프라인 알람을 꼼꼼히 설정해놓고, 다음날 일정을 사전에 철저히 확인해 같은 일이 없도록 노력했다.

Q. 인상 깊게 읽은 책에 대해 말해보시오.

답변 예시 〈비전공자를 위한 딥러닝〉이라는 책이 인상에 남는다. 인터넷에 게시된 딥러닝에 대한 내용들은 지나치게 단편적이거나 이해하기에 너무 어려운 용어로 돼 있었다. 이 책은 딥러닝의 개념부터 종류, 회귀와 분류 문제 등 딥러닝에 대한 기초가 없는 사람도 쉽게 이해하며 읽어 나갈 수 있어 좋았다.

추가 질문 딥러닝과 게임을 접목시키는 방법이 있는가?

숭실대학교

영어영문학과

Q. (생활기록부를 보며) 영어단어 대회에서 최우수상을 수상했는데 비결이 무엇인가?

답변 예시 나만의 방법을 만들어 재미있게 단어를 외울 수 있었다. 영단어의 발음과 비슷한 우리말을 생각해서 외우기도 했고, 발음이 비슷해 혼동되는 단어는 따로 분류해 암기했다.

Q. (생활기록부를 보며) 동아리에서 그린워싱에 대해 탐구했는데, 그린워싱에 대해 설명해보시오.

Q. 어떤 교사가 좋은 교사라고 생각하는가?

답변 예시 먼저 내가 가르치는 과목에 대한 자부심을 갖고, 항상 오늘 한 수업에 대해 복기하는 시간을 가져야 한다. 잘된 점과 아쉬운 점을 기록하고 잘못된 점은 보완해야 한다. 아울러 교과과정에 맞춰 일방적으로 지식만을 전달하는 수업이 아닌, 학생의 창의성을 동시에 길러주는 수업을 해야 한다.

추가 질문 기존 교과과정만으로는 학생의 창의성을 기르기 힘들 것 같은데 어떻게 생각하는가?

추가 질문 토론수업에서 학생들의 적극적인 참여를 이끌어내는 방법에는 무엇이 있겠는가?

Q. 행동주의 이론에 대해 설명해보시오.

글로벌통상학과

Q. 국가 간에 덤핑행위로 인한 피해를 막기 위해 반덤핑관세를 부과한다고 하는데 그 이유가 무엇인가?

답변 예시 반덤핑관세는 상대국의 덤핑행위로 자국 산업이 피해를 입을 경우 취할 수 있는 가장 대표적이며 효과적인 조치다.

Q. 소비자들이 최근 들어 ESG 경영에 대해 관심을 가지게 된 이유는 무엇인가?

답변 예시 소비자들이 최근 부각되고 있는 기후위기 문제에 경각심을 가지게 됨에 따라, 기업을 선택할 때에도 해당 기업이 환경을 생각하고 기후위기 해결에 이바지하는지 여부를 고려하게 됐다. 기업들은 소비자의 요구에 따라 친환경을 비롯한 사회 현안에 관심을 두는 ESG 경영으로 전환하게 됐다.

Q. (생활기록부를 보며) 진로활동에 경영학 교수가 꿈이라고 돼 있는데, 본 학과를 선택한 이유는 무엇인가?

답변 예시 본래는 경영학에 관심이 많았으나, 3학년 때 다국적 기업의 경영활동 사례와 국제무역에 관한 탐구활동을 하면서 기업 경영에 있어 국제통상이 얼마나 중요한지를 알게 됐다. 향후 본 학과에서 공부하며 경영과 국제통상의 관계를 연구하고 경영에 이를 적용할 방법을 찾고자 한다.

인하대학교

수학과

Q. (생활기록부를 보며) 반장이나 수학부장 등의 활동을 많이 했는데 특별한 이유가 있나?

Q. (생활기록부를 보며) 쌍곡선함수에 대해 탐구했는데, 이차곡선에 대해서 간단히 설명해보시오.

Q. (생활기록부를 보며) 무한집합에 대해 탐구했는데, 가산집합과 비가산집합에 대해서도 설명해보시오.

Q. 실수, 자연수 등 수 체계에 대해서 설명해보시오.

신소재공학과

Q. (생활기록부를 보며) **태양전지에 관심이 많은 것 같은데, 태양전지의 원리를 설명해보시오.**

답변 예시 태양전지는 광전 효과를 통해 빛에너지를 전기에너지로 변환시킨다. 광전 효과는 금속 표면에 일정 진동수 이상의 빛이 충돌하면 광전자가 튀어나오는 현상이다. 태양전지가 빛을 받는 부분에는 P형반도체와 N형반도체가 결합된 PN접합반도체가 있는데, 여기에 빛이 부딪혀 광전 효과가 일어나면 N형반도체에 있던 자유전자가 튀어나와 도선으로 흘러 전류가 통한다.

추가 질문 수학이 태양전지에 어떻게 쓰일 수 있을지 말해보시오.

Q. 뉴턴의 물리법칙에 대해 설명해보시오.

Q. 인상 깊게 읽은 책의 내용과 느낀 점을 말해보시오.

답변 예시 소재와 관련된 책을 감명 깊게 읽었다. 〈금속전쟁〉이라는 책에서는 나노과학기술의 이모저모를 알 수 있었고, 〈탄소재료의 힘〉이라는 책을 통해서는 탄소소재의 나노기술, 예를 들어 탄소섬유 같은 기술의 원리와 활용방식에 대해 알 수 있었다. 아울러 태양전지의 소재는 폴리머와 풀러렌을 혼합해 사용해야 효율을 높일 수 있다는 내용도 담겨 있었다. 미처 몰랐던 다양한 소재공학기술의 면면을 알 수 있었다.

Q. (생활기록부를 보며) **과학수업 및 실험지도 봉사를 했는데, 어떤 점을 배울 수 있었는가?**

간호학과

Q. (생활기록부를 보며) **모범 표창장을 받은 기록이 있는데 이유가 무엇이라고 생각하는가?**

답변 예시 코로나19 팬데믹 당시에 학급 방역을 보조하는 도우미를 2년간 맡았다. 감염에 대한 친구들의 불안감을 풀어주려 노력했고, 무거운 분위기도 해소시키려 열심히 활동했다. 그 덕분에 친구들의 지지를 받을 수 있었다고 생각한다.

Q. (생활기록부를 보며) **동아리에서 소외질병에 대해 탐구했는데, 왜 이 주제를 선택했는가?**

답변 예시 국내외 보건문제에 대해 탐구하면서 소외질병에 대해 접했고, 이를 치료하는데 드는 비용이 없어 충분히 생존할 수 있음에도 사망하는 사람들이 많다는 것을 알게 됐다. 국제사회 이슈에도 관심이 많아 이와 관련해서 탐구할 수 있을 것 같아 선택했다.

추가 질문 탐구한 소외질병 중 리슈마니아증과 샤가스병에 대해 설명해보시오.

추가 질문 함께 탐구한 연명치료제도에 대한 의견도 말해보시오.

경기대학교

사회에너지시스템공학과

Q. 지원동기를 말해보시오.

답변 예시 미래세대에게 깨끗한 바다를 전해주는 것이 개인적인 바람이다. 지금까지 이를 가능케 하는 생분해 플라스틱이나 해양환경을 개선하기 위한 친환경에너지를 탐구하며 역량을 가꾸었다. 본 학과에 입학해 생활 · 산업하수를 친환경에너지로 활용하는 연구를 해보고 싶다.

Q. 본 학과의 커리큘럼 중 가장 수강하고 싶은 과목은 무엇인가?

Q. (생활기록부를 보며) **행동특성에 친구들의 고민을 들어줄 수 있는 사람이라고 적혀 있는데 자세히 말해보시오.**

답변 예시 친구 개개인이 아닌 넓게 반 전체를 보며 소외되는 친구는 없는지 살펴보고 먼저 다가가 고민을 듣고 함께 어울릴 수 있도록 했다.

추가 질문 남의 고민을 들어주는 것이 쉬운 일은 아닌데 힘들지 않았나?

답변 예시 다른 사람의 이야기를 들어 주는 일을 좋아한다. 그 과정에서 힘든 점이 없는 것은 아니지만, 내가 제시한 해결책이 도움이 되는 것을 보면 뿌듯함을 느낀다.

충남대학교

언어학과

Q. (생활기록부를 보며) 훈민정음에 관심이 많다고 했는데, 훈민정음은 언어학의 어떤 분야와 가장 밀접하다고 생각하는가?

Q. 대학교에서는 조별 활동을 많이 하게 되는데, 다른 사람과의 협업 시 발휘되는 본인의 장점은 무엇인가? 또 단점은 무엇인가?

Q. 교과 · 비교과 활동 중 언어와 관련돼 했던 것은 무엇인가?

행정학과

Q. (생활기록부를 보며) 사회복지 정책에 관심이 많은데, 사회복지학과가 아닌 행정학과를 선택한 이유가 무엇인가?

답변 예시 물론 사회복지 정책에 관심이 많으나, 정책의 시행과 성과는 결국 행정에 달렸다고 생각한다. 행정학을 공부하며 정책 시행의 효율화와 복지정책의 극대화 등 복지정책과 관련된 행정 기능의 면면을 배우고 싶다.

Q. 전공 관련 독서가 부족한데 이유가 무엇인가?

Q. 충남대학교만의 특색은 무엇이라고 생각하는가?

논술 · 구술
'기출문제'

03

2022학년도 대학별 논술 · 구술 기출문제

서울대학교

Q. 본 학과에 지원한 동기는 무엇인가?

Q. 어떤 과목을 가장 잘하고, 가장 못하는 과목은 무엇인가?

사범계열

| 제시문 |

(가) 문화적 담론에 의해 전달되는 것은 '표상'이며 이는 진실과는 다르다는 글
(나) 중앙아시아의 타타르인들이 이동하며 다른 부족에게 해를 끼치는 야만적인 모습을 묘사한 글
(다) 서두에는 타타르인들의 민족성 · 생활상을 우호적으로 묘사하다가 이후 부정적으로 묘사하는 글

Q. (가)를 참고하여 (나), (다)에 나타난 '객관적 사실'과 '표상된 이미지'는 각각 무엇인지 말해보시오.

Q. (나), (다)의 글쓴이가 느꼈을 감정을 보기에서 고르고, 해당 감정을 두드러지게 표현한 문학작품을 말해보시오.

| 제시문 |

(가) 정치와 실제 국민들 간에 나타나는 괴리 현상을 비판하며, 국민과 정치가 밀접해진 일부 유럽국가의 사례를 제시하는 글
(나) 대의제가 엘리트 민주주의와 직접민주주의의 장점을 결합한 제도로서, 직접민주주의보다 우월하다는 것을 논하는 글
(다) 경선을 국민에게 맡기는 미국의 경선체제를 설명하며, 이러한 제도가 정치를 제대로 굴러가지 못하게 만든다는 글
(라) 반민주주의적 자유주의와 반자유주의적 민주주의를 비교하는 글

Q. (나), (다)가 (가)를 어떻게 평가할지 설명하고, 이에 대한 자신의 견해를 말해보시오.

Q. (라)의 반민주주의적 자유주의와 반자유주의적 민주주의 중 바람직한 정치체제에 해가 되는 것은 무엇일지 그 이유와 함께 말해보시오.

이공계열

Q. (생활기록부를 보며) 인체의 뼈와 유사한 티타늄 합금을 의료기기에 활용하는 방안을 탐구했다고 하는데, 티타늄은 어떤 성질이 있고 어떻게 활용되는가?

답변 예시 티타늄 합금은 뼈와 강도와 유연성이 유사하고 또한 가벼워서 뼈의 대체제로 두루 활용되고 있다. 이러한 이유로 티타늄 합금을 척추측만증과 거북목증후군의 치료에도 활용할 수 있을 것이라 생각했다.

추가 질문 티타늄을 활용하는 다른 사례는 없는가?

Q. (생활기록부를 보며) 기계공학과 의료공학에 관심이 많은 것 같은데, 어떤 계기로 관심을 갖게 되었는가?

Q. 감명 깊게 읽은 책과 그 이유에 대해서 말해보시오.

고려대학교

인문사회계열

| 제시문 |

(가) 소극적 공리주의는 선과 행복을 추상적 · 불확실한 것으로 여기고, 개인의 자유를 최고로 생각하며 현존하는 악과 고통을 줄이는 것에 목표를 둔다는 글
(나) 국가 행복지수를 측정하는 방식과 우리나라의 행복지수가 OECD 국가 중 최하위에 해당한다는 글
(다) 이전에 있었던 해묵은 습관과 인간관계를 청산하고 새로운 시작을 꾀하는 것이기 때문에 이사하기를 좋아한다는 글

Q. (가)의 소극적 공리주의의 관점으로 (나)의 국가 행복지수와 (다)의 '이사하기'를 평가하시오.

Q. (나)의 입장에서 (가)를 비판하시오.

Q. (가)의 소극적 공리주의를 발견할 수 있는 사례와 함께 이에 대한 긍정적 · 부정적인 면을 설명하시오.

| 제시문 |

(가) 동물 실험과 해부를 통해 인체에 대해 더욱 심도 있게 알 수 있다는 글
(나) 위장환경주의인 '그린워싱'이 사람들이 주도적으로 환경보호를 실천하지 못하게 한다는 글
(다) 지구에서 살고 있는 모든 공동체들은 지속가능한 발전방식을 택해야 한다는 글
(라) 진화는 진보가 아니며 외려 인간의 환경을 파괴하고 발전을 방해한다는 글

Q. 자연을 대하는 인간의 관점으로 (가)와 (나), (다)를 비교하여 설명하시오.

Q. (라)에서 등장하는 진화의 개념을 (나)에서 찾고 그 이유를 설명하시오.

Q. (나)~(라)의 내용을 종합하여 우리가 지킬 수 있는 지속가능한 발전의 실천 방안을 설명하시오.

자연계열

| 제시문 |

(가) 원자의 크기에 대해 설명하며, 원자 전체에서 원자핵이 차지하는 부분은 매우 작다는 글
(나) 자연계에서 개체군의 크기가 먹이사슬 관계나 계절에 따라 주기적으로 변화한다는 글
(다) 물체의 속도 변화가 물체에 작용하는 힘과 힘이 작용한 시간에 따라 달라진다는 글
(라) 정온 동물이 다양한 방법으로 체온을 유지하도록 적응되었다는 내용의 글

Q. (가)~(라)에서 공통으로 사용된 설명방법을 말하고, 이러한 방법을 활용한 이유에 대해 설명하시오.

Q. 위 문항에서 답한 설명방법으로 자연현상이나 과학이론을 효과적으로 설명하고자 할 때 고려할 방법은 무엇인지 설명하시오.

Q. 위 문항에서 답한 설명방법으로 '에너지의 보존 법칙' 이론에 대해 말해보시오.

성균관대학교

사범계열

Q. 우리나라에서도 다양한 분야의 노벨상 수상자를 배출하기 위해 학생들을 어떻게 지도해야 할지 말해보시오.

답변 예시 토론 중심의 수업을 통해서 자신의 의견을 논리적으로 표현하고 상대방의 의견도 경청하는 자세를 기르게 해야 한다. 이러한 사고력의 함양은 학생들이 저마다의 재능을 발견하고 성장시키는 데 큰 도움을 줄 것이다.

추가 질문 토론이 학생들의 수업에 좋은 이유에 대해 더 구체적으로 말해보시오.

Q. 기초학력에 미달하는 학생들을 지도하기 위해 교사에게 요구되는 능력은 무엇인지 말해보시오.

답변 예시 기초학력이 부족한 학생들을 무조건 학업으로만 끌고 가기보다는 그 학생이 잘 할 수 있는 분야는 무엇인지 함께 고민하는 것이 필요하다고 생각한다. 그리고 그러한 과정 속에서 학생이 자연스레 자신의 흥미를 깨닫고 학업에도 집중할 수 있도록 하는 유연함을 만들어줘야 한다고 본다.

Q. 본인이 가진 가치관을 한자성어나 고사 또는 속담으로 표현해보고 그 이유도 말해보시오.

Q. 마지막으로 하고 싶은 말이 있는가?

예체능계열

Q. 잘하는 스포츠 종목은 무엇인가?

Q. 관람이든 실제 활동이든 가장 좋아하는 스포츠 종목은 무엇인가?

Q. 본인에게 가장 의미가 깊었던 스포츠 활동은 무엇이고, 그것이 진로를 정하는데 어떤 영향을 주었는가?

Q. 굳이 본교의 이 학과에 지원하려는 이유는 무엇인가?

추가 질문 다른 학과에도 지원했는가? 그렇다면 어떤 학과인가?

한양대학교

인문계열

| 제시문 |

(가) 문해력이라는 말은 '리터러시'라는 단어에서 기원했으며, '리터러시'는 단순히 글을 읽고 쓰는 능력을 의미하는 것뿐 아니라 어떤 사안을 다각적으로 읽어내고 그에 대해 협력적 · 비판적으로 사유하는 능력을 가리킴. 아울러 이러한 리터러시가 후천적인 영향으로 사회마다 격차가 생긴다는 글

(나) 영국이 유럽연합에서 탈퇴하는 브렉시트의 국민 투표를 앞두고, 당시 보수당이 선전을 위해 운행한 '빨간 버스의 구호'가 대중을 현혹해 브렉시트가 결정되었다는 글

(다) A 국가의 만 15세 학생의 2006~2018년 읽기 성취도 추이와 B 국가의 중학교 3학년 학생들의 2003~2019년 읽기 성취도 추이 그래프

Q. (가)의 '리터러시'를 갖춘 유권자가 (나)의 '빨간 버스의 구호'를 보고 어떤 질문을 할지 설명하고, (다)의 국가 A, B가 처한 리터러시의 격차에 대한 문제를 각각 분석하고 해결책을 제시하시오.

상경계열

| 제시문 |

(가) 같은 재화나 서비스를 이용하는 사람이 늘어날수록 편익도 커지는 '네트워크 효과'를 설명하며, 이 네트워크 효과가 기존 서비스보다 월등한 서비스가 등장하더라도 이용자들이 옮겨가지 않는 '잠김 현상'을 일으킨다는 글

(나) 19세기 후반, 불편함을 없앤 쿼티 배열 자판이 등장해 큰 인기를 끌었고, 이후에도 더 효율적인 배열의 자판이 등장했으나 사람들은 여전히 쿼티 자판을 선호했다는 글

(다) '커뮤니티' 기능으로 인기를 끌었던 포털사이트가 유료화 정책을 도입하면서 이용자들의 반발을 사 쇠락하게 되었다는 글

Q. (가)의 '잠김 현상'에 영향을 줄 수 있는 요인을 (나)의 내용을 참고하여 설명하고, (다)의 포털사이트의 성공과 쇠락 요인을 (가), (나)를 활용해 분석하시오.

이화여자대학교

인문사회계열

Q. (생활기록부를 보며) 2학년 때 성적이 크게 상승했는데 그 이유가 무엇인가? 그 이유를 본 학과에 지원한 동기와 연결할 수 있는가?

Q. (생활기록부를 보며) 학창시절 친일 문학에 대해 비판적 시각으로 탐구했다고 되어 있는데, 내용을 구체적으로 말해보시오.

Q. (생활기록부를 보며) 다문화 가정에 대한 한국어 교육의 중요성에 대해 탐구했는데, 그 내용을 구체적으로 말해보시오.

이공계열

Q. 학창시절 이수한 교과를 보니 물리가 빠져있는데 특별한 이유가 있는가?

Q. 우리 전공학과의 기초과목에 대해 알고 있는가?

Q. 지원한 전공이 본인의 어떤 역량과 부합한다고 생각하는가?

중앙대학교

경상계열

Q. 공정무역을 해야 하는 이유는 무엇인가?

추가 질문 그렇다면 공정무역의 단점은 무엇인가?

Q. (생활기록부를 보며) 한일 무역분쟁에 대한 탐구조사를 했다고 되어 있는데, 이를 탐구대상으로 선택한 특별한 이유가 있는가?

정치국제학과

Q. 정치국제학과에 지원한 동기는 무엇인가?

Q. 리더와 구성원의 의견이 배치될 때 리더는 자신의 신념을 밀고 나가야 하는가, 구성원의 의견을 따라야 하는가?

답변 예시 리더는 구성원의 의견을 무시하고 독단적으로 행동해서는 안 된다고 생각한다. 진정한 리더란 끊임없이 구성원들과 의견을 조율하고, 자신의 의견을 관철하더라도 구성원들을 세심하게 설득하려는 노력을 해야 한다고 본다.

Q. (생활기록부를 보며) 민주화의 유형에 대해 학생강연을 했다고 되어 있는데 구체적으로 어떤 내용이었나?

추가 질문 자칫 무거운 주제인 민주화를 선택한 이유는 무엇인가?

이공계열

Q. 표면장력에 대해 설명해보시오.

Q. 양자역학과 미분가능성의 연관성에 대해 설명해보시오.

Q. 지원한 학과와 관련된 활동이 부족한데 이에 대해 어떻게 생각하는가?

간호학과

Q. (생활기록부를 보며) 3학년 때 화학에 관련된 도서를 읽었는데, 해당 도서에서 소개된 화학 분야의 장단점은 무엇인가?

Q. (생활기록부를 보며) 감염관리전문간호사를 희망한다고 썼는데, 이 직무의 정확한 역할에 대해 알고 있는가?

추가 질문 전염과 감염의 차이는 무엇인가?

한국외국어대학교

사회계열

| 제시문 |

(가) 과학자들이 세계를 이해하기 위해 측정 가능하고 객관적인 성질인 수(數)를 도구로 삼았다는 글

(나) 평균적인 사람은 없다고 주장하며, 사람의 능력을 판단하거나 개개인을 이해하기 위해서는 평균 같은 산술적 수단이 아닌, 사람의 맥락에 따른 행동 특징에 초점을 맞춰야 한다는 글

(다) 인간은 지향하는 목표를 달성하는 것보다 그 과정을 더욱 중요하게 생각하며, 수학공식처럼 고정된 틀에 얽매이기 꺼려한다는 글

(라) 기업의 생산성을 극대화하기 위해 근로자의 작업과정을 측정한 결과를 바탕으로 최적의 표준 과업량을 만들어 근로자를 관리한다는 글

(마) 한반도의 통일에 대해 논의할 때 국가 · 민족과 같은 정신적 문제가 아닌, 통일에 드는 비용부터 따짐을 비판하는 글

(바) 부유함과 귀함은 오직 돈에 달려 있고, 그 흐름에 때가 있으며 오래도록 가치가 존속한다는 글

(사) 직원들과 상시 소통하는 '챗봇' 시스템을 도입한 기업이 처음에는 매출이 증가하다가 점차 성장세가 둔화되자 챗봇 데이터 분석팀을 구축함. 그러나 챗봇이 업무집중에 영향을 끼치는 개인적인 질문까지 하게 되자, 이에 불만을 느끼고 퇴사하는 직원이 늘었다는 글

(아) 기업이 실적 수치를 기반으로 직원을 평가하는 시스템을 구축하자 금방 경쟁력 있는 기업으로 발돋움하게 됨. 그러나 계속된 평가에 피로감을 느낀 직원들의 이직률이 높아지자, 새로운 최고경영자가 부임해 보다 유연한 관리시스템을 도입함. 직원들의 자율성을 존중하자 직원들의 충성도는 올라가고 좋은 실적을 거두게 되었다는 글

(자료) '헌혈과 금전적 보상에 관한 실험'에 대한 글. A와 B 그룹을 대상으로, 헌혈 시 아무런 보상이 없을 때, 돈을 지급할 때, 돈을 헌혈자의 이름으로 기부할 때로 나누어 헌혈 의사를 조사함. 조사 결과 A 그룹은 돈을 지급받을 때 의사가 높았고, B 그룹은 무보상이나 기증할 때 의사가 높게 나타남

(보기) 이스라엘의 보육시설에 관한 사례. 아이를 늦게 데리러 오는 부모들의 문제를 해결하기 위해, 해당 부모들에게 벌금을 물리기로 함. 그러나 예상과 달리 아이를 늦게 데리러 오는 부모의 수가 두 배로 증가함. 부모들은 벌금을 냄으로써 지각에 대한 정당한 대가를 지불했다고 여김

Q. 수(數)를 중심으로 (가)~(마)에 나타난 세계관을 두 가지로 분류 · 요약하시오.

Q. (사)와 (아)를 비교하고, 위 문제에서 답한 두 가지 유형을 활용해 평가하시오.

Q. 위 〈자료〉를 분석하고, (마)와 (바)에 비추어 〈자료〉에 나타난 A, B 그룹의 특성에 따라 위 〈보기〉에서 나타난 문제를 해결할 방법을 찾으시오.

서울시립대학교

경상계열

Q. 본교에 지원한 이유는 무엇인가?

Q. 본인의 진로와 관련하여 롤모델로 삼고 있는 인물이 있는가?

Q. 지원한 전공학과와 관련하여 학창시절에 했던 활동은 무엇이 있는가?

추가 질문 활동 중 가장 기억에 남는 것은 무엇인가?

Q. (생활기록부를 보며) 동아리 활동 중 인공지능의 발달이 우리나라의 노동시장에 끼치는 영향에 대해 탐구했다고 되어 있는데 내용을 구체적으로 말해보시오.

이공계열

Q. (자기소개서를 보며) 진로와 목표가 명확한데, 본인이 개발하고 싶은 기술의 원리와 운영체제는 무엇이고 기존의 것과는 어떻게 다른가?

추가 질문 본인이 개발하고 싶은 기술에 대해 더 구체적으로 말해보시오.

Q. (생활기록부를 보며) 딥러닝에 대한 책을 읽었는데, 본인이 꿈꾸는 기술에 딥러닝이 어떠한 방식으로 이용될 수 있겠는가?

Q. (자기소개서를 보며) 기후변화와 환경오염이 비례하여 일어난다고 썼는데 그 이유가 무엇인가?

건국대학교

인문사회계열

Q. (자기소개서를 보며) 철학을 통해 메타학습능력을 기를 수 있었다고 했는데, 메타학습능력이란 무엇인가?

Q. (생활기록부를 보며) 트롤리 딜레마 상황을 의무론과 공리주의의 관점에서 비교 설명했다고 되어 있는데 내용을 구체적으로 말해보시오.

Q. 실존주의에 대해 설명해보시오.

Q. (생활기록부를 보며) 교사를 지망하다가 진로를 변경한 이유는 무엇인가?

이공계열

Q. 1학년 때 과학관련 대회에서 수상기록이 있는데 어떤 내용인가?

Q. (생활기록부를 보며) 유전자변형 생물이 환경오염을 일으킨다고 썼는데 왜 그러한지 설명해보시오.

추가 질문 유전자변형이 어떻게 일어나는지 알고 있는가?

Q. (생활기록부를 보며) 수생식물을 활용하여 수질정화 실험을 했다고 되어 있는데, 그렇다면 pH에 대해 알고 있는가?

추가 질문 pH의 측정단위는 어떻게 되는가?

Q. 비어 법칙에 대해 설명해보시오.

Q. 열역학 법칙에 대해 설명해보시오.

동국대학교

통계학과

Q. 본 학과에 지원한 동기는 무엇인가?

답변 예시 학창시절 과제연구 분석을 하며 통계학이 기존에는 알 수 없었던 결론을 이끌어 낼 수 있음을 알게 되었다. 이를 통해 자료를 수집하고 분석하는 통계학과 관련된 일을 하고 싶다는 마음이 생겨 지원하게 되었다.

추가 질문 해당 과제연구 분석 내용에 대해 구체적으로 설명해보시오.

Q. 상관관계란 무엇인가?

Q. 감명 깊게 읽었던 책에서 기억나는 내용은 무엇인가?

Q. (생활기록부를 보며) 수학 성적이 좋은데, 수학에서 가장 흥미를 느끼는 부분은 무엇인가?

예체능계열

Q. 문예창작과에 지원하게 된 동기를 말해보시오.

답변 예시 좋아하는 웹툰이 드라마와 영화로 제작되며 사람들에게 특별한 즐거움을 안겨주는 것을 보았다. 그러면서 콘텐츠 전문가가 되고 싶다는 꿈을 꾸게 되었고 모든 콘텐츠의 기초가 되는 이야기의 힘이 대단하다는 것을 느꼈다. 본교의 문예창작과에서 이야기를 담은 문학에 대한 이론과 창작을 공부하고 싶어 지원했다.

Q. (자기소개서를 보며) 고전문학인 〈구운몽〉을 감명 깊게 본 것 같은데 작품에 대해 설명해보시오.

Q. 고전문학에 대해서는 언제부터 관심을 가지게 되었는가?

홍익대학교

인문계열

제시문

(가) A와 B의 정의관을 비교하는 글. A는 정의를 개인의 자유와 연관 지어 생각하며, 개인과 타인의 자유가 모두 존중되어야 한다고 봄. 따라서 개인이 타인의 자유를 침해하지 않는 한, 국가는 개인의 삶을 간섭하지 않고 자유를 보장해야 함. 반면 B는 정의를 공동체의 가치와 연관 지어 생각하며, 개인과 공동체의 유기적 관계 속에서 개인과 사회의 행복 증진을 추구함. 개인은 사회적 유대감을 갖고 공동체적 가치를 함양해야 한다고 봄.

(나) 저작권을 보호하고 저작자의 권리와 이익을 지켜야 한다는 '마이크로소프트'와 저작권 공유가 곧 창조적 정보 공유이며 열린 공동체를 만드는 과정이라는 '리눅스'의 시각을 비교한 글

(다) 코로나19 백신 미접종자에게 추가적 불이익을 주는 백신패스 제도와 이에 대한 찬반에 관한 글

(라) 과도한 복지정책은 국가 재정을 악화시키는데, 많은 복지 선진국들이 모든 이들에게 혜택을 주는 보편적 복지와 꼭 필요한 계층만 지원하는 선별적 복지에 대한 논쟁을 겪고 있다는 글

Q. (가)에 나타난 A와 B 두 가지 정의관을 바탕으로, (나)~(라)에서 드러나는 두 가지 상반된 입장을 선택하고 그 논거를 제시하시오.

성신여자대학교

인문사회계열

Q. 학급활동에서 가장 의미가 있었던 활동과 본인의 역할은 무엇이었는가?

Q. (자기소개서를 보며) 봉사활동으로 영어 멘토링에 참여했는데 무엇을 느꼈는가?

답변 예시 평소에도 다른 사람에게 내가 알고 있는 지식을 전달해주는 것을 좋아했다. 특히 영어에 자신이 있어 영어 멘토링으로 활동하게 되었는데, 단순히 영어실력을 향상시키는 것도 중요하지만 멘티가 자신감을 갖고 영어에 서슴없이 도전하는 마음을 갖게 해주는 것이 더 중요하다고 느꼈다.

Q. (자기소개서를 보며) 4차 산업혁명 관련 활동이 있는데, 4차 산업혁명과 인문학을 어떻게 연결 지을 수 있겠는가?

Q. 진로와 관련하여 학창시절 중 본인이 가장 열심히 한 활동은 무엇인가?

경상계열

Q. 학교생활을 하면서 가장 큰 직책이나 역할을 맡았던 적이 있는가? 있다면 어떤 일을 했는가?

Q. (자기소개서를 보며) 뉴노멀과 관련된 책을 읽었다고 되어 있는데, 뉴노멀이 무엇이고 책을 읽으며 감명 깊었던 것은 무엇인가?

Q. (생활기록부를 보며) 3학년 때 성적이 크게 올랐는데, 전 학년에서는 어떤 이유에서 성적이 떨어졌고 다시 올릴 수 있었던 비결은 무엇인가?

Q. (생활기록부를 보며) 직접 기획했던 상품에 사물인터넷을 적용했는데, 사물인터넷에 대해 구체적으로 설명해보시오.

광운대학교

인문계열

| 제시문 |

(가) 아이들의 출입을 제한하는 '노키즈존'에 대한 설명과 이에 대한 찬반 의견을 소개하고, 결국 상호 배려가 노키즈존 문제를 해결할 방법이라는 글

(나) 타자에 대한 윤리적 책임을 강조한 프랑스 철학자 레비나스의 '타자 지향성'을 소개하고, 타자 지향성이 차별받는 사회적 소수자와의 갈등을 해결하고 공존하게 하는 방법이라는 글

(다) 소수의견을 억압하거나 침묵을 강요해선 안 되지만, 그것이 사회적으로 심각한 사안이고 타인의 자유를 침해한다면 사회 전체가 적극적으로 간섭해야 한다는 글

(라) 저출산 · 고령화 문제가 심각하여 출산율을 높이기 위한 노력이 필요함. 이를 위해 사회적 여건을 조성하는 것도 중요하지만 우선 어린이도 인격을 가진 엄연한 인간이라는 인식 변화가 선행되어야 한다는 글

Q. (가)의 '노키즈존'에 대한 찬성 의견을 (나)의 '타자 지향성' 관점에서 비판하고, '노키즈존'의 반대 의견의 근거를 (다)를 바탕으로 서술한 뒤, (라)의 '출산율을 높이기 위한 노력'의 차원에서 '노키즈존'을 평가하시오.

숭실대학교

경상계열

| 제시문 |

(가) 저출산 · 고령화로 우리나라의 민간소비가 감소할 것이라며, 특히 민간 사교육 부분에서 이를 설명하는 글

(나) 저출산 · 고령화로 사회 전체의 저축률이 감소할 수 있다는 글

(다) 이민에 대한 상반된 두 가지 주장을 소개함. 이민이 인구 증가 · 경제성장에 기여하고 고령화를 방지한다는 의견과 이민이 내국인의 일자리를 줄이고 복지 부담을 증가시킨다는 의견의 글

Q. 저출산 · 고령화가 민간부분을 통해 국가 총수요에 미치는 영향은 무엇인지 (가)와 (나)에 대해 각각 설명하시오.

Q. 저출산 · 고령화뿐 아니라 다른 민간 부문에서 총수요에 미치는 영향은 무엇인지 (나)의 내용을 통해 분석하시오.

Q. (가)를 바탕으로 학령인구 감소와 사교육 부분의 소비지출 탄력성을 구하시오.

Q. (가)를 바탕으로 사교육 업체들이 수강료를 인하할 경우 업체의 수입이 증가 · 감소 · 유지될지 분석하시오.

Q. (다)를 바탕으로 이민이 증가할 때 총공급의 변화를 예상하고, (가)와 (나)에서 제시된 현상 발생 이후 이민정책이 장려되면 국내총생산과 물가는 어떻게 변화할지 분석하시오.

국민대학교

인문사회계열

Q. 학교생활에서 가장 어려웠던 경험에 대해 말해보시오.

답변 예시 학생회장이었던 당시 학교에서 학생들을 위한 교외활동을 많이 개최하지 못해 학생들의 수학여행 요구가 있었다. 그러나 학교 측에서는 재정 · 학사 일정 등의 이유로 이를 수용하지 못했는데, 학생회장으로서 이를 두고만 볼 수 없었으나, 선뜻 어느 한 쪽 편을 들 수 없어 양측의 의견을 수렴하게 되었다. 그리고 이를 절충안으로 만들어 각 학급이 자율적으로 교외활동을 하는 것으로 결론을 낼 수 있었다.

추가 질문 한 지역구에서 선출된 정치인이 다른 지역구와 정책 충돌이 일어났을 때, 자신의 지역구의 호소와 요구만 듣는 것은 정당한가?

Q. 정치인은 반드시 정치학을 공부해야 하는가?

추가 질문 정치학을 공부하지 않은 후보는 선거 출마를 제한할 필요가 있다고 생각하는가?

Q. 미국 트럼프 행정부와 바이든 행정부의 정책을 비교하여 설명해보시오.

경상계열

Q. (자기소개서를 보며) **경영 관련 자율동아리를 만들었는데 어떤 계기가 있었나?**

답변 예시 대학생 멘토링 활동에 참여하면서 경영에 관심을 갖게 되었고, 또 경영에 데이터분석을 접목하는 것이 큰 효용이 있겠다고 생각했다. 그래서 2학년 때부터 같은 관심을 가진 팀원들을 모아 동아리를 꾸렸다. 동아리에서는 데이터를 분석하여 현상을 분석하고 결론을 도출하는 활동을 했다.

추가 질문 동아리 활동 중 가장 기억에 남는 순간이 있다면 무엇인가?

Q. (생활기록부를 보며) **앙상블 모델을 배웠다고 되어 있는데, 앙상블 모델이 무엇인지 설명해보시오.**

Q. 경영보다는 IT와 소프트웨어 분야의 활동이 두드러지는데 어떻게 생각하는가?

경기대학교

건축공학과

Q. 건축학과 건축공학의 차이는 무엇인가?

답변 예시 건축학은 건물이나 도시의 시공과 디자인, 설계를 중심으로 하는 학문이라고 생각한다. 반면 건축공학은 단순한 시공이나 디자인뿐 아니라 재료와 환경, 교통 등 인간의 삶을 반영할 수 있는 학문이라고 본다.

Q. (생활기록부를 보며) **건축 관련 전국 동아리 대회에서 수상한 경험이 있는데, 동아리 내에서 어떤 역할을 맡았나?**

답변 예시 본래 미술을 공부했고 디자인에도 관심이 많아 솔선하여 팀을 이끌겠다고 팀원들을 독려했다. 집 내부의 디자인 설계와 재료, 소품들을 먼저 준비하여 놓고, 일손이 부족하거나 진척이 더딘 부분들을 세심하게 챙겨 출품될 작품을 완성할 수 있었다.

Q. (자기소개서를 보며) **친환경 건축에 관심이 많다고 하였는데, 국내 건축물의 사례에는 어떤 것이 있는가?**

Q. **본 학과에 입학해 공부한다고 했을 때, 고등학교 시절 배운 과목 중 무엇이 가장 도움이 될 것 같은가?**

관광학부

Q. (생활기록부를 보며) **3학년 때 동아리에서는 어떤 활동을 했나?**

답변 예시 항공기 내에서 이루어지는 서비스와 고객경험에 대한 논문을 분석하는 활동을 했다.

추가 질문 논문을 분석하여 얻은 결론의 도출과정을 말해보시오.

추가 질문 본인이 원래 생각했던 결론은 무엇인지 말해보시오.

Q. (생활기록부를 보며) **2학년 동아리에서는 코로나19와 관광과 관련된 활동을 했다고 되어 있는데, 구체적으로 어떤 내용이었나?**

답변 예시 코로나19 팬데믹으로 인한 관광업계의 피해 실태와 활성화방안에 대해 조사했다. 전 지구적 감염위기 상황 때문에 내수 관광산업도 침체되었다. 이를 타개하기 위한 방안으로는 감염에 안전한 여행을 위한 대책을 여행업계가 강구하는 것이고, 사람들이 관광에 대한 경계를 풀 수 있도록 휴가 지원 등 정부와 기업의 다각적인 지원 대책이 필요하다는 결론을 얻게 되었다.

충남대학교

인문사회계열

Q. (자기소개서를 보며) 동아리 활동 중 전염병의 역사와 관련된 책을 읽고 발표를 했다고 되어 있는데 어떤 내용이었나?

답변 예시 과거 동양에서는 전염병이 일어나게 되면 이것이 하늘 또는 신이 노해 벌을 내린 것이라 여기고, 전염병이 발생한 마을을 완전히 봉쇄했다. 그리고 더는 전염이 일어나지 않을 때까지 두었는데, 오늘날에도 이 같은 격리 방식이 전해 내려옴을 발견하고 연관성에 대해 탐구했다.

Q. 본교에 입학하기 위해 어떤 노력을 했나?

Q. (자기소개서를 보며) 기재한 진로를 선택하게 된 계기가 있는가?

Q. 갈등 상황을 슬기롭게 해결한 경험이 있는가?

사범계열

Q. 학창시절 타인에게 도움을 주고 보람을 느낀 경험이 있는가?

Q. 본인이 받았던 수업 중 가장 기억에 남는 순간이 있는가?

Q. 본인은 어떤 교사가 되고 싶은가? 또 교사로서 어떤 태도를 지녀야 하는가?

Q. 본인이 담당하고 있는 과목이 사라지게 된다면 어떻게 될 것 같은가?

Q. 본교에 입학하여 기르고 깊은 역량 또는 달성하고 싶은 목표가 있는가?

논술 · 구술
'기출문제'

04

2021학년도 대학별 논술 · 구술 기출문제

서울대학교

Q. 서울대학교에 지원한 동기는 무엇인가?

Q. 무슨 과목을 제일 잘하나?

Q. 제일 못하는 과목은 무엇인가?

인문사회계열

Q. 가짜뉴스가 어떻게 퍼지는지 답하고 이에 대한 해결방안을 말해보시오.

Q. (생활기록부를 보며) 3학년 때까지 토론동아리에서 활동했던데 어떤 역할을 했고, 인상 깊은 경험이 있다면 무엇인가?

답변 예시 3학년 때는 교내 토론대회에 동아리장으로서 참여한 적이 있다. 당시 제시된 논제는 해석에 따라 다양한 논의가 가능했다. 회의 끝에 조원들의 의견을 추려 토론에 참여했다. 실제 토론에서는 입론 단계에서 논제 이해가 부족하다는 평을 듣고 준비시간을 활용하여 부족한 근거를 채워보려고 노력했다.

Q. 난민을 지원하는 문제에 대해서 어떻게 생각하는가?

답변 예시 부정적인 입장이다. 난민을 지원하는 방향은 보통 내국으로 받아들이는 것을 의미하는데, 충분한 준비 없이 받아들이는 것은 사회적인 문제를 야기할 수 있다고 생각한다.

추가 질문 롤스의 만민법에 따른 해외원조 사상에 대해 어떻게 생각하는가?

Q. 자기자랑을 10초 정도 해보시오.

Q. 현재 한일 관계가 좋지 않은데 학생이 생각하는 한일 관계의 가장 큰 문제와 이에 대한 개선방안은 무엇인가?

답변 예시 한일 관계의 고질적인 문제는 양국 정부가 이 관계를 정치적으로 악용하는 것부터라고 생각한다. 또한 1965년의 한일 협정은 일제강점기의 묵은 역사적 · 정치적 사안을 매듭짓지 못하고 이뤄진 협정이기 때문에 처음부터 불완전했다. 최근의 위안부나 화이트리스트 사안 등 역시 양국 정부가 자국에 유리한 방향으로 선전한 것이 문제다. 따라서 대중적인 차원에서 양국에 호감을 주는 미디어를 수출하는 방안이 한일 긴장관계를 완화할 방법이 될 수 있다.

추가 질문 양국의 국가 정체성과 관련해 해결방안을 논의해본다면 무엇이 있는가?

답변 예시 일본은 수정주의적 역사관을 통해 국가 정체성을 정립하고, 우리나라는 피해 중심적 역사관을 통해 국가 정체성을 정립해왔다고 생각한다. 역사적 문제에 대해 한일이 공동으로 객관적인 사실에 집중하여 점검해나가는 프로젝트를 진행한다면 정치 프로파간다에 오도되지 않는 해결방안이 나오지 않을까 생각한다.

제시문

(가) 런던 지하철 노조의 파업으로 인해 새로운 직업을 찾은 사례
(나) 프랑스 정부가 자살률에 대한 연구를 바탕으로 아동의 스마트폰 사용을 제한한 사례
(다) 교육에서 생산자와 소비자와의 관계를 보여준 후, 생산자의 힘이 비대해져 소비자의 권익이 침해되는 사례
(라) 미국에서 신약 개발을 제한하는 법률이 제정되어 신약 개발 비율이 떨어진 사례

Q. (가)~(라)의 제시문을 읽고 '정부가 개인의 선택을 제한할 필요가 있다'는 주장을 비판하거나 지지해보시오.

답변 예시 정부가 개인의 선택을 제한해서는 안 된다고 생각한다. 사회의 편익 증대가 개인이 침해당한 이익보다 클 때, 개인의 기본권을 제한할 수 있다고 헌법에 나와있으나, 여기서 사회 편익은 모호한 조항이라고 생각한다. (가)는 외부적 요인으로 새로운 길을 찾은 사례고, (나) 역시 아동자살률의 원인이 꼭 스마트폰 때문인지를 확인할 인과관계도 불분명하다. 따라서 (다), (라)의 부정적 사례에서도 확인할 수 있듯이 정부가 개인의 선택을 제한해서는 안 된다고 생각한다.

사범계열

| 제시문 |

(가) 공공예술의 대중성과 공공성을 강조하는 글
(나) 공공예술의 목적성과 예술성을 중시하는 글
(다) 사례1 : 평범한 광장에서 새로운 의미를 발견하라는 의도로 설치된 작품은 대중의 항의로 철거
사례2 : 전쟁기념관 앞에 전쟁에서 희생된 생명을 추모하는 작품은 많은 이들의 호응을 얻음

Q. (가), (나)의 관점을 분석하고 이를 바탕으로 (다)의 두 사례를 평가하라.

답변 예시 (가), (나)의 관점에서 제시된 사례의 두 입장을 평가하여 볼 때 전자인 사례1의 경우 (가)는 부정적인 입장을 취할 것이다. 왜냐하면 광장설치물은 시민들의 통행을 방해하고 불편함을 가중시켰으므로 (가)의 관점에서 적절하지 않다. 그러나 (나) 입장에서는 해당 작품이 평범한 광장에서 새로운 의미를 발견하는 목적성을 지녔기 때문에 긍정적으로 평가될 것이다. 반대로 후자인 사례2의 경우 (가), (나) 모두 긍정적으로 바라볼 것이다. (가) 입장에서 관광명소로서 대중이 이를 찾고 의미를 발견하고, (나) 입장에서도 인간성이라는 가치를 탐구하게 되는 목적성을 지녔기 때문이다.

| 제시문 |

선생님이 되려는 유형은 여러 가지가 있는데, 여기서 유형이 크게 4가지로 나뉨. '아이들(학생)이 좋아서', '학교 자체가 좋아서', '사회에 공헌하고 봉사하고 싶어서', '워라밸을 위해서'로 볼 수 있음. 사범대에 올 때 학생들은 이러한 유형 중에 우선순위를 정해 원하는 선생님이 되고자 하지만 사회가 원하는 이상적인 유형과는 일치하지 않을 수 있다는 내용의 글

Q. 자신이 생각하는 교사의 유형 우선순위 두 가지를 작성하고 그 유형의 교사가 되었을 때의 문제점을 제시하시오.

Q. 현재 한국 교육의 문제점을 한 가지 이상 말하고 이를 해결하기 위해선 어떤 유형의 교사가 필요할지 논의하시오.

Q. 자신이 추구하는 유형과 사회가 원하는 이상적인 유형이 일치하지 않을 때, 이를 사범대에서 공부하며 어떻게 해결해나갈 수 있는지 말해보시오.

Q. 진정한 멘토에게 필요한 자질 3가지를 말하시오.

Q. 자신이 멘토의 자격을 갖추고 있는 지에 대한 자가평가를 하고, 부족한 점과 개선 계획을 말하시오.

Q. 토론에서 지켜야 할 규칙 두 가지를 말해보시오.

Q. 토의와 토론의 차이는 무엇인가?

Q. 토의에서 지켜야 할 규칙은 무엇인가?

간호학과

Q. (자기소개서를 보며) 코로나19의 염증반응에 대해 발표했다고 했는데 이를 설명해보시오. 또 염증과 부종의 차이는 무엇인가?

Q. 어떤 간호사가 되고 싶은가?

Q. 인간이 인공지능에 대체되지 않으려면 어떻게 해야 하는가?

Q. 인공지능이 상용화되면 간호사는 어떤 역할을 하고 있을지 얘기해보시오.

의예과

Q. (자기소개서를 보며) MOOC를 수강하였다고 했는데, 생어 염기서열분석 과정을 설명해보시오.

Q. (생활기록부를 보며) 시냅스에 미치는 약물에 대해 탐구했다는데 탐구 내용에 대해 말해보시오.

Q. (생활기록부를 보며) **동아리에서 CPR 교육봉사를 했다고 했는데, CPR 과정을 설명해보시오.**

답변 예시 과거와 CPR이 변화된 것이 있는데 인공호흡의 유무다. 인공호흡은 일반인이 제대로 하기 어렵고 오히려 상황이 악화되는 경우도 있어 최근에는 흉부압박이 실시되고 있다. 흉부압박은 5~6cm 정도로 깊게 1분에 90~120회가량 실시한다. 흉부압박을 할 때에는 팔이 정확히 직각이 되도록 해야 한다. 각도가 조금 틀어져도 늑골이 부러져 장기손상이 일어날 수 있기 때문이다.

추가 질문 흉부압박은 정확히 어느 부분에 해야 하는가?

답변 예시 가슴의 정중앙이다.

Q. 기초의학과 임상의학 중 어느 분야로 가고 싶은가?

수의예과

Q. (생활기록부를 보며) **반장이나 동아리 부장을 자주 했던데, 주변에서 자신을 어떤 학생으로 바라본다고 생각하는가?**

답변 예시 1학년 2학기 때 반장에 선출된 이후 다음 학년에도 반장 후보로 운 좋게 추천되어 계속 간부 활동을 하게 됐다. 앞장서서 솔선수범하는 것이 반장의 역할이라고 생각해 되도록 반 친구들 앞에서 모범을 보이려 노력했다. 또 반 친구들의 일이라면 먼저 도우려고 했다. 이런 점 때문에 친구들에게 성실하고 친절하다는 평을 자주 들었다.

추가 질문 그렇다면 ○○ 동아리에서 부장을 했던데 어떠한 역할을 했는가?

Q. 공동교육과정으로 생명과학 실험을 수강했던데, 수강 동기와 어떤 식으로 수업이 진행됐는지 말해보시오.

답변 예시 타학교 학생들과도 교류하고 다양한 실험을 통해 견문을 넓히고 싶다는 생각으로 공동교육과정의 생명과학 실험을 수강했다. 실험 주제가 정해지면 매주 각 조에서 돌아가면서 준비한 실험을 발표하는 형식으로 진행됐다. 같은 실험 주제여도 조건에 따라 결괏값이 달라지는 점이 흥미로웠다.

추가 질문 실험이 끝난 뒤에 추가로 더 알고 싶어서 한 활동이 있는가?

경상계열

| 제시문 |

(가) 시장에서 자유는 보장되어야 함. 여기서 자유란 곧 타인으로부터 간섭받지 않는 것을 뜻한다는 내용의 글. 할리우드 블랙리스트 사건을 예시로 제시함

(나) 시장에서 자유는 보장되어야 함. 여기서 자유란 자아를 실현하고 삶의 주체성을 갖는 것을 뜻함. 시장이 효율성과 유동성을 지나치게 중시하여 인간의 자유실현을 방해한다는 내용의 글

Q. (가)와 (나)의 제시문에서 시장과 자유의 관계를 각각 어떻게 보고 있는가?

Q. (나)의 관점에서 (가)의 할리우드 블랙리스트 사건을 어떻게 평가할 것인가?

Q. (생활기록부를 보며) 소논문 주제로 뉴딜 정책과 한국판 뉴딜 정책을 비교했던데, 과거 뉴딜 정책의 성공 요인을 이야기해보시오.

답변 예시 뉴딜 정책은 제1차 세계대전 이후에 미국에 발생한 대공황을 극복하기 위해 루스벨트 대통령이 실시한 정책이다. 사실 그리 성공한 정책은 아닌 것으로 알고 있다. 초기 뉴딜 정책은 일시적으로 성공하는 듯 보였으나 제2차 세계대전이 발발하면서 그 빛을 보지 못했다고 알고 있다. 다만 다른 국가들과는 다른 대공황 극복정책이 성공의 요인이라고 생각한다.

추가 질문 다른 국가들과는 다른 미국의 대공황 극복정책을 구체적으로 설명해 볼 수 있는가?

답변 예시 당시 식민지가 있던 국가들이 본국과 식민지 간의 교역이나 다른 국가와의 전쟁을 일으켜 대공황을 극복하려고 했다면, 미국은 자국 내에 풍부한 자원의 개발과 정부 주도 정책을 통해 대공황을 극복했다는 점이 다르다.

이공계열

| 제시문 |

(가) 저위도 지역보다 극 지역에서 지구온난화로 인한 기온 상승이 크게 나타나는 현상을 보여주는 글

(나) 20세기의 빙하 면적, 빙하가 줄어든 21세기의 빙하 면적 사진

Q. 극 지역에서 기온 상승이 더 크게 나타나는 이유는 무엇인가?

답변 예시 저위도 지역에 비해 극 지역이 기온 상승이 더 크게 나타나는 이유는 빙하 때문이다. 빙하는 태양복사에너지를 튕겨내는 역할을 하는데 지구온난화 현상으로 인해 빙하가 녹을 경우 반사율이 떨어져 극 지역의 기온 변화가 더 크게 일어나게 된다.

추가 질문 그럼 화산 폭발로 인해 화산재가 대기를 덮는 경우는 어떻게 되는가?

답변 예시 화산재 역시 태양복사에너지를 반사하는 역할을 하기 때문에 극 지역에서 온난화 영향이 더 크게 나타난다.

Q. (생활기록부를 보며) **책을 굉장히 많이 읽었던데, 가장 감명 깊게 읽은 책은 무엇인가?**

Q. (자기소개서를 보며) **도서문항에 약용작물 분야에 관심 있다고 적었는데, 이에 관해 한번 설명해보시오.**

Q. (자기소개서를 보며) **원예치료에 관련된 내용을 적었던데, 원예치료에 어떠한 관심을 가지고 있는가?**

Q. 이 학과에 지원하게 된 계기는 무엇인가?

Q. (생활기록부를 보며) **동아리에서 자기부상열차를 만들었던데, 원리가 어떻게 되나?**

Q. 서울대학교에 입학해서 어떤 연구를 하고 싶은가?

Q. 지원한 과에서 무엇을 배우는지 아는 대로 답하라.

Q. (생활기록부를 보며) **다양한 동아리 활동을 했던데, 가장 의미 있다고 생각되는 활동이 있었다면 무엇인가?**

Q. (생활기록부를 보며) 자율활동으로 소화제가 환경에 미치는 영향과 대체식품에 대해 실험을 했던데 이 실험 과정과 결과를 설명해보시오.

고려대학교

인문사회계열

| 제시문 |

(가) 인간은 개별적인 특성과 공통적인 특성을 지님. 여기서 공통적 특성은 많은 이들이 지닌 특성으로 아름다움과 정상의 기준이 되며 일반적인 특성과 다른 것은 기형으로 치부된다는 내용

(나) 김춘수 시인의 〈꽃〉 전문

(다) 네트워크의 발전으로 변화하는 보험서비스를 사례로 듦. 축적된 데이터를 통해 고객의 행동특성을 분류해 가상의 집단으로 묶어 보험료를 책정하는 내용의 글

(라) 결혼을 주제로 한 아버지와 딸의 대화 상황을 제시함. 아버지가 20대 딸에게 나이 차가 많이 나는 상대와의 결혼은 결혼 통계자료를 통해 보편적인 현상이라고 근거를 드는 내용의 글

Q. 대상에 대한 이해를 주제로 제시문 (가), (나), (다)를 비교해보시오.

Q. 제시문 (가), (나)의 관점에서 제시문 (라)를 평가하시오.

Q. 제시문 (나)의 관점에서 (다)에서 발생할 수 있는 문제점과 이에 대한 해결방안을 제시하시오.

Q. 제시문 (가)에서 나타나는 태도의 문제점을 지원 계열 또는 전공 분야와 연관하여 해결하기 위한 사례를 제시하시오.

| 제시문 |

(가) 교실에서 독재의 실상을 보여주고자 대표를 선발하고 대표의 지시와 규칙을 무조건적으로 따르게 함. 점차 학생들이 독재사회에 물들어가는 '디 벨레 현상' 사례

(나) 소속집단과 다른 집단이 있을 때에 다른 집단에는 공감하지 못하고 자신의 소속집단만 편애하는 현상을 담은 실험에 대한 글. '(ㄱ) 우리는 '남'으로 규정된 이를 공감하는 것에 어려움을 겪는다' 제시

(다) 유교에서 이상사회는 도가 행해진 곳으로 현명한 지도자가 다스리며 사람들 사이에는 신의가 있어 서로 도우며 갈등이 없음. 이를 대동사회라고 한다는 글

(라) 사회의 집합의식을 언급한 후 이에 대한 형성과정에 따른 기계적 연대와 유기적 연대에 대한 글. 그리고 이상사회와 현대사회에 대한 글

Q. 제시문 (나)의 관점에서 (가)를 설명해보시오.

Q. (다)를 바탕으로 (나)의 (ㄱ)을 평가하시오.

Q. (라)의 관점에서 (가)의 '디 벨레 현상', (나)의 (ㄱ), (다)의 '이상사회론'을 비판해보시오.

Q. 우리나라를 이상사회로 만드는 데 지원 전공이 기여할 수 있는 바를 구체적으로 제시하시오.

디자인계열

Q. '도전정신'하면 떠오르는 인물을 말해보시오.

Q. 진행되는 프로젝트가 있는 와중에 새로운 프로젝트에 투입된다면 어떻게 할 것인지 말해보시오.

Q. 고려대학교가 본인을 뽑아야 하는 이유를 이야기해보시오.

이공계열

| 제시문 |

(가) 물은 수증기가 되어 기권으로 이동하고 수증기는 비나 눈이 되어 지권으로 이동함. 물의 순환을 설명하는 내용의 글
(나) 김소월 시인 〈산유화〉 전문
(다) 주기함수 문제 제시
(라) 노동자의 권리는 노동3권을 통해 보장된다는 글

Q. 제시문 (가), (나), (다)를 통해 연상되는 공통 개념과 그 이유를 설명하시오.

Q. 제시문 (가)의 '물'과 같은 역할을 하는 것을 (나), (다)에서 찾으시오.

Q. 답한 내용을 토대로 (라)에서 노동자의 권리를 보장해야 하는 이유를 설명하시오.

연세대학교

인문사회계열

| 제시문 |

(가) 동물들의 무리생활을 제시함. 서로를 보호해주는 장점도 있으나 감염병에 취약하다는 단점이 있다는 글
(나) 거리를 사회문화적 요소에 맞춰 분석한 관점을 소개함. 친밀성의 거리(근접성의 거리) 등을 제시한 글
(다) 사회적 거리두기도 경제적 요건이 갖춰져야 제대로 이뤄질 수 있다는 내용의 A와 B의 대화문
(라) (ㄱ) A~D 국가별 거리두기 기준 거리, 개인의 자유와 사회공동체를 중시하는 정도를 그려놓은 표
(ㄴ) A~D 국가의 확진자 수를 비교한 표

Q. (가), (나)의 요지를 설명하고 비교해보시오.

Q. (가), (나)를 바탕으로 코로나19 확산 원인을 추론해보시오.

Q. (다), (라)의 내용을 (가), (나)를 통해 설명해보시오.

추가 질문 정부의 코로나19 확산 방지 정책의 쟁점을 이야기하시오.

이공계열

| 제시문 |

(가) 파장과 에너지에 따른 가시광선의 색깔을 다룬 글
(나) 태양광과 백색광, LED에 관한 글
(다) 인간의 원뿔세포와 원뿔세포의 이상을 결정하는 유전자에 관한 글
(라) 점묘화법과 디스플레이 적용에 관한 글

Q. 원뿔세포와 관련된 이상을 일으키는 X염색체 이상이 10% 확률로 일어날 때, 남녀가 색맹이 일어날 확률을 구해보시오.

Q. 토스터기를 켰을 때 어느 순간 표면이 빨간색으로 보이는 이유는 무엇인가?

Q. 청색광 LED 발견이 가장 나중에 이뤄졌는데 이 사실이 중요한 이유는 무엇인가? 그리고 귀하가 RGB LED를 이용하여 백색광을 만들 때 주의할 점은 무엇인가?

성균관대학교

Q. 본인이 가진 소통의 자질이 있다면 무엇인가?

Q. (자기소개서를 보며) 학생의 글을 보면 채식주의가 환경을 보존한다고 되어있는데 그 근거는 무엇인가?

Q. 교과활동 이외에 가장 기억에 남는 활동은 무엇인가?

Q. (자기소개서를 보며) 탐구한 내용에 대해 설명하고 보완하고 싶은 점을 말해보시오.

사범계열

Q. 코로나19로 인해 온라인 비대면 수업이 시행됐다. 앞으로 수업방식은 어떻게 변화할 것 같은가?

답변 예시 도입되는 과정에서는 시행착오가 많았지만 이제는 오히려 장점이 많은 수업방식이라고 생각한다. 기존이 판서 위주의 수업을 하며 보조자료로 매체를 활용했다면 이제는 매체 자체가 수업에서 중요한 역할을 하고 있다고 생각한다. 따라서 앞으로는 교사가 매체를 얼마나 능숙하게 사용하느냐가 중요해질 것으로 생각된다.

추가 질문 그렇다면 교사의 역할은 어떤 식으로 변화할 것 같은가?

Q. 코로나19로 인해 생겨난 한국 교육의 위기와 기회를 말하고, 한국 교육의 과제는 무엇일지 구체적인 예를 들어 말해보시오.

추가 질문 비대면 수업으로 인해 증가한 교육격차를 어떻게 극복해야 하는가?

Q. '천직으로서의 교사관', '전문직으로서의 교사관', '노동자로서의 교사관' 중 가장 이상적인 교사관과 자신이 추구하는 교사관은 무엇인가?

이화여자대학교

Q. 지원동기와 앞으로 이 학과에 입학 후 배우고 싶은 것을 말해보시오.

Q. 고등학교 생활 중 가장 기억에 남는 활동은 무엇인가?

추가 질문 그렇다면 이화여대에서 제일 하고 싶은 활동은 무엇인가?

Q. (생활기록부를 보며) 성적이 오른 과목도 있지만 내려간 과목도 있다. 자신의 학습 스타일을 말하고 부진한 과목의 성적을 올릴 방안을 말해보시오.

Q. 본인의 인생에서 의미 있거나 큰 영향을 준 책이 있다면 무엇인가?

추가 질문 가장 최근에 읽은 책은 무엇인가?

Q. (생활기록부를 보며) ○○ 연구원이 꿈이라고 했는데, 이를 이루기 위해서 발휘할 수 있는 자신의 강점과 반대로 극복해야 할 점을 말해보시오.

한양대학교

Q. 한양대학교에 지원한 이유는 무엇인가?

Q. 꿈을 가지게 된 계기가 있다면 무엇인가? 한양대학교의 프로그램 중에 자신의 꿈을 이루기에 도움이 될 만한 프로그램 중 아는 것이 있다면 얘기해보시오.

인문계열

| 제시문 |

(가) 간접적 폭력성, 직접적 폭력성의 의미를 다룬 글

(나) 김만중의 〈구운몽〉 소설 일부 지문, 소수집단이 지배집단으로부터 간접 폭력을 당해 감옥에 수감되는 내용

(다) 김수영 시인의 〈적〉 전문

Q. (가)의 간접적(구조적) 폭력성, 직접적 폭력성의 의미에 대해 작성하시오.

Q. (나)의 사례를 (가)에서 풍자의 의미로 적용하고 이의 효과를 작성하시오.

Q. (다)의 화자가 왜 당혹감을 느꼈는지 (가)의 내용을 바탕으로 작성하시오.

경희대학교

인문사회계열

제시문
수도권 분산화 정책에 대한 찬반을 다룬 글

Q. 수도권 분산화를 찬성하는가, 반대하는가?

답변 예시 찬성한다. 우리나라의 경우 서울공화국이라고 불릴 정도로 서울과 수도권 지역의 인구과밀화가 심각하기 때문이다. 또한 비수도권의 지역균형 발전을 위해서도 공정한 기회를 얻기 위해 수도권 분산화 정책은 꼭 필요하다고 생각한다.

추가 질문 수도권 분산화 정책이 별로 효과가 없는데 이에 대해 어떻게 생각하는가?

경상계열

제시문
주 52시간 근무제 확대에 대한 정부 측의 찬성 입장과 중소기업 측의 반대 입장에 관한 글

Q. 제시문에서 어느 입장에 찬성하는지, 자신의 입장과 근거에 대해 설명하시오.

추가 질문 정부가 이러한 주장을 펼치는 이유는 무엇인가?

추가 질문 대기업에 비해 중소기업은 일자리 여건이 좋지 않은데 어떻게 대처해야 하는가?

추가 질문 근무시간이 줄어 월급이 줄어드는 문제에 대한 중소기업 노동자들의 반발은 어떻게 대응해야 하는가?

Q. (생활기록부를 보며) 기자가 되고 싶다고 했는데, 자신이 지망하는 학과와 진로 계획을 엮어 답변해보시오.

Q. (생활기록부를 보며) 국어 성적이 우수한데, 성적관리 비결이 있다면 무엇인가?

건국대학교

인문사회계열

Q. (자기소개서를 보며) 동아리 활동에서 90년대 작품을 소개했다고 했는데, 90년대 작품의 특징을 이야기해보시오.

추가 질문 자세히 소설의 내용을 설명해보시오.

Q. (생활기록부를 보며) 수상내역이 굉장히 많은데, 자신이 수상한 상 중에 가장 기억에 남는 상이 있다면 무엇인가?

추가 질문 본인이 수상할 수 있었던 이유는 무엇이라고 생각하는가?

Q. 어려웠던 과목이 있다면 무엇인가? 어떻게 극복했는가?

Q. 자신이 생각하는 국내 언론의 문제점은 무엇인가?

Q. 진로가 행정 분야였다가 2학년 때 도시 분야로 바뀌었는데 그 이유가 무엇인가?

Q. 자신의 진로와 관련하여 읽은 책 하나를 소개해보시오.

이공계열

Q. 학과에 지원하게 된 동기는 무엇인가?

Q. 동물 실험에 관한 본인의 생각은 무엇인가?

Q. (자기소개서를 보며) 반에서 공놀이하지 말자는 의견에 반 친구들의 동의를 얻었다고 되어있는데, 어떠한 방식으로 의견을 조율하였는가?

Q. (생활기록부를 보며) 3년 동안 화학동아리를 했던데, 가장 기억에 남는 실험이 있다면 무엇인가?

추가 질문 실험에서 가설을 설정한 근거는 무엇인가?

Q. 우리 학과와 자신이 가장 맞다고 생각하는 점이 있다면 무엇인가?

Q. 가장 기억에 남는 봉사활동이 있다면 무엇인가?

동국대학교

Q. (공통질문) 20년 뒤에 자신이 어떤 사람이 될 것 같은가?

Q. 롤모델을 이야기해보시오.

법학과

Q. (생활기록부를 보며) 진로희망에 노동전문변호사를 적었는데 특별히 노동 분야를 지망하는 이유가 있다면 무엇인가?

Q. 대학 졸업 후 노동 분야의 학업계획이 있다면 무엇인가?

Q. 로스쿨제도의 장단점은 무엇인가?

이공계열

Q. (생활기록부를 보며) 학년이 올라갈수록 수학 성적이 떨어졌는데 이유는 무엇인가?

추가 질문 수학 보고서 중에 가장 기억에 남는 것이 있다면 무엇인가?

논술 · 구술
'기출문제'

05

2020학년도 대학별 논술 · 구술 기출문제

서울대학교

Q. 서울대학교에 지원한 동기는 무엇인가?

Q. 무슨 과목을 제일 잘하나?

Q. 제일 못하는 과목은 무엇인가?

Q. (생활기록부를 보며) 최저임금 인상 정책에 반대하는 활동을 했다고 적혀 있는데 그 이유는 무엇인가?

답변 예시 최저임금 인상 자체에 반대하지는 않지만 급격한 최저임금 인상 정책이 한국 경제 상황에 무리가 있다고 생각했다. 최저임금이 오르면 인건비가 오르고 상품 경쟁력이 떨어진다. 기업에서는 늘어난 인건비를 줄이기 위해 사람을 해고하게 되는데 이때 해고되는 것은 사회적으로 가장 보호받아야 할 비숙련 노동자들이 될 것이다. 사회적 약자들이 더 피해를 볼 우려가 있기 때문에 반대했다.

추가 질문 그렇다면 최저임금 인상 정책이 대기업에 미치는 영향은 무엇일까?

Q. 미중 무역전쟁에 대해 어떻게 생각하는가?

답변 예시 미중 무역전쟁은 미국의 트럼프 행정부가 대중국 무역적자를 이유로 중국산 수입품에 25%의 관세를 붙이면서 시작됐다. 하지만 미국은 지난 60년간 전 세계 국가들에게서 무역적자를 봐오던 나라였다는 점을 고려할 때, 이번 미국의 조치는 무역적자라는 표면적 이유를 내세운 중국 찍어누르기라 볼 수 있을 것이다. 미국으로서는 자신들이 지닌 패권을 위협하며 경제적 · 군사적으로 성장하는 중국을 견제할 필요가 있었을 것이다.

추가 질문 그렇다면 미중 무역전쟁이 우리나라 기업들에 끼칠 영향은 어떤 것이 있을까?

인문사회계열

Q. 국어 과목 중 가장 좋아하는 것은 무엇인가?

Q. 현재 우리나라의 실업률에 대해 어떻게 생각하는가?

답변 예시 객관적 지표에서는 나라의 실업률이 낮다고 하지만 실제 청년들의 체감 실업률은 매우 높다고 한다. 하지만 이런 경향은 청년들이 좋은 직장을 얻고자 하는 욕구가 과열되어 있어 취업 준비기간이 길어져서 생기는 영향도 있다고 생각한다. 청년들이 좋은 직장보다는 자신이 좋아하는 일을 할 수 있는 직장을 선호하도록 정부와 대학 차원에서 나서서 교육 단계에서부터 개선해야 한다고 생각한다.

Q. (생활기록부를 보며) **제주도의 영리병원 설치를 둘러싼 사회갈등 문제에 대한 탐구활동을 진행했다고 하는데 이에 대해 어떠한 입장인가?**

추가 질문 제주도민은 영리병원에 대한 반대가 심하다. 그 이유는 무엇인가? 그들의 찬성을 얻어내기 위한 방안은 무엇이 있을까?

Q. 읽었던 책 중 자신에게 가장 의미가 있었던 책은 무엇인가?

Q. 우리 역사 중 위정척사운동에 대해 부정적인 입장을 취하는 역사가들이 많다. 이에 대해 어떻게 생각하는가?

답변 예시 위정척사론자들의 활동으로 인해 우리나라의 근대화가 지연돼 그 결과 일본에게 합병되었다는 주장도 어느 정도 타당성은 있다고 생각한다. 하지만 위정척사론 또한 나라를 지키겠다는 의지의 발현 중 하나라는 것을 잊어서는 안 될 것이다.

추가 질문 본인이 그 구한말에 태어났다면 어떤 입장을 취하겠는가?

답변 예시 동도서기론의 입장을 지지한다. 우리나라의 고유한 사상과 특징을 유지하되, 서양의 근대화된 기술을 적극적으로 도입해 부국강병을 추구할 것이다.

Q. 역사의 객관성과 중립성에 대해 어떻게 생각하는가?

답변 예시 역사는 결국 누군가의 기록이기 때문에 주관성이 반드시 들어간다는 한계가 있다. 그런 점에서 학생들에게 객관적 역사를 가르치려 하기보다는 최대한 많은 관점의 역사를 배울 수 있게끔 해야 한다고 생각한다.

Q. 학교생활 중에서 친구를 도운 경험을 말해보시오.

Q. 장래희망이 무엇인가?

Q. 소년법 폐지에 대한 본인의 의견을 말해보시오.

Q. 국제 난민에 대한 본인의 의견을 말해보시오.

Q. UN(국제연합)은 필요한 기구인가? 왜 그러한가?

Q. (생활기록부를 보며) 공산주의에 대해 탐구했다고 하는데, 설명 가능한가?

답변 예시 공산주의는 마르크스 공산주의와 레닌 공산주의로 나눌 수 있다. 마르크스는 노동자의 잉여노동이 자본가에게 착취당한다고 주장했고 따라서 노동자의 혁명을 통한 노동사회의 실현을 주장했다. 레닌은 여기서 발전해 노동자 혁명이 폭력 혁명으로 이뤄져야 한다고 봤으며, 생산수단을 국가가 독점해야 한다고 봤다.

추가 질문 공산주의가 이뤄지고 있는 나라는 어디인가?

추가 질문 공산주의가 좋다면 왜 실패했을까?

Q. 본인은 국가를 어떠한 방식으로 이끌어나가고 싶은가?

Q. 집단지성과 군중심리에 대해 설명해보시오.

추가 질문 그렇다면 우리 사회는 집단지성과 군중심리 중 무엇이 더 우선시된다고 보는가?

| 제시문 |

(가) 지자체의 재정독립 정도에 따라서 정부 지원을 했더니 지자체의 복지가 악화되었다는 내용의 글

(나) 재무건전성이 좋고 해외 투자를 많이 하는 회사에 정부 지원을 해줬지만, 이 회사는 재무건전성만 높고 직접적인 해외 영향력이 없었다는 내용의 글

Q. 두 현상에 나타나는 공통적 문제는 무엇인가?

답변 예시 일원화된 기준에 의해서만 판단할 경우 발생할 수 있는 오류들이다.

Q. 둘 중 하나와 비슷한 유형의 문제를 지닌 실제 사례를 든 뒤, 그 해결방안을 말해보시오.

답변 예시 (가)와 유사한 사례로 영국의 복지병을 들 수 있다. 영국은 사회안정성 강화만을 기준으로 두고 복지정책을 펼쳤으나 노동능률성 저하라는 문제가 발생했다.

| 제시문 |

(가) 학생의 자유로움을 그대로 두고 교사는 소극적인 역할만 해야 한다는 교육론에 대한 글
(나) 보편적인 도덕 법칙이 있기 때문에 교사가 이를 이끌어주어야 한다는 교육론에 대한 글

Q. 두 가치관에 나타난 교육론의 장단점을 말해보시오.

Q. 이를 바탕으로 한 자신의 교육론을 말해보시오.

예체능계열

| 제시문 |

(가) 한 비파 연주자가 자신의 일을 제쳐두고 남을 위해서 공연을 함. 자신의 기술을 공동체적으로 사용한 사례에 관한 글
(나) 조선시대 산수화 화가 최북은 자신의 능력을 발휘하기 위해 노력하며 살았음. 그의 완벽주의자적인 삶의 태도에 관한 글

Q. (가), (나) 두 예술가의 태도를 비교하고 자신의 예술가상에 대해 서술해보시오.

Q. (가), (나) 두 예술가의 의의와 한계를 서술하고 현대사회에서는 이런 문제가 어떤 방식으로 일어나는지 서술해보시오.

답변 예시 (나) 예술가는 자신의 발전을 사회에 대한 기여로 연장시키지 못했다는 한계가 있다. 이런 폐쇄적 태도는 현실에서도 사회 엘리트층에게 흔히 나타나는 오류인데, 이는 자신이 사회로부터 수여받은 역할에 대한 몰이해에서 비롯되었다고도 볼 수 있다.

경상계열

Q. 경영에선 리더십이 매우 중요하다. 학생이 정의하는 리더십이란 무엇인가?

Q. 거시 건전성 정책과 미시 건전성 정책을 설명해보시오.

답변 예시 거시 건전성 정책은 금융기관의 불안정성을 줄이기 위해 자기자본비율 등을 정해놓는 것이고 미시 건전성 정책은 경기가 좋을 때는 투자를 줄이고 경기가 나쁠 때는 돈을 푸는 정책이다.

추가 질문 양적완화를 시행하면 왜 금융시장이 불안정해지는가?

답변 예시 양적완화란 경기침체를 타개하기 위해 시장에 돈을 공급하는 것이다. 이럴 경우 화폐의 가치가 떨어져 자산의 가격에 거품이 발생하는데 이에 따라 금융시장에는 불안정성이 가해진다.

추가 질문 한국에서는 양적완화 정책을 실시한 적이 있는가?

Q. 일본 부동산 거품의 원인은 무엇인가?

추가 질문 서울의 부동산 거품은 있는가? 무엇으로 그것을 판단할 수 있는가?

이공계열

Q. 신재생에너지는 왜 개발해야 할까?

답변 예시 신재생에너지는 기존의 천연자원보다 오염물질을 발생시키는 양이 적으며, 특히 이산화탄소를 적게 발생시켜 지구온난화를 막는 특징이 있다.

추가 질문 신재생에너지 중 바이오에너지에 대해 알고 있는 것이 있는가?

Q. 3대 영양소는 무엇인가?

답변 예시 탄수화물, 단백질, 지방이 있다.

추가 질문 그럼 각각의 영양소에서 생성되는 노폐물은 무엇인가?

답변 예시 지방과 탄수화물의 경우 이산화탄소와 물, 단백질은 여기에 암모니아를 추가로 배출한다.

연세대학교

Q. 여성할당제의 의의와 한계에 대해 말해보시오.

Q. 인간이 지구온난화의 원인이 아닌 이유 세 가지를 말해보시오.

Q. 학교폭력과 그 방관자에 대해 어떻게 생각하나?

추가 질문 요즘 사회에서는 학교폭력의 방관자도 처벌을 받을 필요성이 있다는 주장이 많아지고 있다. 이에 대해서는 어떻게 생각하는가?

| 제시문 |

(가) 노르웨이의 남녀평등법에 대해 다루는 글

(나) 남녀평등법의 시행으로 인해 기회를 잃는 사람들이 생긴다는 주장의 글

Q. (가)에 나타난 정책의 의의와 한계를 (나)를 통해 설명해보시오.

추가 질문 노르웨이의 성평등법은 왜 생겨났을까?

| 제시문 |

(가) 이산화탄소의 농도와 지구 평균 기온의 변화에 대한 그래프

(나) 지구온난화의 원인이 인간의 활동이라는 주장을 담은 글

(다) 인간의 이산화탄소 배출이 지구온난화의 원인이 아닐 수 있다는 주장을 담은 글

Q. (가)와 (나)에 나타난 주장이 완벽하지 않은 이유를 (다)를 통해 얘기해보시오.

답변 예시 (가)와 (나)는 지구온난화의 원인이 인간이 발생시킨 온실가스 때문이라고 주장하고 있다. 하지만 이는 사실이 아닐 수 있다. 인간이 발생시키는 온실가스와 상관없이 지구온난화는 주기적으로 변하는 지구의 기온에 따라 이뤄지고 있다는 학설이 나온다. 그 외에 지구온난화가 이상 기상현상이라고 하더라도 꼭 인간으로 인해서 일어난 일이라는 확증은 없다.

| 제시문 |

(가) 지자체 기관이 주민들의 거주지역 개선과 환경보호를 위해 공사를 진행 중. 그러나 지역 주민과 마찰이 있을 수 있다는 내용의 글

(나) 지자체 기관이 발표한, 지역 등산로를 고쳐서 지역 문화재에 대한 접근성을 높이고 그곳을 사계절 관광지로 만들겠다는 정책에 대한 글

(다) 산등성이에 케이블카를 설치하는데 관할 기관에서 산의 수목을 보호해야 하고 공사 중 소음이 발생할 경우 야생동물 생태계를 훼손할 수 있어 허가해주지 않는다는 내용의 글

Q. (가)를 참고하여 (나), (다)에 등장하는 기관에서 강조하는 논조가 무엇인지 말해보시오.

답변 예시 (나)와 (다) 지문에서 공통적으로 드러나는 주제는 '환경의 개발과 보호'이다. (가) 지문은 '행정처리 과정에서의 주민과의 마찰'에 대한 내용을 다루고 있으므로, 이 관점으로 (나)와 (다)를 살펴볼 수 있다. (나)의 기관은 환경보호보다는 문화재 활성화와 같은 주민들의 편의에 맞춘 정책을 집행하고 있고, (다)의 기관은 케이블카를 통해 지역경제 활성화를 도모할 수 있음에도 환경보호를 중시하는 정책을 실시하고 있다.

Q. 본인의 지역에서 (다)와 같은 상황이 벌어졌을 경우, 본인은 케이블카 설치를 찬성하는지 반대하는지 구체적인 근거를 들어서 말해보시오.

고려대학교

Q. (생활기록부를 보며) 봉사활동을 아주 많이 했는데 그렇다면 봉사를 더 많이 할 수 있는 사회복지과 같은 곳에는 관심이 없었는가?

Q. 가장 많은 노력을 기울였던 교내 활동은 무엇인가?

추가 질문 이를 통해 자신의 능력에 어떤 변화를 이뤄냈는가?

Q. 고려대학교만의 장점이 있다면?

Q. 지원학과와 관련해서 학교생활 중에 했던 연구나 실험, 프로젝트가 있는가?

| 제시문 |

지록위마(指鹿爲馬) : 사슴을 가리켜 말이라고 우긴다는 뜻. 사람들이 어떤 판단을 할 때 옳고 그름이나 자신의 가치관이 아닌 주변 사람이나 윗사람의 판단에 맞춰 생각하는 것 혹은 그런 상황을 가리키는 말.

Q. 제시문에 나타난 현상의 문제점은 무엇이고 우리 주변에서 이와 비슷한 사례는 무엇이 있을까?

Q. 이러한 문제점에 대한 자신이 생각하는 해결방안은 무엇인가?

인문사회계열

Q. 인문학적 역량이란 무엇이라고 생각하는가?

Q. 역사 교사로서 필요한 자질 2가지는 무엇이 있을까?

Q. 전공과 관련하여 학교생활 중 가장 기억에 남는 것은 무엇인가?

| 제시문 |

(가) 애덤 스미스의 경우 이타주의는 낡은 이론이며 현대 자본주의 사회는 개인의 이기주의로 돌아간다고 주장함. 리처드 도킨스의 경우 이타주의가 생존에 도움이 되기 때문에 우리의 유전자에는 이타주의를 발현시킬 요소가 아직 남아 있다고 주장함. 이타주의에 대한 2가지 관점의 글

(나) 어린이 74명을 대상으로 사탕을 주고 아픈 사람에게 기부할 수 있는 상황을 연출해주었더니, 그중 40명은 아픈 사람을 위해 기부하고 34명은 기부하지 않았다는 실험 결과에 대한 글

Q. 이타적 행동에 대한 애덤 스미스와 리처드 도킨스의 관점을 비교하시오.

Q. 애덤 스미스와 리처드 도킨스의 관점을 바탕으로 (나)를 분석하고, 이타적 행동이 개인적 · 사회적으로 끼치는 영향을 설명해보시오.

이공계열

Q. 창의력을 키우려면 어떤 공부를 해야 할까?

Q. 준비한 멘트가 있는가?

Q. 사회안정화 정책을 위해서 화공생명공학과에 관련되어 할 수 있는 일은 무엇이 있는가?

| 제시문 |

(가) 태풍이 수증기의 응결열을 통해 만들어진 저기압에서 형성되고 대륙에 닿은 뒤 쇠퇴하는 과정에 대한 글
(나) 뉴런의 내외부 극차이로 인해 생기는 전위차의 휴지와 변화에 따라 나타나는 휴지전위와 활동전위에 대한 글
(다) 에너지 준위와 전자 전이에 대한 글
(라) 선진국과 개발도상국의 빈부격차에 대한 글
(마) 총공급과 총수요를 유지하여 경제를 안정화시키는 것에 대한 글

Q. (가)~(다)에서 공통으로 연상되는 단어를 말해보시오. 그리고 그와 관련된 자연현상을 1가지 말해보시오.

Q. 화학반응과 관련된 단어를 하나 선택하고 그와 관련된 예시를 들어보시오. 그리고 (라), (마)를 그 단어로 설명해보시오.

Q. (가)~(다)와 (라)~(마)의 차이점을 설명하시오.

| 제시문 |

(가) 적색편이 현상 관측에서 외부 은하들이 우리 은하로부터 점차 멀어지고 있는 것을 알아냈다는 내용의 글
(나) 프톨레마이오스가 이심원과 주전원을 이용해 지구를 중심으로 행성들이 움직인다는 것을 설명했다는 내용의 글
(다) 사회문화에 대한 양적 연구방법은 통계적 분석으로 일반화된 이론을 내놓는다는 내용의 글
(라) 원시생명체 탄생 가설을 미국 과학자가 실험을 통해 입증했다는 내용의 글
(마) 이차원 공간상에서 한 원과 한 직선이 만나지 않을 K값의 범위는 ○ < K < ○로 정해지며 이를 연립과 판별식을 이용해 증명할 수 있다는 내용의 글

Q. '추론'의 사전적 의미와 연관지어 (가)~(다)를 설명하시오.

Q. (라), (마)에 나타나는 문제해결 방식에서 공통적으로 떠오르는 단어를 말하고 추론과 어떤 점이 다른지 설명하시오.

답변 예시 '증명'을 떠올릴 수 있다. 추론은 관측이나 조사한 현상에서 설명할 원리를 찾는 귀납적 해결방식이고 증명은 가설을 먼저 세우고 실험을 통해 입증하는 연역적 해결방식이다.

Q. '추론'과 '(라), (마)에 드러난 문제해결 방식'이 드러나는 예시를 하나씩 들어 보시오.

Q. 인공지능이 갖춰야 할 능력이란 어떤 게 있을까? '추론'과 연관지어 설명하시오.

추가 질문 빅데이터라는 말은 어디서 비롯된 단어인가? (가)~(마)의 사례 중 하나와 연관지어 설명해보시오.

성균관대학교

Q. 4차 산업혁명 시대가 오고, 인공지능이 발전함에 따라 수업의 방식은 어떻게 변화할 것인가? 그리고 함께 변화되는 교육의 의미를 구체적인 예를 들어 설명해보시오.

추가 질문 그렇다면 그 상황 속에서 교사의 역할은 어떻게 변화할까?

예체능계열

Q. 화성 연쇄 살인사건을 배경으로 한 연극을 자신이 연출한다면 어떻게 할 것인가?

한양대학교

Q. 현대사회에서 개인이 성공하기 위해 꼭 필요한 능력 한 가지는 무엇이라 생각하는가?

Q. 사람이 배워야 할 것 중에 대학에서 가르치지 않는 것은 무엇이라고 생각하는가?

Q. 가장 좋아하는 영화는 무엇인가?

Q. 만약 여성 정치인들이 더 많아진다면 현재의 정치적 상황이 바뀔 것이라 생각하는가?

Q. 고등학교에서 배운 것 중 대학을 준비하는 데 도움이 되지 않는다고 생각한 것이 있는가?

Q. 바람직한 사회는 무엇이라고 생각하는가?

| 제시문 |

(가) 개인적 차원에서 기억은 유리한 방식으로 재구성되고는 함. 이는 무의식적으로 이뤄지므로 필연적으로 오류를 수반한다는 내용의 글

(나) 집단적 차원에서 기억은 개인적 기억과 달리 의도적인 조작의 산물임. 필요에 따라 기억을 재구성하며 그러므로 이 또한 오류를 벗어날 수는 없다는 내용의 글

Q. 기억이란 무엇인가? (가), (나)를 통해 답하시오.

Q. 사회구성원 간에 충돌하는 집단기억을 타당하게 비교분석하는 방안에는 무엇이 있을까?

답변 예시 사회에서 발생하는 집단기억은 대부분 한 부분만의 기억을 강조한다. 이를 해결하기 위해서는 상호 대화를 통해 합의하는 방법이 있다. 하지만 이는 일시적이며, 집단에 의해서 기억은 다시금 편집될 수 있다. 이를 위해서는 기억과 이익관계가 없는 제3자가 개입하여 최소한의 영역에서의 역사를 확정시킨다는 방법이 있다.

충북대학교

Q. K-pop 열풍을 유지할 수 있는 방법은 뭐가 있을까?

Q. 만 18세 유권자들의 선거 참여율을 높이기 위해 할 수 있는 것은 무엇인가?

Q. 자신이 교사라면 학생들이 터무니 없는 꿈을 꾼다고 느껴질 때 어떻게 조언할 것인가?

경인교육대학교

Q. 파이어족의 긍정적인 측면과 부정적인 측면을 말해보시오.

답변 예시 긍정적인 측면으로는 개인의 여생을 편하게 살 수 있으며, 노인복지에 들 비용을 보다 효율적으로 투자할 수 있다는 점이 있다. 부정적인 측면으로는 삶의 질이 저하된다는 점과 경제가 비활성화된다는 측면이 있다.

추가 질문 삶의 질 저하라고 하였는데, 본인이 원해서 선택한 삶이면 그에 따라 얻는 스트레스는 적지 않을까? 그리고 경제가 비활성화된다고 하였는데, 젊었을 때 저축하고 그만큼 노후에 많은 소비를 한다면 문제가 없지 않을까?

추가 질문 본인은 이른 나이에 은퇴하고 싶은가, 일할 수 있을 때까지 일하고 싶은가?

Q. 눈치 문화의 긍정적인 측면과 부정적인 측면을 말해보시오.

추가 질문 본인은 스스로 눈치가 있는 편이라고 생각하는가, 없는 편이라고 생각하는가?

공주교육대학교

Q. 노키즈존에 대해 어떻게 생각하는가?

Q. 최근 교육당국이 표준학력 미달자만 따로 모아 보충수업을 실시하는 계획을 발표했다. 그런데 낙인 효과와 같은 부작용에 대한 우려로 반대가 심하다. 어떻게 생각하는가?

Q. 기본소득제를 실시하여 저소득층의 기본적인 생활을 보장해주는 것에 대해 찬성하는가 반대하는가?

Q. 유튜브와 같은 동영상 매체가 활자 책에 비하여 갖는 장점과 단점을 말하고 단점을 보완하기 위한 방안을 말해보시오.

Q. 동물보호 단체에서는 지자체를 중심으로 벌어지는 산천어 축제 등이 동물학대라며 반대하고 있고, 다른 한편에서는 동물을 이용한 축제가 지역경제에 도움이 된다고 주장한다. 둘 중 하나의 입장을 고르고 그 근거를 설명하시오.

Q. 학교에서 이뤄지는 독서토론 교육에 대해, 이러한 방식의 교육이 교사의 편향된 사고를 아이들에게 주입시킬 위험성이 있다는 주장도 나오고 있다. 이에 대한 입장은 어떠한가?

답변 예시 학교에서 독서토론 교육이 이뤄지는 것에 찬성한다. 기존 수업방식은 일방향성을 띠어온 것에 반해 독서토론 교육은 학생들끼리 혹은 교사와 소통하면서 쌍방향성을 띠어 학생들의 능동적인 수업 참여가 가능하다.

인하대학교

Q. 요즘 가짜뉴스가 이슈인데 가끔 기자의 덕목이나 역량이 부족하여 잘못된 지식을 보도하고 이로 인해 가짜뉴스가 생기는 경우가 있다. 이런 경우 기자는 어떻게 해야 한다고 생각하는가?

추가 질문 최근 가짜뉴스의 사례를 말해보시오.

Q. 만 18세 선거연령 인하에 대한 찬반 논거와 자신의 의견을 말해보시오.

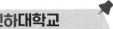

명지대학교

Q. 지금까지 생각해온 가장 이상적인 문제해결 방법은 무엇이라고 생각하는가?

Q. 최근에 가장 관심을 가졌던 시사문제는 무엇인가?

Q. 한일 무역분쟁을 해결하기 위해선 어떻게 해야 할까?

Q. 최저임금 인상이 고용 위축과 같은 문제를 불러온다는 주장이 있다. 이에 대해서는 어떻게 생각하는가?

서울시립대학교

Q. 선의의 거짓말에 대해 어떻게 생각하는가?

Q. 큰 정부와 작은 정부에 대해 들어본 적이 있는가? 자신이 생각하는 이상적인 정부 형태는 무엇인가?

추가 질문 공공부조가 무엇인지 설명할 수 있는가?

추가 질문 정부의 개입이 크면 세금을 많이 내야 한다는 문제점이 있는데, 이에 대한 의견은?

답변 예시 사람들은 혜택을 받는 만큼 세금을 내는 것에 거부감을 가지지 말아야 한다. 인식의 변화가 중요하다.

동국대학교

Q. 다국적 기업 하나를 예로 들어 그 기업이 앞으로 더욱 발전할 수 있는 방법을 제시해보시오.

Q. 모둠활동 과제에서 리더가 되었는데 불참하는 조원이 있다면 어떻게 대처할 것인가?

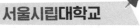

논술 · 구술
'기출문제'

06 빈출 인성면접 기출문제

Q. 자기소개를 하고 지원동기를 말해보시오.

Q. 대학입시는 누구에게나 큰 스트레스이다. 입시를 준비하면서 어떤 스트레스를 겪었고 그것을 어떻게 극복했는지 말해보시오.

Q. 자신이 다니고 있는 고등학교에 대해 소개해보시오.

Q. 자신이 참여한 교내외 활동에서 큰 성과를 이룬 경험이 있는가? 이때 자신의 역할은 무엇이었는가?

Q. 자신의 학생부에 있는 교과 · 비교과 활동 등을 포함한 여러 다양한 영역 중 어느 분야가 가장 중요하다고 생각하는가? 가장 자랑하고 싶은 영역은 어디인가? 그것이 진학 후 어떤 활동과 연계될 수 있는가?

Q. (자기소개서의 동아리를 언급하며) 동아리를 만든 계기가 있는가? 어떤 활동을 진행하였는가?

Q. 봉사활동을 한 경험이 있으면 말해보시오.

Q. 살면서 큰 깨달음을 얻었던 경험 혹은 새롭게 자아를 발견한 경험이나 활동이 있는가?

Q. 특별히 힘들었던 경험이 있는가? 어떻게 극복하였는가?

Q. 지원한 전공이 어떤 점에서 자신에게 적합하다고 판단했는가? 앞으로의 진로를 어떻게 설계하고 있는지 구체적으로 설명하시오.

Q. 고교생활을 하면서 좋은 성적이나 성과를 이룬 경험과 이를 위해 어떤 노력을 했는지 말해보시오.

Q. 자신의 성장과정과 가족환경에 대해 말해보시오.

Q. 인간관계와 정직성 사이에 갈등이 생긴다면 어떻게 대처할 것인가?

Q. 가치관이란 무엇인가? 가치관을 갖게 된 동기는?

Q. 존경하는 인물은 누구인가? 왜 존경하는가?

Q. 평소에 좌우명이나 지표로 삼는 글귀가 있다면 무엇인가?

Q. 대학에 가고 싶은 이유가 있는가? 전공을 선택할 때 가장 중요시하는 것은 무엇인가?

Q. 인간관계에서 가장 중요한 것은 무엇이라 생각하는가?

Q. 친구를 사귈 때 기준이 있는가?

Q. 본교에 진학하게 될 경우 구체적인 학업계획에 대해 말해보시오.

Q. 입학하기 위해 한 노력에는 어떤 것이 있는가?

Q. 지원한 전공 분야를 위해 어떤 노력을 하고 있는가?

Q. 제일 좋아하는 과목과 싫어하는 과목은 무엇인가?

Q. 최근에 읽은 책에 대해 설명하시오.

Q. 읽은 책 중에서 학생에게 가장 영향을 준 책은 무엇인가?

Q. 지원한 전공이 이 사회와 인간에게 어떤 이익을 줄 것인가?

Q. 입학하여 학업을 마친 후 졸업하게 될 때 지금과 어떻게 다른 모습일 것 같은가?

Q. 협동심은 왜 중요한가?

Q. 기억에 남는 여행과 여행을 하면서 느낀 점에 대해 말해보시오.

Q. 본인의 손해를 감수하고 공동체를 위해 노력한 경험이 있는가?

Q. 지원자가 다니고 있는 학교의 역사에 대해 설명하시오.

Q. 대학 입학 후 어떤 삶을 살고 싶은지 말해보시오.

Q. 지원자가 현재의 진로를 선택하게 된 계기가 있는가?

Q. 장래희망이 몇 번 바뀌었는데 그 이유가 무엇인가?

Q. 학교에 오면 가장 하고 싶은 것이 무엇인가?

Q. 우리 학교가 아닌 다른 어떤 학교를 지원했는지, 지원했다면 어떤 과를 지원했는지 말해보시오.

Q. 싫어하는 사람과 같은 팀이 되어 한 학기 동안 프로젝트를 해야 한다면 어떻게 할 것인가?

Q. 우리 대학에 대해 알고 있는 것이 있으면 말해보시오.

Q. 지금까지 살면서 가장 힘들었던 시기는 언제였는가?

Q. 돌아가고 싶은 순간이 있는가?

Q. 성격에 대해 장점과 단점을 들어 말해보시오.

Q. 롤모델이 있는가?

Q. 본인의 리더십과 교우관계에 대해 말해보시오.

Q. 흥미 없는 과목에 대한 공부방법이 있는가?

Q. 최근 뉴스에서 인상 깊었던 주제는 무엇인가?

Q. 본인에게 행복이란 무엇인가?

Q. 자신을 되돌아보고 깨우치는 방법이 있는가?

Q. 소통을 잘하는 본인만의 방법이 있는가?

Q. 사회구성원으로서 갖춰야 할 가장 중요한 자질은 무엇이라고 생각하는가?

Q. 하루하루 아주 조금씩 노력해서 세상을 바꿀 수 있는 방법은 무엇인가?

Q. 전공과 관련하여 만나보고 싶은 사람이 있다면 누구인가?

Q. 전공과 관련하여 선택하고 싶은 직장과 필요한 조건은 무엇인가?

Q. 타인과의 원만한 인간관계를 위해 필요한 덕목은 무엇인가?

Q. 대학 진학 외에 자신이 중시하는 과제나 이슈가 있는가?

Q. 우리 역사에서 가장 큰 사건이라고 생각하는 것은 무엇인가?

Q. 성적이 좀 낮은 편인데 이에 대해 어떻게 생각하는지?

Q. 자신에게 발전 가능성이 있다고 생각하는가?

Q. 교외봉사가 별로 없는 편인데 교외봉사를 왜 많이 하지 않았나?

Q. 본인이 생각하기에 책임감은 무엇이라고 생각하는가?

Q. 지금 생각나는 가장 존경하는 인물은?

Q. 어떤 친구를 선호하는가?

Q. 마지막으로 하고 싶은 말이 있으면 해보시오.

시사상식은 '고득점+α' 필수

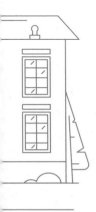

PART 2

논술 · 구술 '시사 이슈'

정치 · 국제

01 제22대 총선, 야권 압승 … 정권의 레임덕 위기론

개 요 32년 만에 최고치 투표율을 기록한 4 · 10 국회의원 총선거에서 더불어민주당을 비롯한 진보계열 범야권이 189석을 차지하며 압승을 거뒀다. 반면 집권여당인 국민의힘은 100석을 가까스로 넘으며 총선 3연패의 기록을 안았다. 외신들은 4 · 10 총선이 현 정부와 윤석열 대통령에 대한 중간평가의 성격이 강했다고 지적하면서, 야당의 승리가 확정되자 현 정권이 남은 임기 동안 레임덕에 빠질 위협에 직면했다고 일제히 보도했다.

대학별 기출질문

Q. 명지대 영상매체가 총선에 미친 영향은 무엇인가?

범야권 대승 … 여권, 탄핵저지선 간신히 사수

개표가 완료된 2024년 4월 11일 오전 11시 더불어민주당(민주당)은 지역구에서 161석, 비례위성정당인 더불어민주연합에서 14석 등 총 175석을 석권했다. 국민의힘은 지역구 90석, 위성정당 국민의미래 18석 등 총 108석에 그쳤다. 1987년 대통령 직선제 도입 이후 집권여당이 이같이 큰 격차로 야당에 패한 것은 처음 있는 일이다. 대통령 임기를 무려 3년여 남기고 치른 중간평가 성격의 총선에서 야당의 의석수가 집권여당을 이만큼 압도한 것도 헌정사상 처음이었다.

▲ 출구조사 발표 직후 더불어민주당 당사

국민의힘으로서는 대통령 탄핵 및 개헌 저지선(200명)은 가까스로 지켜냈지만, 조국혁신당(12석)과 진보당(1석)을 포함한 범야권 의석이 189석에 이르면서 정국 주도권을 또다시 야권에 넘겨주게 됐다. 여기에 실질적 '반윤세력'으로 꼽히는 개혁신당이 여당의 반대편에 설 경우 야권은 192석이나 된다.

주요 지역별로는 122석이 걸린 수도권에서 민주당이 102석, 국민의힘이 19석, 개혁신당이 1석을 차지했다. 특히 충청권 28석 중 21석을 민주당이 확보하면서 전통적으로 절반을 유지했던 충청권에서마저 압도적으로 의석을 차지했다. 반면 국민의힘은 대전과 세종에서 지난 총선에 이어 0석을 기록했고, 충남마저 지난 총선보다 2석 줄어든 3석에 그쳤다. 다만 부산, 울산, 경남에서 40석 중 34석을 확보하는 등 전통적 강세지역인 영남권만 지켜내면서 '도로 영남당'이라는 오명을 이번에도 벗지 못했다.

비례대표를 뽑는 정당투표는 여당의 위성정당인 국민의미래가 36.67%를 차지하며 18석을 확보했다. 그러나 민주당 위성정당인 더불어민주연합(26.69%, 14석)이 조국혁신당(24.25%, 12석)과 합쳐 50.94%를 얻으면서 비례대표 국회의원 46석 중 26석을 석권, 과반을 훌쩍 넘겼다. 그 외 개혁신당이 3.61%, 녹색정의당이 2.14%, 새로운미래가 1.7%를 각각 기록했다. 전통적 진보정당으로 21대에서 6석을 차지했던 녹색정의당(구 정의당)은 정당득표에서 2.14%를 차지, 1석도 건지지 못하며 원외정당으로 전락했다.

특히 22대 총선은 높은 투표율을 기록했다. 중앙선거관리위원회는 4월 10일 투표마감 결과 전체 유권자 4,428만 11명 가운데 2,966만 2,313명이 투표에 참여해 총 67.0%의 투표율을 기록한 것으로 집계됐다고 밝혔다. 이는 지난 총선(66.2%)보다 0.8%포인트(p) 높은 수치이고, 1992년 14대 총선(71.9%) 이후 32년 만에 최고치다. 특히 베이비붐세대이자 486 · 586세대로 일컬어지는 50대 투표율이 71.2%로 2016년 20대 총선(60.8%)보다 10.4%p 상승했다. 비교적 보수층에 속하는 60대의 투표율은 80%에 달했지만, 50대에 비해 유권자 수가 적은 데다가 지역구와 달리 비례대표 투표에서 무려 40%가 민주연합과 조국혁신당에 표를 던지면서 국민의힘에 큰 도움이 되지 못했다.

이처럼 높은 투표율의 배경에는 근본적으로 여야가 각각 선거 전면에 내세운 '정권 심판론'과 유권자들의 '분노 투표'가 있었다는 분석이 나왔다. 민주당은 이번 선거를 윤석열 정부에 대한 중간평가로 규정하고, 유권자들에게 '윤석열 정권 심판론'을 내세웠다. 이에 대응해 국민의힘은 범죄자들을 심판해야 한다며 '이 · 조(이재명 · 조국) 심판론'을 내세웠다. 비록 심판의 대상은 다르지만, 거대 양당 모두 지지층과 중도층에게 심판을 위해 투표장에 나서달라고 한목소리로 호소한 것이 유권자들을 투표장으로 이끌었다는 것이다.

윤석열 정부 내내 '여소야대' 의회 유지

이에 따라 여당인 국민의힘은 2016년 20대 총선, 2020년 21대 총선에 이어 세 번 연속 총선에서 패한 데 더해 대통령을 배출한 여당이 대통령 임기 내내 소수당에 머무르는 첫 사례를 낳았다. 반면 민주당을 비롯한 범야권은 정부의 중간평가 성격을 띤 이번 총선에서 역대급 압승이었던 21대보다 더 의석을 늘리면서 대선과 지방선거 2연패의 고리를 끊어내고 2년 뒤 지방선거, 3년 뒤 대선을 앞두고 유리한 의회지형을 확보하게 됐다. 또한 무엇보다 압도적 과반의석으로 정치적 활동반경을 한층 넓힐 수 있는 동력을 얻었다.

이런 분위기 속에서 국민의힘 내부에서는 향후 총선에 대해 암울한 전망이 나왔다. 30 · 40세대가 주로 거주하며 아이를 기르는 지역에서 참패한 것을 두고 "전통적 보수 지지층은 1년에 약 30만명씩 죽고 있고, 5년 뒤엔 150만명이 사라지는 상황"이라는 위기론이 부각한 것이다. "30 · 40세대에서 그만한 인원을 데려오지 못하면 다음 선거에서 보수 의석수는 두 자릿수로 내려갈 것이고, 민주당 주도 7공화국 출범을 봐야 할 것"이라는 우려도 뒤따랐다. 실제로 이번 총선 결과 국민의힘 세대별 지지는 60대 중반 이상에서만 강세였을 뿐 50대 이하에서는 모두 열세 · 경합열세였다. 그동안 지지층이라고 자부했던 20대마저 압도적 열세로 나타났다.

▲ 출구조사 발표 직후 국민의힘 당사

한편 외신의 평가도 잇따랐다. 중국 관영매체 글로벌타임스는 "한국인의 선택이 윤석열 대통령의 외교정책에 거듭 경종을 울린다"고 평가했고, 일본 주요 언론들은 "일본에 비판적인 야당 견제로 한일 관계 개선에 부정적 영향이 미칠 수 있다"고 진단했다. 블룸버그는 "윤 대통령의 보수동맹이 총선에서 큰 차질을 빚게 되면서 남은 임기 3년 동안 위치가 크게 약화할 것"이라면서 향후 레임덕 상황에 빠질 수 있다는 분석을 내놨다. 로이터 역시 "윤 대통령의 부실한 경제 관리와 김건희 여사의 명품백 선물 수수와 같은 부적절한 행동을 한 것을 인정하지 않는 것이 정권 심판론을 부추겼다"고 평가했고, 호주 동아시아포럼은 앞으로 윤 대통령이 여 · 야 양쪽에서 공격을 받을 수도 있다고 논평했다.

정치 · 국제

02 정부-전공의, 의대정원 확대 두고 강경 맞대결

개 요 정부가 2024년 2월 6일 의대 입학정원 확대방안을 발표했다. 핵심은 '2025학년도부터 의대 입학정원을 2,000명 증원해 기존 3,058명에서 5,058명으로 확대한다'는 것이었다. 그러나 정부의 이러한 방안을 두고 전공의를 포함한 의사들과 의대생들이 강력하게 반발하고 나서면서 정부와 의사들 간 강대강 대치가 이어졌다. 사태가 장기화함에 따라 의료차질이 빚어지면서 중증환자들과 수술을 앞둔 환자들, 보호자들의 우려가 커졌다.

정부 "2035년 수급전망 토대로 증원규모 결정"

조규홍 보건복지부(복지부) 장관이 2024년 2월 6일 보건의료정책심의위원회가 끝난 후 정부서울청사에서 브리핑을 갖고 의대 입학정원 확대방안을 발표했다. 조 장관은 증원규모의 근거에 대해 "현재 의료 취약지에서 활동하는 의사인력을 전국 평균수준으로 확보하려면 약 5,000명이 필요하다. 이에 더해 급속한 고령화 등으로 늘어나는 의료수요를 감안할 경우 오는 2035년에 1만명 수준의 의사가 부족할 것으로 다수 전문가들이 전망하고 있기 때문"이라고 밝혔다. 이어 "2025학년도부터 2,000명이 추가로 입학하면 2031년부터 배출돼 2035년까지 5년간 최대 1만명의 의사인력이 확충될 것"이라며 "인력 수급 현황을 주기적으로 조정하겠다. 고령화 추이, 감염병 상황, 의료기술 발전 동향 등 의료환경 변화와 국민의 의료 이용상황을 종합적으로 고려해 합리적으로 수급을 관리하겠다"고 강조했다.

▲ 의대정원 확대방안 발표하는 조규홍 복지부 장관

또 새롭게 증원되는 정원은 비수도권 의대 중심으로 집중적으로 배정할 방침이며, 특히 각 대학이 제출한 수요와 교육역량, 소규모 의대의 교육역량 강화 필요성, 지역의료 지원 필요성 등을 고려해 배정하겠다고 밝혔다. 이러한 방침은 2024년 기준 고3 학생들이 대학에 입학하는 2025학년도 전국 40곳 의대 입학정원부터 적용되는 만큼 정부는 3월 7일 '의대정원 배정위원회' 구성절차에 나섰다.

배정위원회는 교육부, 복지부 관계자 등이 모여 각 대학이 제출한 증원신청서를 바탕으로 증원분을 할당하기로 했는데, 전국 40개 의대가 정부의 목표치인 2,000명의 약 1.7배에 해당하는 3,401명 증원을 신청한 것으로 알려졌다. 이에 정부는 3월 20일 기존에 발표한 증원규모에 맞춰 2025학년도 의대정원 배정 결과를 공식 발표했다. 지역의료 인프라 확충을 위해 비수도권에 증원분의 82%(1,639명)를 배정하고, 경기 · 인천지역에 나머지 18%(361명)를 배분했다. 서울지역 정원은 1명도 늘리지 않았다. 이후 5월 24일 한국대학교육협의회(대교협)가 의대정원 증원분이 반영된 각 대학의 2025학년도 입학전형 시행계획 변경사항을 승인하면서 사실상 확정됐다.

의사단체 "의료시스템 붕괴, 의료교육의 질 하락할 것"

한편 정부가 일방적으로 의대증원을 강행할 경우 총파업도 불사하겠다고 해왔던 의사단체들은 즉각적으로 반발했다. 전공의(인턴, 레지던트)가 모인 대한전공의협의회(대전협)는 의대정원 확대방안 발표가 있던 2월 12일 밤 9시 온라인 임시 대의원총회를 열어 집단행동 여부를 비롯한 대응방안을 논의했다. 이보다 앞서 의대증원 저지를 위한 비상대책위원회(비대위)를 꾸린 대한의사협회(의협)도 이날 오전 긴급 기자회견을 열고 정부의 의대증원 추진을 강력히 규탄하고 즉각 비대위를 구성해 파업절차에 돌입했다.

전국에서는 동시다발적으로 집회가 이어졌다. 서울시의사회를 비롯해 각 지역의사회는 각각 집회를 열고 의대증원 정책 백지화를 주장했다. 이들은 "정원을 2,000명이나 늘리면 의대를 24개 신설하는 것과 똑같은 상황을 만들 것"이라며 "이는 의대 교육의 질을 심각하게 떨어뜨려 결국 국민의 건강권을 훼손하는 결과를 초래할 것"이라고 강조했다. 또한 "필수의료 분야 의사 수가 적은 것이 아니라 터무니없는 저수가, 형사처벌 우려 등 때문에 산부인과와 외과 등에서 기피 현상이 발생하는 것"이 문제이며, "의사 충원으로 해결될 문제가 아니라 저수가를 개선하고 필수의료 분야 의사가 사명감과 자긍심을 가질 수 있는 환경을 조성해 풀어가야 한다"고 주장했다.

▲ 국립중앙의료원에 게시된 비상진료 안내문

같은 시기에 전공의와 의대생들의 집단행동도 이어졌다. 먼저 각 수련병원의 전공의들이 사직서를 제출한 뒤 병원을 떠났다. 앞선 2023년 11월 20일부터 '금고 이상 선고 시 의사면허 취소'가 시행되면서 집단파업보다는 개인적으로 행동하는 방법을 선택한 것이다. 결국 집단행동에 나선 지 나흘 만인 2월 19일 사직서를 제출한 전공의가 전체의 55%에 이르고, 이들 중 25%가 출근을 하지 않으면서 진료에 차질이 빚어졌다. 의대생들은 휴업과 휴학으로 항의에 나섰다. 지도교수 · 학부모 서명 등 정당한 절차나 요건을 지키지 않은 휴학을 제외한 유효휴학 신청 건수는 3월 30일 기준 1만 242건에 달했다. 이는 2023년 4월 기준 전국 의대 재학생(1만 8,793명)의 54.5% 수준이었다. 대부분의 의대에서 1학년들은 1학기 휴학계 제출이 불가능하게 돼 있어 실제 제출이 가능한 의대생 중 휴학계를 낸 의대생 비중은 더 높을 것으로 추정됐다.

건보 재정으로 민간병원 지원 … '간호법' 재소환도

의정갈등이 장기화할 조짐을 보이자 정부는 우선 국민건강보험(건보) 재정 1,882억원을 전공의 이탈로 대규모 손실을 입은 수련병원(민간 대형병원) 지원 등 비상진료체계 운영을 위해 사용하겠다고 밝혔다. 아울러 간호사가 한시적으로 의사의 업무 일부를 합법적으로 대신할 수 있게 하는 '진료지원인력 시범사업'도 전면 시행했다. 그동안 법적 지위를 보장받지 못한 채 사실상 불법으로 의사 업무 일부를 맡아온 진료보조간호사(PA간호사)들의 업무 범위를 명확히 해 고소 · 고발 등 법적 위험을 줄여주고 의료공백을 이들을 통해 메꾼다는 취지였다. 그러나 시행령이 구체적인 업무 범위 제시 없이 병원이 '알아서' 간호사의 업무 범위를 정하는 방식인 탓에 현장에서는 혼란이 가중됐다.

정부는 또 증원규모와 관련해 의료계와 추가 대화에 나서지 않겠다던 입장을 철회하고 각종 행정명령 유보에 이어 2025학년도에 한해 의대 모집인원 자율조정 방침을 발표했다. 전공의 집단사직으로 빚어진 의료공백을 해소하고자 한발 물러서겠다는 것이다. 그러면서 그간 의료계가 지적해 온 필수의료 수가 합리화와 법규개선 등을 추진하고, 의료개혁특별위원회(의료특위)를 중심으로 전공의 근무환경 개선, 전문의 중심병원 전환 등에 대해 집중적으로 논의하겠다고 밝혔다. 그러나 의사단체들은 내부의견 조율과정에서 분열 조짐을 보이면서도 '의대정원 증원계획 백지화 이후 원점 재검토'라는 입장을 거듭 내세우며 의협 주도의 집단 휴직과 사직서 제출, 소송 제기 등을 통해 투쟁을 계속 이어갈 것임을 시사했다.

03 강행처리 vs 거부권 행사 … 법안 폐기 악순환

개 요 2024년 5월 윤석열 대통령이 야당 주도로 통과한 전세사기 피해자 지원 및 주거안정에 관한 특별법(전세사기특별법) 개정안 등 4개 쟁점법안에 대해 국회에 재의결을 요구했다. 윤석열 대통령이 21대 국회 마지막 날 이들 법안에 대해 거부권을 행사함에 따라 법안은 자동 폐기 수순을 밟게 됐다. 이로써 윤 대통령의 거부권 행사는 취임 이후 7번째, 법안 개수로는 14건이 됐다. 여야 갈등이 극대화된 가운데 야당은 단독 입법을 강행하고, 여당과 대통령은 거부권을 행사하는 악순환이 반복되면서 소모적인 정쟁이 되풀이되고 있다는 지적이 제기됐다.

대학별 기출질문

Q. 대전대 간호법에 대해 어떻게 생각하는가?

야당이 강행하면 대통령은 거부권 … '악순환' 반복

여소야대(與小野大) 입법지형 아래 더불어민주당(민주당)이 주도해 법안을 통과시키고 국민의힘과 윤석열 대통령은 법률안 재의요구권(거부권)을 행사하는 악순환이 되풀이됐다. 국회로 되돌아온 법안들은 재의결에 필요한 '3분의 2 이상 찬성' 요건을 넘지 못해 결국 휴지통으로 들어가게 됐다. 여당인 국민의힘은 '민주당이 의석수를 무기로 합의되지 않은 법안을 처리하며 대통령의 거부권 행사를 유도하고 국회를 정쟁의 장으로 만든다'는 입장이다. 반면 민주당은 '윤 대통령이 거부권을 남발하면서 국회 입법권을 무력화하고 있다'는 비판을 제기했다.

▲ 쌍특검법이 폐기되자 국회에서 퇴장하는 민주당 의원들

특히 2024년 2월 29일 국회 본회의에서 부결된 김건희 여사 도이치모터스 주가 조작 의혹과 대장동 개발사업 '50억 클럽' 특별검사법(쌍특검법)의 경우 여야가 22대 총선 유불리 계산 속에 재의결 시점을 두고 줄다리기를 이어가기도 했다. 국민의힘은 최대한 빨리 재표결에 부쳐야 한다는 입장이었지만, 민주당은 권한쟁의심판 청구 검토 및 당내 의견수렴 절차 등을 이유로 들며 재표결을 미뤘다. 이에 국민의힘은 총선 공천과정에서 여당 이탈표를 노리는 것 아니냐고 비판했다. 이처럼 양측이 신경전을 거듭한 끝에 총선을 41일 앞둔 이날에야 쌍특검법의 재표결이 이뤄지면서 재의요구 시점부터 재표결까지 55일이 걸렸다. 앞서 재표결에 부쳐진 6개 법안이 재의결까지 최장 14일이 걸린 것과 대조적이었다.

윤 대통령은 2024년 5월까지 7차례, 법안 수로는 14개 법안에 대해 거부권을 행사했다. 현 정부 출범 이후 양곡관리법 개정안, 간호법 제정안, 노동조합 및 노동관계법 개정안(노란봉투법), 방송법 · 방송문화진흥법 · 한국교육방송공사법 개정안(방송3법), 쌍특검법, 이태원참사특별법, 채상병특검법 등 10개 법안에 대해 거부권이 행사됐고 이후 국회 본회의에서 부결되면서 이들 법안은 모두 폐기됐다. 또 21대 국회 임기 종료 직전인 5월 29일에는 전세사기특별법(전세사기 피해자 지원 및 주거안정에 관한 특별법)을 비롯해 민주유공자예우관련법 제정안, 지속가능한 한우산업 지원법(한우법) 제정안, 농어업회의소법 제정안에 거부권을 행사하면서 해당 법안들은 21대 국회에서 논의되지 못하고 자동 폐기됐다.

윤석열 대통령 재의요구권(거부권) 행사 사례(2024년 5월 기준)

2023년 4월 4일	**양곡관리법** 개정안
5월 16일	**간호법** 제정안
12월 1일	• **노란봉투법**(노동조합 및 노동관계조정법 일부개정법률안) • **방송3법**(방송법 · 방송문화진흥법 · 한국교육방송공사법 개정안)
2024년 1월 5일	**쌍특검법**(김건희 여사 도이치모터스 주가 조작 의혹 · 대장동 개발사업 '50억 클럽' 특별검사법)
1월 30일	**이태원참사특별법**(10 · 29 이태원참사 피해자 권리보장과 진상규명 및 재발 방지를 위한 특별법안) → 여야 수정 합의 후 5월 2일 국회에서 재의결, 통과
5월 21일	**채상병특검법**(순직 해병 진상규명 방해 및 사건 은폐 등의 진상규명을 위한 특별검사 임명 등에 관한 법안)
5월 29일	• **전세사기특별법** 개정안 • **민주유공자법** 제정안 • **지속가능한 한우산업 지원법** 제정안 • **농어업회의소법** 제정안 → 21대 국회 임기 만료일 거부권 행사로 국회 재의결 불가, 법안 자동 폐기

'무한정쟁' 21대 국회 임기 만료 … 22대는 달라질까

한편 5월 29일 제21대 국회가 윤석열 정부 취임 이후부터 끝없이 반복된 정쟁의 굴레에 갇혀 민생 입법의 과제는 다음 국회로 떠넘겼다는 평가 속에 오욕의 4년 임기를 마쳤다. 2020년 5월 30일 개원한 21대 국회는 총선에서 180석 대승을 거둔 당시 여당이던 민주당과 제1야당 미래통합당(국민의힘 전신)의 사실상 양당 체제에서 여대야소(與大野小)의 구도로 출발했다.

2022년 치러진 대선에서 윤 대통령이 48.56%를 얻어 당시 민주당 이재명 후보를 헌정사상 최소 득표차인 0.73%포인트(24만 7,000여 표)차로 누르고 당선됐지만, 여야만 바뀌었을 뿐 국회의 권력 지형은 그대로였다. 공수가 뒤바뀐 여소야대 정국에서 절대 과반의석을 앞세운 민주당의 계속된 단독 입법 강행에 국민의힘과 윤 대통령이 거부권 행사로 맞서는 강대강 대치 구도가 도돌이표처럼 이어졌다. 인사를 두고도 사사건건 충돌했다. 윤 대통령이 취임 후

2년 동안 국회 인사청문 경과보고서 채택 없이 임명을 강행한 장관급 인사는 24명에 달했다.

이런 진영 대결의 소용돌이 속에 여야가 처리에 합의한 민생법안조차도 임기 내에 처리되지 못하면서 무더기 폐기 수순을 밟게 됐다. 국회 의안정보시스템에 따르면 21대 국회에는 총 2만 5,849건의 법률안이 발의됐고 이 중 9,455건이 처리됐다. 법안처리율은 36.6%로 이른바 '동물국회'로 불린 20대 국회(37.8%)보다도 낮아졌으며, '구하라법(부양의무를 이행하지 않는 상속인의 상속권을 박탈할 수 있도록 한 민법 개정안)'과 고준위방폐물법(고준위 방폐장 부지선정 절차 및 유치지역 지원방안을 규정한 법안), '로톡법(변호사 등의 광고 규제 기준을 대한변호사협회 내부 규정이 아닌 법령으로 정하도록 하는 변호사법 개정안)' 등이 끝내 본회의 문턱을 넘어서지 못하고 폐지 신세가 됐다.

이에 '민생 국회'의 과제는 5월 30일 개원한 22대 국회의 과제로 넘어가게 됐다. 그러나 여야 간 첨예한 대결 구도가 계속될 공산이 큰 만큼, 여야가 대화와 협치를 통해 성과를 끌어내기는 쉽지 않을 것이라는 우려가 나왔다. 민주당은 개원 전부터 21대 국회에서 거부권 행사로 폐기된 법안들의 재입법을 추진하겠다고 밝혔고, 집권 여당인 국민의힘은 이에 강력히 반발하고 나서면서 국정 주도권을 둘러싼 여야 간 힘 싸움은 더욱 거칠어질 것으로 관측됐다. 첫 시험대인 원 구성 협상에서도 법사위원장과 운영위원장 자리를 놓고 양당이 서로 입장차만 확인하면서 22대 국회는 초반부터 가시밭길을 걸을 것이라는 전망에 무게가 실렸다.

정치 · 국제

04 일본, 외교청서에 "독도 일본땅" … 역사교과서는 '위안부' 삭제

개 요 일본이 2024년 4월 발표한 외교청서를 통해 "독도는 일본땅"이라고 거듭 주장했다. 이에 우리 정부는 부당한 주장을 즉각 철회할 것을 촉구했지만, 일본 정부는 우리 측 항의를 받아들일 수 없다며 재반박했다. 앞서 3월 22일에는 일본 문부과학성 교과서 검정심의회를 통과한 중학교 사회과 교과서가 일본의 한반도에 대한 가해역사를 흐리는 방향으로 일부 개악된 것으로도 드러났다.

대학별 기출질문

Q. 중앙대 한일 관계 개선방안에 대한 본인의 의견은 무엇인가?

Q. 동덕여대 중국과 일본 등의 국가가 역사왜곡을 하는 이유가 무엇이라고 생각하는가?

2024년 외교청서에도 어김없이 "독도 일본땅"

가미카와 요코 일본 외무상은 2024년 4월 16일 열린 각의(국무회의)에서 '2024 외교청서'를 보고했다. 일본 외무성은 매년 4월 최근 국제정세와 일본 외교활동을 기록한 백서인 외교청서를 발표한다. 일본 정부는 독도에 대해 "역사적 사실에 비춰봐도, 또한 국제법상으로도 일본 고유의 영토"라는 기존 주장을 2024년 외교청서에도 그대로 담았다. "한국이 독도를 불법 점거하고 있다"는 표현 또한 2018년 외교청서에서 처음 등장한 이후 7년째 유지됐다.

일본 정부는 이와 함께 우리나라 대법원이 일제강점기 강제동원 피해 소송에서 일본 피고기업에 배상을 명령한 판결에 대해서도 "결코 받아들일 수 없다”는 입장을 밝혔다. 외교청서에서는 “한국 대법원이 2023년 12월과 2024년 1월 여러 소송에 대해 2018년 판결에 이어 일본 기업에 손해배상 지급 등을 명하는 판결을 확정했다”며 “이 판결들과 2024년 2월 일본 기업이 한국 법원에 납부한 공탁금이 원고 측에 인도된 사안에 대해 일본 정부는 지극히 유감으로 결코 받아들일 수 없다며 항의했다”고 적었다.

우리 외교부는 이에 대변인 명의 논평을 내고 “일본 정부가 발표한 외교청서를 통해 역사적 · 지리적 · 국제법적으로 명백한 우리 고유의 영토인 독도에 대한 부당한 영유권 주장을 되풀이한 데 대해 강력히 항의한다”며 즉각 철회를 촉구했다. 외교부는 서울 종로구 청사로 미바에 다이스케 총괄공사를 초치해 항의했다. 그러나 일본 정부 대변인인 하야시 요시마사 관방장관은 이날 오후 정례 기자회견에서 독도에 대한 한국 정부의 항의와 관련해 “일본의 일관된 입장에 입각해 받아들일 수 없다는 취지로 이미 반박했다”고 말했다.

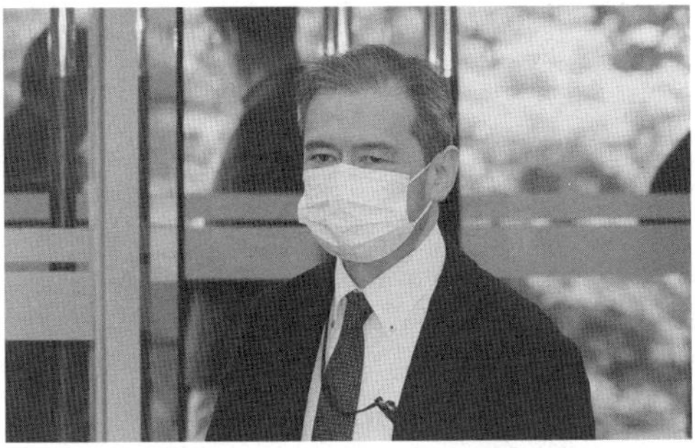

▲ 우리 외교부로 초치된 주한 일본대사관 총괄공사

사회과 교과서는 ‘위안부’ 없애고, 강제동원 축소

한편 앞선 3월에는 2024년 검정을 통과한 일본 중학교 사회과 교과서에 임진왜란부터 일제 식민지 지배와 태평양전쟁 시 조선인 강제동원까지 한일 관련 역사 기술이 후퇴한 것으로 알려졌다. 특히 일본 야마카와 출판은 일본군 위안부와 관련해 기존 역사교과서에서 “전장에 만들어진 ‘위안시설’에는 조선,

중국, 필리핀 등으로부터 여성이 모였다(이른바 종군위안부)"고 적었지만, 새 교과서에는 조선 앞에 '일본'을 추가하고 '(이른바 종군위안부)'라는 부분을 삭제했다. 일본 정부는 앞서 2021년 4월 각의에서 오해를 초래할 우려가 있다는 이유로 '종군위안부'가 아니라 '위안부'가 적절하다는 방침을 정했다. 그러나 이번에 새 교과서를 만들면서 '종군위안부'라는 단어 자체를 빼면서 가해역사 표현을 후퇴시켰다.

일제 강제징용 노동자 문제에 대해서도 강제성과 관련된 표현이 후퇴한 것으로 평가된다. 이쿠호샤의 기존 역사교과서에서는 "(태평양)전쟁 말기에는 조선과 대만에도 징병과 징용이 적용돼 일본 광산과 공장 등에서 혹독한 노동을 강요받았다"라고 표현했다. 하지만 새 교과서에서는 "(태평양)전쟁 말기에는 조선과 대만에도 일부 징병과 징용이 적용돼 일본 광산과 공장 등에서 혹독한 환경 속에 일한 사람들도 있었다"라고 고쳤다. 강제징용이 식민지에서 광범위하게 강제적으로 시행됐다는 역사적 사실을 애써 축소하려 한 게 아니냐는 비판이 나올 수 있는 대목이다.

05 스웨덴, 200년 중립 폐기 … 32번째 나토 회원국 공식 합류

개 요 러시아의 침공으로 시작된 우크라이나 전쟁이 3년째 이어지는 가운데 군사적으로 비동맹 중립 노선을 추구했던 스웨덴이 2024년 3월 초 나토의 32번째 회원국으로 공식 합류했다. 이로써 스웨덴은 나토의 집단방위 규정인 5조의 적용을 받게 됐다. 이에 따라 북유럽에서 나토와 러시아 간 긴장도 한층 고조될 것으로 전망됐다.

대학별 기출질문

Q. 동국대 지정학이 외교와 어떤 관련이 있는가?

Q. 명지대 국제분쟁에 대해 관심이 있는 이유를 말해보시오.

발트해, 나토 방어선 강화 역할 기대

미국을 방문한 울프 크리스테르손 스웨덴 총리는 2024년 3월 7일(현지시간) 워싱턴D.C. 국무부에서 북대서양조약기구(NATO, 나토) 설립 조약에 동의한다는 내용을 담은 공식 가입문서(Instrument of Accession)를 토니 블링컨 미국 국무장관에게 전달했다. 미국에 공식 가입문서를 전달하는 것은 나토 가입규정의 마지막 절차다. 미국은 신규 회원국의 나토 조약 가입서 수탁국 역할을 맡고 있다. 이로써 스웨덴은 32번째 나토 회원국이 됐다.

▲ 크리스테르손 스웨덴 총리와 블링컨 미 국무장관

블링컨 장관은 스웨덴의 나토 합류에 대해 "오늘보다 블라디미르 푸틴의 전략적 대실패를 더 잘 보여주는 예는 없다"면서 "나토 동맹은 그 어느 때보다 더 커졌고 강해졌다"고 말했다. 이어 "우리는 푸틴이 막으려고 했던 것이 그의 (우크라이나) 침공으로 더 촉진됐다는 것을 반복해서 보고 있다"라고 말했다. 크리스테르손 총리는 "오늘은 진정으로 역사적인 날"이라면서 "스웨덴은 이제 200년간의 중립과 군사적 비동맹주의를 뒤로하고 있다. 이것은 중대하지만 자연스러운 조치"라고 밝혔다. 또한 "우리는 나토 동맹국의 기대에 부응할 것이며 부담과 책임, 리스크를 다른 동맹국과 분담할 것"이라면서 "오늘은 자유의 승리"라고 밝혔다.

나토 회원국 확대에 러시아는 무기 추가배치 예고

앞서 스웨덴은 2022년 2월 러시아가 우크라이나를 침공하자 석 달 뒤인 5월 핀란드와 함께 나토 가입 신청서를 냈다. 러시아가 스칸디나비아 국가를 침공한다면 미국과 서유럽이 자동개입할 것이므로, 전쟁억지 효과가 있을 것이란 판단 때문이다. 나토 가입을 위해서는 기존 회원국이 모두 자국 의회에서 비준안을 처리해야 하는데, 핀란드가 2023년 4월 나토에 합류한 것과 달리 스웨덴은 튀르키예, 헝가리 등의 비준지연으로 가입절차 진행이 늦어졌다가 2024년 2월 26일 마지막으로 헝가리 의회가 가입 비준안을 가결하면서 가입요건을 모두 갖췄다.

가입신청 1년 10개월 만에 스웨덴의 나토 합류가 완성되면서 나토 회원국과 러시아가 마주하는 국경이 기존보다 2배가량 늘어나게 됐다. 특히 전략적 요충 해역인 발트해를 나토 동맹국이 사실상 포위하는 형세가 됐다. 이에 따라 나토는 스웨덴 동남부에 있는 고틀란드섬을 주축으로 러시아의 위협에 맞선 방어선 재구축에 속도를 낼 것으로 전망됐다.

스웨덴은 200년 동안 비동맹 중립노선을 고수하면서도 전쟁에 대비해 이른바 '총력방어체제'를 가동해 왔다. 2017년 부활한 징병제를 바탕으로 강력한 해군력을 보유하고 있으며, 전투기를 생산해 수출하는 세계적인 방산강국이다. 다만 오랜 기간 자체 방위망을 구축해온 만큼 나토 지휘구조에 완전히 통합되려면 길게는 몇 년이 걸릴 수 있다는 관측도 있다.

발트해 연안 나토 회원국

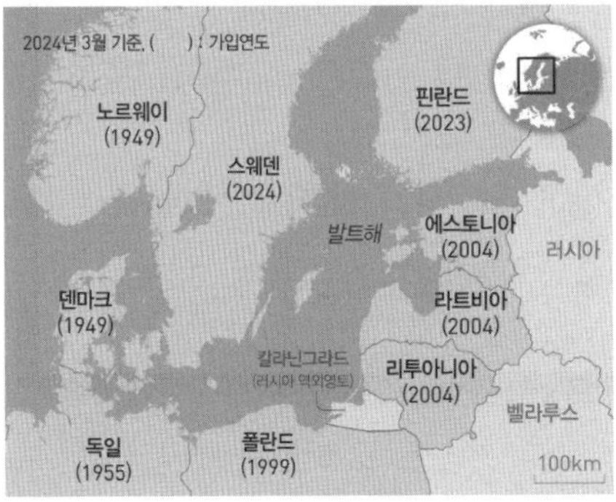

자료 / 북대서양조약기구(NATO)

한편 북유럽 안보지형 재편에 대응하려는 러시아의 움직임도 빨라질 전망이다. 헝가리 국회비준이 보도된 후 세르게이 라브로프 러시아 외무장관은 3월 2일 "핀란드와 스웨덴 영토에서 나타날 수 있는 도전에 적절히 대응할 수 있도록 모스크바 · 레닌그라드 군관구에 추가로 무기를 배치할 것"이라고 예고했다. 이에 앞서 2월 26일 블라디미르 푸틴 러시아 대통령은 서북부 지역의 군사위협 증가에 대비하기 위해 모스크바 군관구와 레닌그라드 군관구를 창설하는 대통령령에 서명한 바 있다. 모스크바 · 레닌그라드 군관구는 2010년 러시아 국방개혁 때 서부 군관구로 통합되면서 사라졌지만, '나토 팽창'으로 서북부 지역의 군사위협이 증가할 것이란 판단에 따라 다시 부활하게 됐다.

정치 · 국제

06 신 중동전쟁 확산 우려 … 이스라엘-하마스 전쟁

개 요 팔레스타인 가자지구를 통치하는 민족주의 정당이자 준군사조직인 하마스가 2023년 10월 7일(현지시간) 새벽 이스라엘에 수천발의 로켓을 발사하며 대대적인 공격을 가했다. 이스라엘은 하마스의 로켓 공격을 전쟁으로 규정하고 '피의 보복'에 나섰다. 개전 6개월 만에 양측의 사망자가 3만명을 넘어섰고, 불안한 중동정세에 국제유가마저 꿈틀거리며 세계경제에 암운을 드리웠다.

대학별 기출질문

Q. 한국외대 이스라엘과 하마스 간 전투에 대한 사우디아라비아 정부의 입장에 대해 말해보시오.

Q. 서울예대 최근 이스라엘-하마스 전쟁이 이슈인데 그 원인을 알고 있는가?

Q. 연세대 이스라엘-하마스 전쟁으로 인해 유가가 어떻게 변동될 것 같은지 설명하시오.

또다시 터진 중동의 화약고 … 끝이 안 보이는 '죽음의 전투'

그간 팔레스타인 가자지구를 괴롭혀온 이스라엘 네타냐후 정권의 강경정책과 빈번한 공습에 대한 보복 차원에서 하마스가 이스라엘을 기습적으로 공격한 지 2024년 6월 기준 8개월을 넘어섰지만, 여전히 양측의 대립이 이어졌다. 하마스가 공격을 가한 2023년 10월 7일은 유대교의 절기 중 하나인 초막절 종료 직후 찾아온 안식일이었다. 하마스 무장대원들은 이날 새벽 키부츠(집단 농업공동체)와 소도시 등에 기습 침입해 약 1,200명의 민간인과 군인, 외국인을 살해하고 240여 명을 인질로 잡아 가자지구로 끌고 갔다. 같은 해 11월 일시

휴전이 성사되면서 110명가량이 풀려났지만, 가자지구 곳곳에는 약 130명의 인질이 남아 있을 것으로 추산됐다. 이 가운데 일부는 전쟁 중 사망한 채로 발견돼 최소 40여 명이 숨진 것으로 이스라엘군은 추정했다.

▲ 이스라엘군 공습으로 가자지구에 피어오른 연기

이스라엘군은 하마스의 기습 이후 즉시 전투기와 야포, 드론 등을 동원해 하마스 관련 시설 등 1만 1,000여 곳을 타격했고, 가자지구를 포위한 채 10월 말부터 본격적인 지상전에 돌입했다. 이스라엘군이 지상전 개시 전후로 가자지구 전역에 공습수위를 높이면서 한때 가자지구에서는 하루 500명~700명의 사망자가 나오는 참극이 벌어지기도 했다. 가자지구 보건당국은 2024년 4월 29일 기준 최소 3만 4,500여 명의 팔레스타인이 목숨을 잃었으며 사망자 대다수가 여성과 미성년자라고 밝혔다. 이스라엘군이 가자지구 주민에게 최후통첩성 피란경고를 한 뒤 병원과 학교, 난민촌 등 비전투지역과 민간인을 대상으로 가한 공격에서 뚜렷한 전쟁범죄의 정황이 나타났다는 주장도 잇따랐다.

특히 이번 전쟁에는 이란의 지원을 받는 중동의 무장세력들이 잇따라 개입해 판을 키우는 양상이 나타났다. 미국을 비롯한 서방과 이스라엘은 '이란의 대리 세력(Proxy)'으로, 스스로는 '저항의 축'으로 부르는 하마스의 우호세력 중에는 레바논의 친이란 시아파인 무장정파 헤즈볼라가 가장 먼저 전쟁에 개입했다. 헤즈볼라는 개전 직후부터 이스라엘의 북부 국경지대를 공격해왔고,

이스라엘의 가자지구 지상전 전후로 개입 빈도와 강도를 높였다. 또 예멘의 후티 반군도 2023년 10월 말부터 드론과 미사일로 이스라엘의 동부 국경지대를 위협하면서 본격적인 전쟁 개입을 선언했다. 여기에 시리아에서 활동하는 친(親)이란 민병대 '이맘 후세인 여단'도 헤즈볼라를 지원하기 위해 레바논 남부로 이동했다고 이스라엘군이 밝힌 바 있다.

국제사회, 중동의 '시아파 맹주' 이란의 선택에 주목

이스라엘과 하마스 간 무력충돌을 계기로 중동정세는 갈수록 긴박해지고 있다. 국제사회의 이목은 이스라엘과 하마스의 국지전을 넘어 '제5차 중동전쟁'으로 번질 가능성에 집중됐다. 특히 헤즈볼라의 근거지인 레바논 남부 국경에 접한 이스라엘 북부지역의 경우 이번 사태가 발발한 직후 헤즈볼라의 산발적인 포격과 침투시도가 지속돼왔다. 여기에 이스라엘이 헤즈볼라와 전쟁계획을 공개적으로 거론하면서 중동 내 긴장이 한층 더 격화하는 양상이 나타나기도 했다. 헤즈볼라는 하마스보다 전력이 훨씬 강한 것으로 평가되고 있는 만큼 전면전이 발발할 경우 양측 모두 대규모 피해가 불가피할 것이란 우려가 제기됐다.

한편 이러한 배경에는 중동 내 '시아파 벨트'에서 반(反)이스라엘 · 반미 세력을 이끄는 중동 시아파 맹주 이란의 존재가 자리 잡고 있다. 하마스를 물밑 지원해온 것으로 알려진 이란은 2023년 10월 29일 이스라엘을 향해 "시온주의 정권의 범죄가 레드라인을 넘었다"라고 경고장을 날리는 등 아랍 주변국의 반이스라엘 정서를 지속해서 자극하는 모습을 보였다. 여기에 서방 군사동맹인 북대서양조약기구(NATO, 나토) 회원국이자 러시아-우크라이나 전쟁 국면에서 중재자 역할을 자임했던 튀르키예가 이번 사태에서는 이란과 하마스 등 이슬람세계로 급격하게 기우는 모습이다. 무엇보다 이란이 직접적으로 이번 전쟁에 개입 · 참전하느냐에 따라 신 중동전쟁으로의 확전이 현실화할지 여부가 가려질 것으로 전망됐다.

경제·경영

01 고물가 '비상'… 안 오르는 게 없다

개 요 제22대 총선을 앞두고 주춤했던 각종 식품 및 생필품값이 다시 치솟기 시작했다. 총선 직후 기업들이 기다렸다는 듯이 일제히 가격 인상에 나선 것이다. 원부자재 가격이 올라 편의점이나 대형마트 등에서 판매되는 제품들의 가격도 줄줄이 인상됐고, 중동정세 불안에 따른 국제유가 상승으로 에너지 가격도 오를 것으로 전망돼 생산비 증가로 인한 추가 제품가격 인상 가능성도 관측됐다. 원화가치 급락으로 계속 오르는 수입물가도 국내물가엔 큰 부담으로 작용했다.

대학별 기출질문

Q. 경기대 달러 수요가 증가함에 따라 환율이 오르는 이유를 설명해보시오.

Q. 건국대 소비자물가지수가 오르는 이유에 대해 설명해보시오.

치솟던 근원물가, 석 달 만에 2%대로 둔화

2024년 5월 2일 통계청이 발표한 '4월 소비자물가동향'에 따르면 4월 소비자물가지수는 113.99(2020년=100)로 2023년 같은 달보다 2.9% 올랐다. 소비자물가 상승률은 2024년 1월 2.8%에서 2~3월 연속으로 3.1%에 머물다가 석 달 만에 2%대로 둔화했다. 상품별로는 농축수산물이 2023년보다 10.6% 상승한 것으로 나타났다. 축산물(0.3%), 수산물(0.4%)은 안정적 흐름을 보였지만 농산물(20.3%)이 큰 폭으로 뛴 탓이다. 농산물은 앞선 3월에도 20.5% 상승폭을 보인 바 있다. 가공식품은 1.6%, 석유류는 1.3%, 전기 · 가스 · 수도는 4.9% 각각 상승했다.

물가의 기조적 흐름을 보여주는 근원물가지수들은 2%대 초반까지 낮아졌다. 가격변동성이 큰 농산물 및 석유류를 제외한 지수는 2023년 같은 달보다 2.2% 오르면서 앞선 3월(2.4%)보다 0.2%포인트(p) 상승률이 낮아졌다. 경제협력개발기구(OECD) 방식의 근원물가 지표인 식료품 및 에너지 제외 지수도 2.3% 올랐다. 다만 2023년 3%대에서 같은 해 11월 2%대로 떨어진 이후로 12월 2.8%, 2024년 1~2월 2.5%, 3월 2.4% 등으로 하락세가 이어졌다.

근원물가 둔화했지만 체감물가는 여전히 고공행진

반면 생활물가지수는 2023년 동월 대비 3.5% 상승했다. 2024년 3월(3.8%)보다는 상승폭이 0.3%p 줄어든 것으로 과일과 채소가 여전히 높은 물가상승률을 기록했다. '밥상물가'와 직결되는 신선식품지수는 3월보다는 3.7% 하락했지만, 전년 동월 대비로는 19.1% 오르면서 불안한 흐름을 이어갔다. 특히 신선채소가 12.9% 올랐다. 사과(80.8%)와 배(102.9%)를 중심으로 신선과실이 38.7% 상승하면서 3월(40.9%)에 이어 40% 안팎의 오름세를 유지했다. 그밖에 토마토(39.0%), 배추(32.1%) 등도 상당폭 올랐다. 앞선 2~3월 잦은 눈, 비에 채소 생산량이 줄었고 농산물 품질이 저하된 데다 재배 면적까지 감소하면서 가격이 급등한 탓이다. 사과와 배도 2023년 기상재해 여파로 생산량이 약 30% 정도씩 감소했다.

▲ 설 연휴 직전 급격하게 오른 사과 가격

다만 낮은 할당관세가 적용된 망고(-24.6%) · 바나나(-9.2%), 정부 비축물량이 방출된 고등어(-7.9%) 등은 가격이 하락했다. 통계청 공미숙 경제동향통계심의관은 연초부터 이어진 과일값 강세 현상에 대해 "정부의 긴급안정자금이 지원되기는 하지만 사과나 배는 저장량과 출하량이 적다 보니 가격이 크게 떨어지기는 어려운 상황"이라며 "새로 출하될 때까지는 가격이 유지되지 않겠나 싶다"라고 말했다. 물가당국은 근원물가가 둔화한 것에 의미를 부여하기도 했으나, 이스라엘과 팔레스타인 간 무력충돌 이후 이어진 불안정한 중동정세로 인해 국제유가 변동성이 크고 기상여건도 불확실하다는 점에서 '2%대 물가' 안착을 예단하기는 어렵다고 지적했다.

한편 좀처럼 안정될 줄 모르는 고환율도 물가에 큰 영향을 끼쳤다. 4월에는 원/달러 환율이 17개월 만에 최고 수준으로 오르자 수입원자재 가격 상승으로 가뜩이나 높은 식품물가가 더 오를 수 있다는 우려가 나왔다. 환율 상승(원화가치 하락) 영향은 식품업계에 전반적으로 미치기 때문이다. 특히 환율이 오르면 밀가루의 원료인 원맥과 설탕의 원료인 원당 등의 수입 가격이 상승할 수밖에 없다. 통상 식품기업들은 원재료 재고를 품목에 따라 1~2개월 치에서 3~4개월 치를 보유하지만, 고환율이 이보다 길게 지속되면 비용부담이 커질 수밖에 없다.

외식품목 가격도 줄줄이 인상되면서 가정의 달인 5월에 외식부담도 더 커졌다. 4월 28일 한국소비자원의 가격정보 종합포털 '참가격'에 따르면 3월 냉면, 김밥 등 대표 외식품목 8개의 서울지역 평균가격은 1년 전보다 최대 7%대 올랐다. 이와 함께 프랜차이즈 업계도 본격적으로 가격 인상에 나섰다. 외식업체들은 재료비와 인건비 등 제반비용 상승에 따라 메뉴가격 인상이 불가피하다고 주장했다.

경제 · 경영

02 국가채무 1,127조 '역대 최대'… GDP 대비 첫 50% 돌파

개 요 2023년 나랏빚이 60조원 가까이 늘면서 1,100조원대로 불어났다. 국가채무 증가속도가 국내총생산(GDP) 증가율보다 가파르다 보니 GDP 대비 국가채무비율도 처음으로 50%를 넘어섰다. 정부는 국가재정법상 발표시한인 4월 10일을 하루 넘겨 제22대 국회의원선거 다음 날인 2024년 4월 11일 국무회의에서 이런 내용을 담은 '2023 회계연도 국가결산보고서'를 심의 · 의결했다.

국가채무, 1년 새 60조 ↑ … 1인당 2,179만원

정부가 발표한 국가결산보고서에 따르면 2023년 국가채무(중앙+지방정부 채무)는 1,126조 7,000억원(전년 대비 59조 4,000억원 증가)으로 역대 최대치를 기록했다. 국가채무는 2016~2018년 600조원대, 2019년 723조 2,000억원이다가 코로나19를 거치며 2020년 846조 6,000억원, 2021년 970조 7,000억원, 2022년 1,067조 4,000억원으로 크게 늘었다.

2023년 국가채무의 GDP 대비 비율은 50.4%로 전년(49.4%) 대비 1.0%포인트(p) 증가했다. 결산기준으로 GDP 대비 국가채무비율이 50%를 넘어선 건 1982년 관련 통계작성 이래 처음이다. GDP 대비 국가채무비율은 2011~2019년 30%대를 기록하다 2020년 40%대로 진입, 2022년 49.4%로 늘었다. 다만 정부는 2022 · 2023년도 본예산에서 GDP 대비 국가채무비율을 이미 50%대로 추정한 바 있다고 설명했다. 국가채무를 2023년 통계청 추계인구(5,171만 3,000명)로 나눈 1인당 국가채무는 2,178만 8,000원으로 나타났다.

2023 회계연도 국가결산 결과

자료 / 기획재정부

2023년 국가부채는 2,439조 3,000억원으로 전년(2,326조원)보다 113조 3,000억원 늘었다. 국가부채는 지급시기와 금액이 확정되지 않은 비확정부채까지 포함하는 개념인데, 이 때문에 정부는 국가채무와 국가부채가 다르다고 본다. 비확정부채의 대부분을 차지하는 연금충당부채는 장기간에 걸친 미래지급액을 추정한 금액이다. 실제 지출은 연금보험료 수입으로 우선 충당하고 있어 국가가 당장 갚아야 할 빚과는 다르다는 게 정부 설명이다.

나라살림 87조 적자 … GDP 대비 4% 육박

실질적인 재정상태를 보여주는 관리재정수지는 87조원 적자로 집계됐다. 관리재정수지는 총수입에서 총지출을 뺀 통합재정수지에서 국민연금 등 4대 보장성 기금수지를 차감한 것으로 당해연도 재정상황을 보여주는 지표로 활용된다. 전년 결산보다 30조원 줄었지만, 2023년 예산안 발표 당시 예산안(58조 2,000억원)보다 29조원가량 많다. GDP 대비 관리재정수지 적자비율은 3.9%로 2023년 예산안(2.6%)보다 1.3%p 높다. 코로나19 팬데믹 과정에서 한시적으로 늘었던 지원조치가 종료되면서 전년 결산 때보다는 적자폭이 줄었지만, 2023년 경기불황에 따른 역대급 세수 감소의 영향으로 당해연도 예산안과 비교하면 크게 악화한 셈이다.

2023년 총수입(573조 9,000억원)에서 총지출(610조 7,000억원)을 뺀 통합재정수지는 36조 8,000억원 적자를 기록했다. 적자폭은 전년보다 27조 8,000억원 줄었지만, 2023년 예산(13조 1,000억원)보다는 약 23조원 많았다. GDP 대비 적자비율은 1.6%로 2023년 예산안(0.6%)보다 1.0%p 확대됐다. 총수입 · 지출은 총세입 · 세출에 기금 수입 · 지출을 반영한 것으로 전년보다 각각 43조 9,000억원, 71조 7,000억원 줄었다.

이처럼 2023년 관리재정수지가 당초 계획보다 크게 악화하면서 윤석열 대통령이 공언한 재정준칙은 결국 지키지 못하게 됐다. 재정준칙은 관리재정수지 적자폭을 매년 GDP의 3% 이내로 제한하는 내용을 골자로 한다. 고물가 · 내수부진 등 현안에 더해 저출산 · 고령화 등 정부지원이 시급한 과제까지 산적한 현실을 고려하면 당장 2024년 재정수지 개선을 기대하기 어려운 상황이다. 여기에 제22대 총선을 앞두고 민생토론회에서 쏟아낸 감세정책과 각종 지원정책도 재정부담 요인이 됐다. 이에 따라 2024년 GDP 대비 관리재정수지 적자비율이 4%를 넘길 수 있다는 우려도 제기됐다.

경제 · 경영

03 높은 물가에 환율 불안까지 … 금리 인하 시점 '불투명'

개 요 미국 연방준비제도가 2024년 5월 1일 기준금리 동결을 발표하면서 추가 금리 인상에 대해서는 선을 그었다. 일각에서 금리 인하에 대한 기대감이 나오고 있던 가운데 연준이 2024년 상반기까지도 여전히 금리 인하에 신중한 태도를 보임에 따라 한국은행 역시 기준금리 동결을 결정할 가능성이 커졌다.

대학별 기출질문

Q. 광운대 금리와 실물경제 사이의 상관관계에 대해 설명해보시오.

Q. 동국대 한미 금리차가 역대로 벌어진 이유를 말해보시오.

연준 "적절 판단 시까지 현재 금리 유지"

미국 연방준비제도(Fed, 연준)는 2024년 4월 30일부터 5월 1일(현지시간)까지 열린 연방공개시장위원회(FOMC) 정례회의에서 기준금리 목표범위를 5.25~5.50%로 동결했다. 이는 여전히 우리나라(3.50%)보다는 2.00%포인트(p) 높아 두 나라 간 금리격차는 역대 최대 수준이다. 연준은 앞선 2023년 6월 약 15개월 만에 금리 인상을 멈췄다가 7월 다시 베이비스텝(0.25%p 인상)을 밟았지만, 이후 9 · 11 · 12월과 2024년 1 · 3월에 이어 이번까지 여섯 차례 연속 금리를 묶었다.

제롬 파월 연준 의장은 이날 "올해 들어 지금까지 경제지표는 우리에게 (인플레이션이 2%로 향하고 있다는) 더 큰 확신을 주지 못했다"며 "더 큰 확신을 얻기까지 종전에 기대했던 것보다 더 오랜 시간이 걸릴 것"이라고 밝혔다. 아울러 "인플레이션은 지난 1년간 완화됐으나 여전히 높은 수준을 유지하고 있다"며 "최근 몇 달간 위원회의 물가목표인 2%로 향한 추가적 진전이 부족하다"고도 했다.

▲ 제롬 파월 미국 연방준비제도 의장

다만 현 물가상황과 금리 인하에 대한 부정적 진단에도 불구하고 시장이 우려한 더 강한 매파적(통화긴축 선호) 발언이나 조치는 없었다. 파월 의장은 "현 통화정책 수준은 긴축적이라고 생각한다"며 추가 금리 인상 필요성을 일축했고, 연준은 6월부터 월별 국채상환 한도를 축소하는 등 유동성 흡수를 위한 양적긴축(QT)의 속도를 줄이기로 결정했다.

한은도 동결 유력, 미국보다 앞선 인하 가능성 낮아

물가의 목표수준(2%) 안착을 확신할 수 없는 것은 우리나라도 마찬가지다. 통계청이 5월 2일 발표한 4월 소비자물가지수 상승률(전년 동기 대비)은 2.9%로 석 달 만에 3%대에서 내려왔지만, 여전히 높은 수준으로 유지되고 있는 국제유가와 과일 · 농산물 가격 탓에 목표수준(2%)을 크게 웃돌았다. 앞서 4월 12일 이창용 한국은행(한은) 총재는 금융통화위원회(금통위) 통화정책결정회의 직후 "우리(한은)가 예상한 하반기 월평균 소비자물가 상승률이 2.3%인데, 유가 등이 안정돼 경로가 유지되면 하반기 금리 인하 가능성이 있지만, 이 경로보다 높아지면 인하가 어려울 수도 있다"고 밝힌 바 있다.

▲ 이창용 한국은행 총재

불안정한 물가뿐 아니라 불안한 환율흐름도 한은이 금리를 섣불리 낮출 수 없는 이유다. 시장의 기대와 달리 미국의 조기 금리 인하 가능성이 점차 사라지고 이란-이스라엘의 무력충돌까지 발생하면서 4월 16일 원/달러 환율은 장중 약 17개월 만에 1,400원대까지 뛰었다. 이후 다소 진정됐지만, 여전히 1,370~1,380원대에서 크게 떨어지지 않는 양상이 나타났다. 원화가치가 하락(원/달러 환율 상승)할수록 같은 수입제품의 원화 환산가격이 높아지는 만큼 인플레이션(물가 상승) 관리가 제1목표인 한은 입장에서 환율불안은 통화정책의 주요 고려사항일 수밖에 없다.

이에 따라 전문가들이 예상하는 연준과 한은의 금리 인하 시점도 늦춰지는 분위기다. 주원 현대경제연구원 경제연구실장은 "미국은 9월, 우리는 11월 정도에나 금리를 낮출 것"이라며 "지금까지 휘발유 가격이 그나마 미국 소비자물가 상승률을 억제했는데, 유가가 오르면 물가는 더 안 떨어지고 금리 인하 시점도 늦어질 것"이라고 진단했다. 이상호 한국경제인협회 경제산업본부장 또한 "시장에서 미국 연준의 9월 금리 인하 컨센서스(평균적 기대)가 형성됐지만, 늦춰질 개연성도 있다"며 "미국 소비가 호조인데 중동사태로 공급도 불안해지면 물가가 상승할 수밖에 없기 때문"이라고 예상했다. 그는 "한국이 미국보다 먼저 금리를 낮추기는 힘들다"며 "한은이 미국을 보고 10·11월에 인하할 수 있지만, 내년으로 넘어갈 가능성도 있다"고 말했다.

경제 · 경영

04 '쩐의 전쟁' 본격화 … 한국, 글로벌 이커머스 격전지로

개 요 중국 이커머스 플랫폼 알리발 '쓰나미'가 시작되면서 국내 이커머스 시장 구도가 한 치 앞을 내다보기 힘든 안갯속으로 빠져들었다. 기존 토종업체가 치열한 생존경쟁을 벌이는 와중에 미국, 중국 등 타 국적 업체까지 가세해 한국이 글로벌 이커머스 격전지가 된 양상이다.

대학별 기출질문

Q. 건국대 전자상거래 UX와 행동경제학에 대해 설명해보시오.

Q. 이화여대 마케팅을 배우고 싶은 이유를 말해보시오.

'초저가 물량공세'로 한국 시장 뒤흔드는 C-커머스

2018년 한국 시장에 발을 들여놓은 알리익스프레스(알리)는 2023년 플랫폼 마케팅을 본격화하며 인지도를 빠르게 끌어올리는 한편 상품영역을 확대해 한국 시장 공략에 열을 올렸다. 이에 이용자수가 급증하면서 2024년 2월 기준 알리 앱 월간 사용자수는 818만명으로 역대 가장 많은 것으로 나타났다. 2023년 2월(355만명)과 비교하면 130% 급증한 것이다. 종합몰 이용자수 순위에서도 11번가(736만명)를 제치고 2위까지 치고 올라와 쿠팡(3,010만명)과 양강구도를 형성했다.

2023년 7월 한국 서비스를 개시한 중국계 전자상거래(이커머스) 테무도 7개월 만에 581만명의 이용자를 확보하며 종합몰 이용자 순위 4위에 안착했다.

업계에서는 이를 두고 'C-커머스(China+이커머스)의 공습'이라는 말이 회자됐다. 특히 알리의 모기업인 알리바바그룹은 물류센터 설립 등을 포함해 3년간 11억달러(약 1조 4,471억원) 규모의 한국 투자계획을 세운 것으로 드러나면서 업계의 비상한 관심을 모은 바 있다.

알리 · 테무 · 쉬인 앱 사용자수 변화

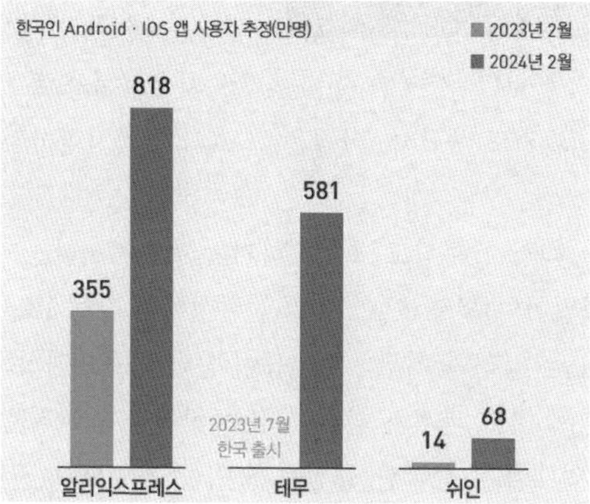

자료 / 와이즈앱 · 리테일 · 굿즈

이러한 알리의 대규모 투자계획에 기존 업체들은 바짝 긴장했다. 한국 시장에 이미 진입해있는 업체들이 지금까지 쏟아부은 투자액은 공개된 것만 최소 12조원이다. 미국 뉴욕증시 상장사인 쿠팡이 전국 물류망 구축 등에 6조 2,000억원을 투자했고, 신세계그룹은 3조 5,000억원을 들여 G마켓을 인수했다. 11번가는 5,000억원, 컬리는 1조원을 각각 투자받아 사업자금으로 썼다. 이밖에 싱가포르 기반의 글로벌 이커머스 큐텐이 2022~2023년 사이 티몬과 인터파크커머스, 위메프 등 3개 사를 인수하는 데 쓴 돈은 6,000억원대로 알려졌다. 알리바바가 계획한 투자액까지 포함하면 최소 13조원대의 자금이 한국 시장에 몰린 것이다.

C-커머스 공습에 기존 이커머스들 '생존 갈림길'

▲ 레이 장 알리익스프레스 한국 대표

문제는 쿠팡을 제외한 기존 이커머스들이 천문학적인 자금을 쏟아붓고도 시장점유율을 높이기 위한 무리한 '몸집 불리기' 경쟁 탓에 여전히 손실구조에서 벗어나지 못하고 있다는 점이다. 2023년부터 수익성을 최우선목표로 두고 체질개선을 위한 작업에 들어가기도 했으나, 아직은 그 효과가 가시화하지 않고 있다.

국내 이커머스 최강자 쿠팡도 초조해하기는 마찬가지다. 2023년 쿠팡은 연매출 30조원, 영업이익 흑자 6,000억원을 달성하며 창립 13년 만에 '유통제왕'으로 공인받았지만, 알리와 테무, 쉬인 등이 중국산 초저가상품을 내세워 한국시장을 파고들면서 더는 과거와 같은 성장을 장담하기 어려운 상황에 놓였다. 국내 이커머스 업체들은 중국산 공산품을 이들 기업보다 저렴하게 판매하는 것은 사실상 불가능하다고 보고, 해외셀러를 모집해 상품력과 가격 경쟁력을 높이고 한국 상품의 역직구(수출)를 강화하는 등 대책마련에 고심하고 있다.

한편 중국 업체들이 한국 시장을 공략하며 많은 이용자를 끌어모으고 있으나 국내 법규 준수 정도를 두고는 뒷말이 적지 않았다. 이들 기업이 '광고' 표기 없이 광고성 앱 푸시 등을 보내거나 앱을 설치 · 실행할 때 스마트폰 앱 접근권한 고지를 하지 않았는데도 국내 기업들과 달리 별다른 처벌을 받지 않았기 때문이다. 이에 따라 개인정보보호위원회는 중국 이커머스 업체들을 겨냥해 개인정보보호 실태조사에 나서는 한편 이들 기업이 국내 법규를 지킬 수 있도록 적극 안내하겠다고 밝혔다. 아울러 중국에서 들어오는 물품 중 일부에서 적게는 기준치의 몇 배, 많게는 몇 백배에 달하는 유해물질이 잇따라 검출되면서 한국소비자원에서도 알리, 테무 등에서 판매되는 제품들을 대상으로 위험성 시험에 착수한 것으로 알려졌다.

경제 · 경영

05 세계 '반도체 전쟁' 격화 … 산업기술 유출 우려 커져

개 요 인공지능(AI) 확대로 고대역폭 메모리(HBM)를 둘러싼 메모리업계 경쟁이 치열한 가운데 SK하이닉스가 HBM 후발주자인 마이크론으로 이직한 전직 연구원을 상대로 낸 전직금지 가처분이 인용됐다. 반도체업계의 첨단기술 경쟁이 격화하면서 해외 경쟁업체로의 기술유출 우려도 커지고 있다.

대학별 기출질문

Q. 수원대 최근 사회이슈와 관련해 알고 있는 것을 말해보시오.

HBM기술 경쟁 치열한데 하이닉스→마이크론 이적

2024년 3월 7일 업계에 따르면 SK하이닉스에서 D램과 고대역폭 메모리(HBM) 설계 관련 업무를 담당하던 연구원 A씨는 2022년 7월 SK하이닉스를 퇴사한 뒤 미국 마이크론에 임원급으로 이직했다. A씨는 SK하이닉스 퇴직 전 마이크론을 비롯한 경쟁업체에 2년간 취업하거나 용역 · 자문 · 고문 계약 등을 맺지 않는다는 내용의 약정서도 작성한 상태였다. 서울중앙지법 제50민사부(재판장 김상훈)는 2024년 2월 말 SK하이닉스가 A씨를 상대로 낸 전직금지 가처분 신청을 인용하고, 위반 시 1일당 1,000만원의 이행 강제금을 지급하라고 결정했다. 현재 SK하이닉스가 HBM시장을 선점하고 있는 가운데 A씨가 SK하이닉스에서 근무하며 얻은 정보가 경쟁사인 마이크론으로 흘러갈 경우 SK하이닉스의 경쟁력 훼손이 불가피하다는 판단에서다.

업계에서는 A씨의 전직금지 약정이 5개월 정도 남은 가운데 가처분이 받아들여진 것에 대해 의미를 부여했다. 업계 관계자는 "전직금지 기간이 얼마 남지 않을 경우 가처분이 기각되는 경우도 종종 있는데 이행 강제금까지 내려진 것은 그만큼 법원도 반도체기술, 특히 HBM기술의 중요성을 인지한 것"이라고 말했다. HBM은 1세대(HBM)-2세대(HBM2)-3세대(HBM2E)-4세대(HBM3)-5세대(HBM3E) 순으로 개발되고 있으며, 현재 HBM3를 엔비디아에 사실상 독점공급하는 SK하이닉스가 주도권을 쥐고 있다. 이런 가운데 최근 글로벌 3위 메모리 제조사인 마이크론이 SK하이닉스와 삼성전자보다 앞서 5세대 HBM3E 양산 소식을 가장 먼저 내놓고, 삼성전자가 마이크론 발표 직후 업계 최초로 12단 36기가바이트(GB) HBM3E개발에 성공했다고 밝히는 등 차세대 개발·양산 경쟁이 격화하고 있다.

마이크론의 공격적인 인력 영입으로 핵심기술 해외 유출 우려 점증

업계 관계자는 "HBM 분야에서 상대적으로 후발주자인 마이크론이 특히 공격적으로 삼성전자와 SK하이닉스 등 국내 인력을 영입하고 있는 것으로 안다"고 전했다. 실제로 반도체업계에서는 핵심기술의 경쟁업체 유출이 빈번하게 일어나고 있어 이에 대한 우려의 목소리도 커지고 있다. 앞서 2023년에는 삼성전자의 영업비밀인 반도체공장의 설계도면을 빼내 그대로 본뜬 반도체공장을 중국에 세우려 한 혐의로 삼성전자 전 임원이 적발돼 업계에 충격을 주기도 했다. 삼성전자 자회사인 세메스 전 연구원이 세메스의 영업기밀을 이용해 반도체 습식 세정장비를 만들어 수출했다가 적발돼 징역형을 선고받기도 했다. 다른 업체로 이직을 준비하던 삼성전자 엔지니어가 국가 핵심기술이 포함된 중요자료를 사진 촬영해 보관하다 적발된 사례도 있었다.

산업통상자원부(산업부)에 따르면 최근 5년간 전체 산업기술 유출 적발건수는 총 96건으로 매년 증가하는 추세다. 국가정보원 산업기밀보호센터(NISC)가 2003년부터 2023년 7월까지 20년간 집계한 산업기술 해외 유출은 총 552건으로 피해규모는 100조원 이상인 것으로 추산된다. 국내 기업 입장에서는 퇴사한 핵심기술 인력이 경쟁업체로 이직한 사실을 파악하기 쉽지 않은 데다 이를 알아내고 전직금지 가처분 등을 내도 법원의 인용 결정이 내려지기까지 수개월의 시간이 걸리는 만큼 사실상 속수무책인 경우가 많다. '솜방망이 처벌'도 문제로 지적됐다. 대법원 사법연감에 따르면 2021년 산업기술보호법 위반으로 재판에 넘겨진 1심 사건 총 33건 중 무죄(60.6%)와 집행유예(27.2%)가 전체의 87.8%였다. 2022년 선고된 영업비밀 해외 유출 범죄의 형량은 평균 14.9개월에 불과했다.

이처럼 반도체 전문가 등 첨단기술 인력의 잇따른 해외 유출 및 기술 탈취 수법의 고도화로 국익 훼손 우려가 커지면서 정부와 법원, 국회가 각각 전문인력 관리를 강화하고 기술유출에 대한 처벌수위를 높이는 방안을 추진하기로 했다. 정부는 반도체, 디스플레이, 이차전지, 바이오 등 국가 첨단전략산업 기술 보유자를 '전문인력'으로 지정해 관리하는 제도를 본격 시행할 예정이라고 밝혔고, 법원은 '솜방망이 처벌' 논란이 없도록 핵심기술 유출 범죄에 대한 양형기준을 크게 상향하기로 했다. 국회에서는 첨단기술 유출 시 벌금 상한을 기존 15억원에서 65억원으로 높이고 기술유출 브로커를 처벌할 수 있도록 하는 내용의 산업기술보호법 개정안(산업기술 유출 방지 및 보호에 관한 법률)이 논의됐으나, 21대 국회 임기 종료로 법안이 폐지 수순을 밟게 됐다. 이에 22대 국회에선 개정안이 마련될 수 있을지 업계의 관심이 쏠렸다.

경제 · 경영

06 가상자산 부정거래 금지 … 위반 시 최대 무기징역

개 요 2024년 하반기부터 가상자산에 관한 시세조종이나 부정거래, 미공개 중요정보 이용행위가 금지되며 부당이득액이 50억원 이상이면 최대 무기징역까지 선고될 수 있다. 금융위원회(금융위)는 7월 19일 가상자산이용자보호법 시행을 앞두고 1월 22일까지 가상자산이용자보호법 시행령과 가상자산업 감독규정에 대한 입법 예고를 진행했다고 밝혔다.

대학별 기출질문

Q. 가톨릭대 금융데이터 활용방안에 대해 설명해보시오.

Q. 경희대 금융, 핀테크 및 재무에 관심을 가지게 된 계기를 말해보시오.

Q. 한국외대 핀테크의 비즈니스 모델에 대해 말해보시오.

중요정보 이용·시세조종 차단 … 위반 시 강력처벌

금융위원회(금융위)가 2024년 2월 7일 발표한 가상자산이용자보호법 시행령과 감독규정에 따르면 7월 19일부터 가상자산에 관한 시세조종이나 부정거래, 미공개 중요정보 이용행위가 금지된다. 위반 시 1년 이상의 징역 등 형사처벌을 받거나 부당이득액의 3배 이상 5배 이하의 벌금이 부과될 수 있다. 부당이득액이 50억원 이상인 경우 최대 무기징역까지 선고될 수 있고, 부당이득액의 2배에 상당하는 과징금 부과도 가능하다. 과징금은 금융위가 혐의를 검찰총장에게 통보하고 검찰총장으로부터 과징금 부과 대상자에 대한 수사 · 처분 결과를 통보받은 후 부과할 수 있다.

가상자산거래소 등 가상자산 사업자는 가상자산 이용자가 가상자산을 매매하기 위해 맡긴 예치금을 은행을 통해 관리해야 한다. 또한 가상자산 사업자는 이용자가 보유한 가상자산의 경제적 가치의 80% 이상을 인터넷과 분리해 안전하게 보관해야 한다. 아울러 해킹 · 전산장애 등 사고의 책임을 이행하기 위해 인터넷과 분리해 보관하는 가상자산을 제외한 나머지 가상자산의 경제적 가치의 5% 이상에 해당하는 금액을 보상한도로 보험 또는 공제에 가입하거나 준비금을 적립해야 한다.

금융당국은 가상자산 사업자가 가상자산이용자보호법을 적절히 준수하는지를 감독하고 검사하며, 시세조정 등 불공정거래행위 위반 혐의가 있는 자나 그 밖의 관계자에 대해 자료제출과 진술요구 등을 통해 조사할 수 있다. 법 위반 사실이 발견될 경우 금융위는 가상자산 사업자 등에 대한 영업정지, 시정명령, 고발 또는 수사기관 통보 등의 조치를 할 수 있다.

이복현 금감원장, “가상자산 시장 위법행위 만연”

이복현 금융감독원장은 가상자산 시장에서 코인리딩방, 불법투자자문, 유사수신 등 각종 위법 · 부당행위가 만연하다며, 업계를 대상으로 근절을 위한 노력을 촉구했다. 이 원장은 2월 7일 이석우 두나무 대표 등 가상자산 사업자 CEO 20여 명과 간담회를 열고 모두발언을 통해 “오는 7월 시행되는 가상자산 이용자보호법은 이용자 보호를 위해 시급한 최소한의 내용만 담고 있어 향후 2단계 입법까지 일부 규제공백이 불가피하다”면서 이같이 밝혔다. 이 원장은

"위법 · 부당행위 근절 없이는 시장신뢰 회복과 가상자산산업 발전을 기대하기 어렵다"면서 "업계에서도 적극적 감시체계 가동 등 시장질서 회복을 위한 노력을 경주해줄 것을 부탁한다"고 당부했다. 또한 "법 시행 이후 위법사례가 발견될 경우 중점검사 등을 통해 엄중히 대처하겠다"고 강조했다.

▲ 간담회에서 발언하는 이복현 금감원장

이 원장은 금감원이 제시하는 로드맵에 따라 법 시행 전까지 조직, 시스템, 내부통제 체계 등 제반사항을 완전히 갖춰 달라고도 당부했다. 로드맵은 4월까지 가상자산 사업자에 대해 자율규제 이행 내규 제 · 개정, 이상거래 감시조직 구성과 감시시스템 구축 등을 권고했다. 금감원은 가상자산 사업자의 로드맵 이행을 지원하기 위해 자체점검, 현장컨설팅, 시범적용 등을 지원한다고 밝혔다.

사회 · 법률

01 연령 · 국적 차별 … 거꾸로 간 최저임금 차등적용

개 요 2024년 5월 14일 3년의 임기를 시작한 최저임금위원회 13대 위원 27명(공익 · 근로자 · 사용자 위원 각 9명)이 처음 모여 위원장을 선출하고 정부의 최저임금 심의요청을 접수하는 절차를 통해 심의를 공식 개시, 2025년 최저임금 심의를 시작했다. 이번 최저임금 심의의 최대 관전 포인트는 사상 처음으로 1만원을 넘어설지 여부이지만, 업종별 '차등적용'도 핵심쟁점이 될 것으로 관측됐다.

대학별 기출질문

Q. 숙명여대 최저임금 인상에 대한 본인의 입장을 말해보시오.

Q. 인천대 최저임금의 개념과 장단점을 설명해보시오.

노인일자리 나누고, 외국인은 자국 임금수준 맞게?

최저임금 심의 법정시한은 정부로부터 심의요청을 받은 날부터 90일 이내로 2024년에는 6월 27일까지다. 최저임금은 매년 8월 5일까지 결정 고시하는데 이의신청 등 절차를 고려할 때 7월 중순에는 의결돼야 한다. 그러나 최저임금위원회(최임위)가 5월 14일 새로 구성됨에 따라 남은 시한이 촉박한 가운데 2024년에는 업종별 차등적용 문제가 급부상하면서 험난한 심의를 예고했다. 최저임금법에 '사업의 종류별로 구분해 정할 수 있다'라고 규정하고 있지만, 노사 간 이견이 첨예해 실제 적용된 사례는 제도 시행 첫해인 1988년 한 차례뿐이다. 2023년에는 지급능력이 떨어지는 편의점과 택시운송업, 숙박 · 음식점업 등 3개 업종에 대한 차등화를 요구했지만 부결됐다.

▲ 고령노동자 최저임금 제외 규탄 시위

업종별 차등적용에 있어 최대 쟁점은 노인과 외국인 돌봄인력에 대해 최저임금보다 낮은 임금을 허용할 것인가 하는 것이다. 노인 차등적용은 앞선 2월 서울시의회 의원 38명이 노인들을 최저임금법 적용 제외대상으로 하자는 최저임금법 개정 촉구 건의안을 발의한 것이 계기가 됐다. 외국인 돌봄인력의 차등적용과 관련해서는 2023년 조정훈 시대전환(현 국민의힘) 의원이 '월 100만원 외국인 가사도우미' 법안을 발의한 것과 2024년 3월 한국은행(한은)이 '돌봄서비스 인력난 · 비용부담 완화 보고서'에서 보건 · 육아 서비스 수요 증가 대비 차원에서 외국인 돌봄인력의 최저임금을 상대적으로 낮게 설정하는 방안을 제안하면서 논란이 됐다.

경영계 또한 코로나19 여파에 물가 상승으로 중소기업과 자영업자가 큰 어려움을 겪고 있는 가운데 최저임금마저 올라 인건비를 감당하지 못하는 자영업자들이 늘어나고 있고, 이러한 자영업자들이 고용을 포기하면서 결국 고용시장과 실업률에도 영향을 미치고 있다며 차등적용을 주장하고 나섰다. 업종마다 기업의 지급능력과 생산성 등에서 현저한 격차가 나타나므로 한계상황에 도달한 업종에 대해 최저임금을 구분 적용해야 한다는 것이다.

연령·국적 차별, 국내법·ILO 협약 모두 위배하는 것

2008년에도 국가인권위원회는 "60세 이상 고령자에 대한 최저임금의 감액은 사회권규약 및 국제노동기구(ILO) 제111호 '고용 및 직업에 있어서 차별대우에 관한 협약'상 '비차별과 동등한 고용보호를 보장할 의무'를 위반할 소지가 있다"며 "경제개발협력기구(OECD) 회원국 중 우리나라의 노인빈곤율이 가장 높은 수준으로 고령자의 빈곤 문제가 매우 심각한 수준이라는 점에서 바람직하지 않다"고 의견을 냈다. 노인임금 차등적용은 노인빈곤화를 더 악화시킬 수 있다는 의미다. 제111호 협약은 '이 협약을 비준한 국가가 고용 및 직업에 관한 모든 차별을 철폐하고 기회와 대우의 평등을 증진하기 위한 정책을 추구해야 한다'는 내용을 담고 있는데, 우리나라는 1998년에 이 협약을 비준했다.

ILO가 2016년 8월에 발간한 '최저임금 정책 가이드(Minimum Wage Policy Guide)'에 따르면 최저임금을 업종별로 구분(차등)해 적용할 때는 국가가 정한 하한(최저임금)보다 높게 설정하도록 권고하고 있다. 아울러 국가 하한보다 낮은 수준으로 적용하면 ILO의 '차별금지 협약'에 위배될 수 있다는 가이드라인도 제시하고 있다. 전 세계가 차등 없게, 더 높은 임금을 추구하는데 우리만 시대를 역행한다는 비판이 나오는 이유다.

연도별 시간당 최저임금 추이

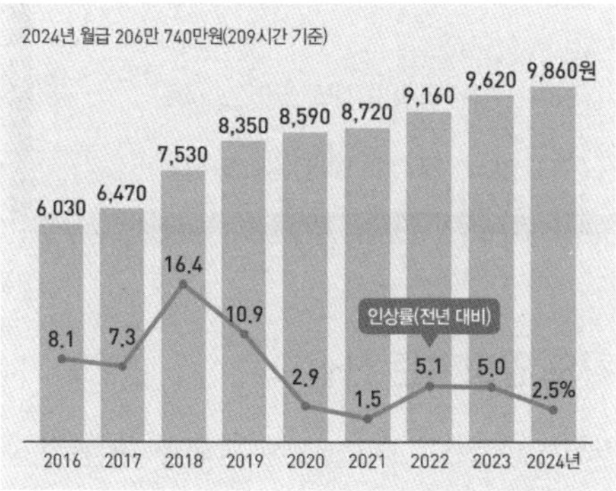

자료 / 최저임금위원회

임금을 차등해서 적용한다는 것은 합리적인 이유 없이 연령 임금 차별을 금지한 '고용상 연령차별 금지 및 고령자 고용촉진에 관한 법률'과 정면으로 충돌한다. 무엇보다 최저임금을 낮춘다고 해서 노인일자리가 늘어난다고 보긴 어렵다는 게 노동계 입장이다. 또한 돌봄서비스 비용이 저렴해진다고 출산율이 올라간다고 장담할 수도 없다. 저출산은 주거 문제, 가족 내 성평등 문제, 교육환경, 정서적 부담 등 경제적 · 사회적 · 문화적 요인이 복합적으로 작용한 결과이기 때문이다. 그리고 우리 사회에서 이미 노인과 외국인은 불공평한 대우뿐 아니라 불공평한 임금을 받고 있다. 이런 상황에서 차등적용을 법으로 명시하게 되면 더 낮은 임금, 더 열악한 근무환경을 제공해도 된다는 신호로 작용할 수도 있다는 우려가 나온다.

사회 · 법률

02 기술유출 · 스토킹 · 마약 범죄에 '솜방망이 처벌' 막는다

개 요 기술유출 · 스토킹 · 마약 범죄의 처벌이 너무 가볍다는 여론을 반영해 대법원이 새롭게 마련한 양형기준이 2024년 7월 1일부터 시행된다. 3월 26일 대법원 양형위원회는 전날 오후 130차 전체회의를 열고 지식재산 · 기술침해 범죄와 스토킹 범죄, 마약 범죄의 양형기준을 최종 의결했다고 밝혔다.

대학별 기출질문

Q. 서울여대 청소년 마약 문제를 해결할 수 있는 방법에 대해 말해보시오.

Q. 신한대 청소년 마약 범죄를 예방할 수 있는 방법에 대해 말해보시오.

기술유출 최대 징역 18년, 스토킹도 양형기준 신설

2024년 3월 26일 대법원 양형위원회(양형위)는 "기술침해 범죄에 대한 엄정한 양형을 바라는 국민적 공감대를 반영해 법정형이 동일한 유사 범죄 군의 양형기준보다 규범적으로 상향된 형량범위를 설정했다"고 밝혔다. 이에 따라 국가 핵심기술 등 국외 유출 범죄는 최대 징역 18년까지 권고한다. 일반적인 산업기술을 유출하는 경우도 국외는 15년, 국내는 9년을 권고하는 등 기존보다 무겁게 처벌할 것을 제안했다.

선고형량을 높이는 요소인 '가중인자'로는 피해자에게 심각한 피해를 초래한 경우, 비밀유지 의무를 어긴 경우를 추가하고 감경인자는 보다 엄격히 인정하도록 관련 기준을 정비했다. 아울러 앞서 2월 16일 개최한 공청회 등에서 제기된 의견을 반영해 형을 감경하거나 집행유예를 선고할 수 있는 주요 사유로 '미필적 고의로 범행을 저지른 경우'를 추가하기로 했다. 양형위는 최근 삼성전자의 반도체기술이 해외로 유출되는 등 관련 범죄가 급증하면서 양형기준을 강화해야 한다는 검찰과 특허청의 의견 등을 참고했다.

▲ 양형위 주재하는 이상원 대법원 양형위원

마약류 범죄의 권고형량도 상향됐다. 특히 최근 마약류 확산과 10대 마약 범죄 증가추세에 따른 사회적 우려를 고려해 미성년자를 대상으로 하거나 대량으로 제조·유통하는 경우 최대 무기징역까지 선고할 것을 권고한다. 대마를 단순 소지하거나 투약하는 범행도 더 무겁게 처벌할 것을 권고하기로 했다. 또 상대방의 동의 없이 타인에게 마약류를 제공하거나 성폭력, 강도 등 다른 범죄의 실행수단으로 마약류 범죄를 행한 경우를 가중인자로 추가했다.

살인 등 강력범죄로 이어질 가능성이 큰 스토킹 범죄는 함부로 벌금형을 선고하지 못하도록 양형기준을 신설했다. 흉기를 휴대한 스토킹은 가중인자가 많으면 원칙적으로 징역형을 선고하는데, 일반 스토킹 범죄와 스토킹처벌법상 잠정조치위반죄도 가중인자가 많으면 피해자가 처벌을 원하지 않는 경우에만 예외적으로 벌금형을 선택할 수 있게 했다. 아울러 한국여성변호사회 등의 의견을 반영해 조직 내 계급이나 지휘·감독 관계의 영향으로 취약한 피해자에게 범행한 경우 가중처벌할 수 있도록 했다.

사기·보이스피싱·동물학대도 양형기준 신설

대법원은 대표적인 서민피해 범죄인 사기 범죄 양형기준도 13년 만에 손질하기로 했다. 각종 신종수법에 따른 피해자가 끊이지 않는 가운데 전기통신금융사기(보이스피싱)와 보험사기, '대포통장'을 거래하는 전자금융거래법 위반 범죄의 양형기준을 신설한다. 이에 따라 관련 법안에 명시된 '법정형 상향' 내용과 권고형량 범위 등을 반영해 수정하고, 별도 양형기준이 없던 범죄에는 새로 기준을 제시하여 사회 · 경제적 변화에 따른 범죄양상이나 국민인식의 변화를 반영한다는 방침이다. 결론적으로 사기죄의 형량이 전체적으로 강화되고 집행유예를 선고할 수 있는 요건도 까다로워질 가능성이 있다.

이외에도 동물학대는 이후 인간에 대한 범죄로 이어질 가능성이 높고 반려동물을 키우는 가구가 늘어나면서 국민적인 관심도 높아진 점을 고려해 양형기준을 새로 만든다. 성범죄는 지하철 등 공중밀집 장소에서의 추행죄, 업무상 위력에 의한 추행죄 등 기존에 양형기준이 없던 범죄에 대해 기준을 신설한다. 양형위는 2024년 8~9월 전체회의를 진행한 뒤 공청회와 관계기관 의견조회 등을 거쳐 2025년 3월 각 양형기준을 최종 의결할 예정이다.

사회 · 법률

03 저출산 · 고령화 '최악' … 인구재앙 현실화하나

개 요 우리나라의 인구감소세가 악화일로를 걷는 가운데 향후 50년간 우리나라의 총인구가 1,550만명가량 급감해 3,600만명대에 이르고 총인구의 70%를 웃도는 생산연령인구(노동에 종사할 수 있는 만 15~64세 인구)는 절반 밑으로 추락할 것이라는 전망이 나왔다. 저출산과 고령화가 사회 전반의 위험으로 성큼 다가온 만큼, 분야별 해법 마련의 필요성과 시급성도 커지고 있다.

대학별 기출질문

Q. 서울대 저출산 현상의 원인이 무엇이라고 생각하는지 말해보시오.

Q. 서울여대 저출산 문제와 혈연주의, 유교 문화권의 관계에 대해 설명해보시오.

Q. 한국교원대 저출산과 관련해 학교현장과 교육방침이 어떤 방향으로 변화해야 하는지 말해보시오.

'역대 최악' 출산율에 노인국가 진입 전망까지 … '대한민국 소멸 위기'

우리나라의 저출산 상황이 얼마나 심각한지 보여주는 통계는 넘쳐난다. 합계출산율은 2023년 기준 0.72명으로 경제협력개발기구(OECD) 회원국 중 가장 낮고, 전 세계에서 홍콩(0.77명)에 근소한 차이로 뒤지는 '꼴찌에서 2번째'다. 또 통계청이 발표한 '장래인구추계 : 2022~2072년'에 따르면 현시점에서 50년가량 지난 2072년에는 2022년 기준 5,167만명이던 총인구가 3,622만명까지 줄어들 전망이다. 이때가 되면 중위연령(전체 인구 중 중간연령)은 63.4세로 전체 인구의 절반 이상이 환갑을 넘는 '노인국가'가 된다.

실제로 2060년 우리나라는 65세 이상 고령인구가 43.8%에 달할 정도로 노인인구가 가파르게 증가하는 것으로 나타났다. 이러한 수치는 다른 나라와 비교해서도 압도적으로 빠르다. 프랑스, 이탈리아 등 서구 선진국들은 고령화사회(65세 이상 인구비율 7% 이상)에서 초고령사회(20% 이상)로 진입하는 데 각각 154년, 79년이 걸렸다. 반면 일본은 그 소요기간이 36년으로 고령화 속도가 상대적으로 빨랐다. 그러나 현재 추세로 볼 때 우리나라가 고령화사회에서 초고령사회로 넘어가는 데는 24년이면 충분할 것으로 예측된다. 또 100세 이상의 초고령인구도 2067년에는 12만 6,000명에 달할 것으로 전망됐다.

이러한 저출산 · 고령화 현상은 국가생산성 하락과 경제규모 축소로 이어진다. 인구위기가 실존하는 공포가 돼가는 것이다. 한국경제연구원의 보고서에 따르면 저출산으로 생산가능인구가 2022년보다 34.75% 줄면서 2050년 국내총생산(GDP)은 28.38%나 감소할 전망이다. 국민연금이나 국민건강보험 등 사회안전망 역시 직격탄을 맞고 있다. 수급자가 증가하고 기대여명이 늘어나지만, 보험료를 낼 인구는 감소하는 상황이니 지속가능성 확보가 발등의 불로 떨어진 셈이다.

'저출산 탈출' 원년 될까 … 정부 대책 주목

관련 통계에 따르면 일자리 · 양육 · 주거 등 3대 불안 가중으로 20 · 30대의 혼인기피 현상이 심화하면서 혼인율이 지속적으로 감소하고 있는 것으로 나타났다. 청년들은 결혼을 하지 않는 이유로 ▲ 결혼자금 부족 ▲ 결혼 필요성 못 느낌 ▲ 출산 · 양육 부담 ▲ 고용상태 불안정 ▲ 결혼상대 못 만남 등을 꼽았다. 혼인율이 줄고 만혼(晩婚)이 늘면서 출산율도 급격히 하락하고 있다.

정부는 사회적 문제로 떠오른 저출생 위기를 해소하기 위해 6월 19일 저출산고령사회위원회(저출산위)를 열고 '저출생 추세 반전을 위한 대책'을 발표했다. 정부는 우선 임신을 준비하는 단계부터 출산에 이르는 전 과정을 촘촘히 지원하기로 했다. '냉동 난자'로 불리는 난자 동결시술 비용과 가임력 검진비 등을 지원하는 한편 난임 휴가를 기존의 2배로 늘리고, 제왕절개 시술 시 본인 부담을 면제한다. 또 국내 입양을 활성화하기 위해 양부모의 연령 제한을 풀고 허가 절차를 신속하게 하는 등 각종 규제를 개선하기 위해 속도를 낼 방침이다.

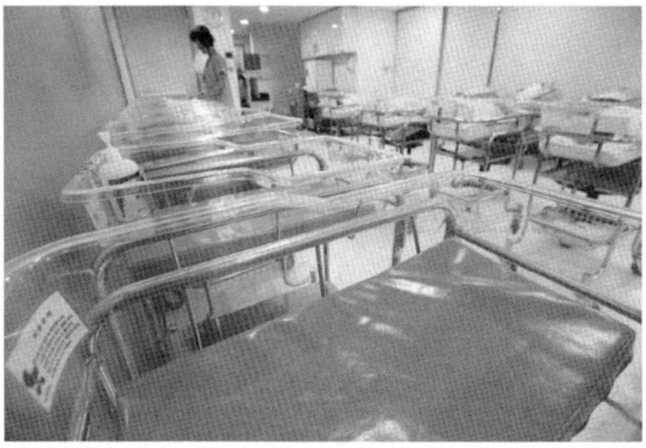

아울러 육아휴직을 자유롭게 사용할 수 있도록 육아휴직 분할횟수를 3회로 확대해 나눠서 사용할 수 있도록 하고, 연 1회 2주 내외의 '단기 육아휴직'을 추가로 도입하기로 했다. 배우자(남편) 출산휴가는 20일로 늘리고, 4번에 나눠서 쓸 수 있도록 바뀐다. 또 육아휴직 급여는 최대 월 250만원으로 높이고, 기간별 상한 금액을 조정해 경제적 부담을 덜 수 있도록 했다. 이렇게 되면 육아휴직 급여는 최대 연 2,000만원 이상으로 늘어나게 된다. 나아가 근로시간 단축제는 더 유연하게 적용해 '시간단위 휴가' 문화가 조성될 수 있도록 한다.

다만 이날 발표된 정책을 추진하기 위한 재원을 어떻게 마련할지에 대한 구체적인 방안은 공개되지 않았다. 10조원 규모의 특별회계를 신설할 것이라는 전망이 나왔지만 막대한 규모의 예산이 투입돼야 하는 만큼 부처 간 협의가 필요할 것으로 전망됐다. 또 이미 아이를 낳아 기르는 가구에만 혜택이 집중돼 있어 미래의 부모가 될 청년을 대상으로 한 정책이 부족하다는 점은 아쉬운 점으로 꼽혔다.

사회 · 법률

04 2028 대입개편안 확정 … 풍선 효과 · 변별력 확보 우려

개 요 교육부가 2023년 12월 27일 2028학년도 대학입시(대입)제도 개편안을 확정해 발표했다. 이에 따라 선택과목 없이 공통과목을 치르는 '통합형 수학능력평가(수능)'로 출제되며, 내신 산출방법도 현행 9등급 상대평가에서 5등급 상대평가체제로 바뀐다. 다만 찬반 양론이 팽팽했던 '심화수학(미적분 Ⅱ · 기하)'이 도입되지 않아 수험생들은 진로와 관계없이 모두 같은 문항의 시험을 치르게 됐다.

대학별 기출질문

Q. 공주대 고교학점제가 잘 운영되기 위해서는 어떻게 해야 하는지 말해보시오.

Q. 동국대 고교학점제에 대해 어떻게 생각하는지 말해보시오.

2028학년도부터 국어·수학·탐구 영역 선택과목 없어진다

현행 수능에서 국어 · 수학은 '공통과목+선택과목' 체제이고, 탐구도 사회 · 과학 17개 과목 가운데 2개 과목을 택해 치르는 방식이다. 하지만 2024년 기준 중학교 3학년 학생들부터는 대입제도 개편안에 따라 통합사회와 통합과학을 공통으로 치른다. 교육부의 이러한 개편은 선택과목을 둘러싸고 심화한 '공정성 논란' 때문으로 풀이됐다. 학생들이 진로 · 적성과 관계없이 높은 표준점수를 받을 수 있는 선택과목에 몰리고, 대학전공과 관계없는 과목을 택하는 부작용을 낳고 있다는 판단 때문이다.

▲ 2028 대입개편안 발표하는 이주호 사회부총리

내신평가도 고교학점제가 전면 실시되는 2025년부터 고등학교 1~3학년 전 과목에 현행 9등급 상대평가제를 5등급 상대평가제로 개편한다. 학교생활기록부에는 과목별 절대평가(성취평가)와 상대평가 성적을 함께 기재하지만, 대입에서는 상대평가 성적이 활용되므로 사실상 상대평가에 해당한다. 또 상위 4%만 1등급을 받을 수 있는 현행 내신평가제도가 저출생에 따른 학생수 감소 속에서 내신경쟁을 과도하게 부추긴다는 지적이 계속됨에 따라, 내신평가체제를 5등급으로 완화하기로 했다. 이에 2025학년도부터는 1등급 비율을 기존 4%에서 10%로 늘리고, 그 아래 24%는 2등급, 그 아래 32%는 3등급을 받을 수 있도록 했다.

'심화수학' 제외 결정 … "사교육 경감" vs "변별력 우려"

한편 당초 교육부는 대수 · 미적분Ⅰ · 확률과 통계를 출제범위로 하는 기존의 수학 영역 외에 자연계열에 진학하려는 학생들이 공부했던 미적분Ⅱ · 기하를 '심화수학' 선택과목으로 두는 방안도 검토했다. 첨단 분야 인재양성을 위해서는 고등학교에서 미적분과 기하를 공부하고 그 수학능력을 평가할 필요가 있다는 학계의 요구 때문이었다. 다만 심화수학을 선택과목으로 남겨둘 경우 진정한 의미의 문 · 이과 통합이 이뤄지지 않는다는 지적이 나오기도 했다. 또 반대로 심화수학을 제외하면 수능 최상위권인 의학계열을 중심으로 대입에서 변별력 논란이 일 가능성이 크다는 우려도 제기됐다.

이러한 가운데 교육부는 결국 국가교육위원회의 권고를 바탕으로 심화수학은 수능에 포함하지 않기로 했다. 따라서 수험생들은 기존에 '문과수학'이라고 불리던 대수, 미적분Ⅰ, 확률과 통계만 공부하면 된다. 수능 수학 영역 응시생들이 모두 같은 출제범위의 문항을 풀게 되는 것은 수능 도입 첫해였던 1994학년도 이후 34년 만이다. 교육부는 심화수학 신설로 사교육이 유발되고 학생과 학부모의 부담을 가중할 것이라는 우려를 반영했다고 설명했다.

하지만 이공계열에서 필수적으로 쓰이는 미적분과 벡터 등을 학생들이 배우지 않게 되면 기초학력이 저하할 수 있다는 우려도 나온다. 대학에서 이공계열 신입생들은 통상 미적분과 벡터를 충분히 알고 있다는 전제로 물리학 등 여러 기초과목을 배우는데, 이러한 수업을 따라가지 못하는 학생이 늘어날 수 있다는 우려다. 이 경우 대학 입학 직전이나 대학에 들어가서 사교육을 받아야 하는 상황에 놓일 수도 있다.

심화수학이 없어지면서 최상위권 변별에 어려움을 겪고, 이로 인해 다른 부담이 생겨날 수 있다는 지적도 제기된다. 변별력 확보를 위해 공통수학에서 초고난도 문항인 '킬러문항'에 버금가는 문제가 나올 수 있고, 수학이 아닌 국어, 과학 등 다른 과목의 난도가 어려워지는 '풍선 효과'가 생길 수도 있다. 또 대학별로 고교 때 심화수학 이수 여부나 그 성적 등을 평가기준으로 활용한다면 정시와 내신을 동시에 신경 써야 하는 '이중고'를 겪을 수도 있다.

사회 · 법률

05 "교단 서는 게 두렵다" … 거리로 나선 교사들

개 요 2023년 7월 18일 서울 서초구 서이초등학교에서 학부모의 악성민원과 업무과중으로 인해 스트레스를 호소하던 한 젊은 교사가 교내에서 스스로 목숨을 끊은 채 발견됐다. 이후 다른 지역에서도 잇따라 악성민원으로 고통을 받던 교사들의 사망 소식이 전해지자 교권침해 문제에 대한 논란이 확대됐다. 교사들을 비롯한 많은 시민들은 서이초 교사의 사망원인을 규명하고 아동학대 관련법 개정 등을 포함한 교권보호 합의안 의결 등을 촉구했다.

대학별 기출질문

Q. 한국교원대 교권침해 문제에 대한 지원자의 생각을 말해보시오.

Q. 부산교대 학생인권조례에서 책임과 의무에 대한 내용을 개정한다면 어떤 내용을 개정할 것인지 말해보시오.

Q. 백석대 학교폭력이 발생하는 이유와 해결방안에 대해 말해보시오.

학생 지도하면 '아동학대' 고발 … 도 넘은 학부모 갑질

교사들은 학교현장을 어렵게 하는 요인 중 1순위로 학부모의 악성민원과 무분별한 아동학대 신고를 꼽았다. 한 교사는 자신의 자녀를 사랑해주지 않는다는 억지를 부리며 수업 중 교실에 난입한 제자의 아버지로부터 학생들이 보는 앞에서 심한 폭언과 함께 폭행위협을 당했다. 또한 해당 학부모는 이후에도 자신이 저지른 행위는 빼놓은 채 학교와 교육청에 지속적으로 이른바 '폭탄 민원'을 넣으며 괴롭힘을 이어갔다.

▲ 국회의사당 앞에서 진상규명 촉구하는 시민들

또 어느 교사는 자녀 진학에 지장이 생길 것을 우려한 학부모로부터 학교생활기록부(학생부)의 '지각' 기록을 지워줄 것을 요구받았다 거절했는데, 이후 또다시 지각한 그 학생에게 "내일은 일찍 등교하라"고 했던 말을 아동학대로 신고하겠다는 협박을 받았다. 정당한 교육활동에 대한 사과요구를 거부한 다른 교사는 결국 아동학대로 신고를 당했고, 한 달여 간 각종 조사로 지옥 같은 시간을 보낸 뒤 결국 무혐의 처분을 받기도 했다.

이렇게 교사들의 피해가 이어졌지만 일선 학교 교사들은 학부모 갑질 등 교권침해에도 속수무책으로 당할 수밖에 없었고, 조사 · 소송 · 재판 등 일련의 과정이 오르지 교사 개인의 책임하에 이루어졌다. 교장 · 교감은 물론이고 관할 교육청 역시 교사를 지원해주지 않았을 뿐 아니라 일단 소송이 진행되면 진위 여부를 따지기도 전에 직위해제 · 정직 등의 처분을 내려 교사를 이중으로 힘들게 만들었다.

교사들은 학생부 기록에 대한 학부모들의 갑질이 증가한 데는 '학생부에 학교폭력(학폭) 가해사실을 기록하는 방안'이 도입됐기 때문이라고 입을 모았다. 학폭 가해사실의 학생부 기록은 2011년 12월 대구에서 한 중학생이 집단괴롭힘으로 자살하는 사건이 발생한 이후 처음 도입됐다. 이후 여러 번 그 내용과 보존가능기간에 대해 변화가 이어져 오다 공직 후보자들의 자녀 학폭사건이 잇달아 도마에 오르면서, 정부는 2023년 4월에 발표한 '학교폭력 근절 종합대책'에 학폭 가해자의 처분기록 반영을 명시하고 중대한 학폭사건 가해기록의 경우 보존기간을 기존 2년에서 최대 4년으로 늘린다는 내용을 담았다.

전국 초·중·고교 교사들 "교권 법안 의결하라"

교사들은 잇따른 교사 사망사건의 원인으로 학부모의 악성민원과 업무과중으로 인한 스트레스를 지목하며 진상규명을 요구하는 동시에 교사들의 열정이 아동학대 무고로 악용되는 아동학대처벌법의 개정과 무분별한 아동학대 신고에 대한 교원 면책권을 포함하는 초·중등교육법 개정을 요구했다.

2023년 9월 13일에는 한국교원단체총연합회, 교사노동조합연맹, 전국교직원노동조합, 새로운학교네트워크, 실천교육교사모임, 좋은교사운동 등 169개 교원 단체·노조가 기자회견을 열고 ▲ (교육위 법안심사 소위에서 논의 중이던) '교권회복 4법(초·중등교육법, 유아교육법, 교원지위법, 교육기본법 개정안)'의 조속한 통과 ▲ 분리학생 지원 인력·재원 마련 법안 개정 ▲ 교권보호제도 뒷받침을 위한 예산 확보 ▲ 무분별한 아동학대 신고로부터 교원을 보호할 아동복지법과 아동학대처벌법 개정 등을 요구했다.

이에 같은 달 21일 열린 국회 본회의에서 교권회복 4법이 통과됐다. 개정안에 따라 교원이 아동학대로 신고돼도 마땅한 사유가 없는 한 직위해제 처분을 금지하며, 교장은 교육활동 침해행위를 축소·은폐할 수 없게 됐다. 또한 교육지원청이 교권침해 조치업무를 전담한다는 내용과 부모 등 보호자가 학교의 정당한 교육활동에 협조하고 존중해야 한다는 점 등도 포함됐다. 그러나 개정된 법안이 현장에 안착하기까지 시간이 다소 소요되는 만큼 교육당국이 교권보호 종합대책을 마련하는 등 후속조치에 힘써야 한다는 지적도 나왔다.

사회 · 법률

06 흉기난동에 살인예고까지 … 이상동기 범죄로 사회불안 고조

개 요 2023년 7월 21일 발생한 서울 신림역 흉기난동 사건에 이어 8월 3일 분당 서현역에서도 비슷한 사건이 발생하면서 이상동기 범죄에 대한 사회적 불안감이 높아졌다. 여기에 유사한 유형의 사건이 추가로 발생하거나 온라인상에 살인을 예고하는 글이 잇따라 게재돼 혼란이 이어졌다.

대학별 기출질문

Q. 대전대 최근 묻지마 칼부림 같은 이상동기 범죄가 많이 일어나는 이유와 해결방법에 대해 말해보시오.

Q. 중앙대 엄벌주의의 문제점이 무엇이라고 생각하는지 말해보시오.

잇단 흉악범죄에 정부·지자체 협력해 대응 강화

2023년 7월 다수의 사상자가 나온 신림역 흉기난동 사건과 서현역 흉기난동 사건의 충격이 채 가시지 않은 가운데 전국 곳곳에서 비슷한 흉악범죄가 또다시 발생했다. 거리에서 일면식 없는 시민을 흉기로 위협하거나 술에 취해 옆자리 이용객들을 대상으로 흉기를 휘둘러 사망자가 발생하는가 하면 지하철 내에서 발생한 소란을 두고 흉기난동으로 오인해 승객들이 대피하는 상황이 벌어지기도 했다. 경찰이 같은 해 8월 4일부터 18일까지 보름간 범죄 우려가 큰 다중밀집장소를 중심으로 특별치안활동을 실시한 결과 흉기 관련 범죄 227건을 적발해 이중 46명을 특수상해, 살인미수 등 혐의로 구속했다.

▲ 서현역 흉기난동 현장에 놓인 추모 꽃다발

이처럼 연이은 강력범죄로 국민불안이 고조되자 행정안전부(행안부)는 연석회의를 열고, 이상동기 범죄와 관련된 치안상황을 보고 받는 한편 대응방안을 지방자치단체(지자체)에 설명하고 협조를 구했다. 이에 지자체는 폐쇄회로TV(CCTV) 추가 설치, 이상동기범죄 대응 태스크포스(TF) 구성, 방범용품 지원 사업, 관계기관과 업무협약 체결 등을 통해 치안활동 및 대응체계를 강화하며 총력을 다했다. 경찰 역시 순찰과 실시간 모니터링 등을 체계화해 대응역량을 높였다. 시민 · 지자체와의 협조를 통해 순찰을 강화하고, 다중밀집장소와 인근 우범지역을 중심으로 특별치안활동을 전개했으며, 차량 순찰이 불가능한 구간은 도보나 드론 순찰을 병행해 활동을 강화했다.

검찰도 잇따르는 불특정 다수를 대상으로 한 흉기난동 범죄를 '공중에 대한 테러범죄'로 규정하며 관련 사건을 철저히 수사하겠다고 밝혔다. 또 일반인에 대한 안전을 침해 · 위협하는 '공중협박 행위'를 테러 차원으로 가중처벌할 수 있는 법령 개정이 이뤄질 수 있도록 법무부에 요청하기로 했다. 아울러 온라인으로 살인 등 강력범죄를 예고한 피의자는 원칙적으로 정식 기소하라는 방침을 일선 검찰청에 지시했다.

전문가들 "고위험군 선별 · 개입할 수 있어야"

전문가들은 이상동기 범죄를 예방하기 위한 방안을 제시하면서 '고위험군'을 사전에 선별해 강력하게 개입할 수 있는 장치를 마련하는 게 최우선이라고 조언했다. 김도우 경남대학교 경찰학과 교수는 "묻지마 범죄로 불리는 무동기 · 이상동기 범죄를 저지른 사람은 대부분 사회에 강한 불만이 있다는 게 공통점"이라고 설명했다. 그러면서 지역사회에서 과도하게 폭력적인 성향과 분노를 드러내는 등 정신건강에 어려움을 겪는 사람을 지속적으로 관찰하고 면담해 이들이 극단적 범행을 저지르는 상황에 이르지 않도록 관리가 필요하다고 밝혔다.

▲ 강남역 인근에 배치된 경찰특공대

사전에 이상징후를 포착해 공권력이 적극개입하고 더 큰 범죄로 확대되지 않도록 조치해야 한다는 목소리도 나왔다. 이건수 백석대학교 경찰행정학과 교수는 "112신고가 들어왔을 때 출동으로 끝날 게 아니라 적극적으로 수사하고 범죄이력을 확인해 입건하는 조치가 필요하다"며 "특히 정신건강 고위험군에 대해서는 입원과 치료, 교정이 다 이뤄질 수 있는 시스템을 마련해야 한다"고 강조했다.

다만 처벌수위를 높이는 데 대해서는 효과가 크지 않을 것이라는 쪽으로 전문가들의 의견이 기울었다. '가석방 없는 종신형' 등 엄벌주의가 정치권에서 대안으로 제시되기도 했지만, 이상동기 범죄를 저지르는 피의자들의 특성을 고려하면 처벌수위가 높다고 해서 이들이 범행을 포기하지는 않는다는 것이다. 또 온라인에 살해예고글을 올리는 게시자의 경우에는 '잠재적 위험군'으로 보고 적극적으로 추적 · 검거해 강력하게 처벌해야 한다고 강조했다.

문화 · 미디어

01 '어도어 사태'로 드러난 K팝 시스템의 그늘

개 요 걸그룹 '뉴진스'가 소속된 어도어의 민희진 대표와 모회사 하이브 간의 갈등이 격화했다. 이번 사태는 민 대표의 파격적인 기자회견을 계기로 가요계를 넘어 사회적 관심사로 확산했고, 각국 언론에서도 해당 내용을 보도하며 이목이 쏠렸다. 양측은 서로를 향한 고소 · 고발 난타전을 예고했다.

대학별 기출질문

Q. 서울예대 K-콘텐츠가 전 세계적으로 흥행하는 이유를 설명해보시오.

K팝 키운 멀티레이블 체제 … 포장지 벗겨내니 갈등 잠복

가요계에 따르면 하이브는 빅히트뮤직, 플레디스, 쏘스뮤직, 어도어, 빌리프랩, KOZ 등 여러 레이블을 거느리고 있다. 자회사 격인 각 레이블이 음악 등 콘텐츠 제작을 전담하고, 홍보(PR) · 법무 등 일부 공통기능은 모회사(하이브)에 모여 있는 구조다. 레이블은 회사 운영을 위한 기본적인 인프라를 모회사와 공유해 비용을 절감할 수 있고, 모회사는 업무를 분담할 수 있다는 장점이 있어 최근 다른 기획사에서도 이러한 멀티레이블 체제를 도입하는 추세다.

그런데 민희진 어도어 대표는 2024년 4월 25일 기자회견을 열고 르세라핌(쏘스뮤직) 데뷔과정에서의 충돌이나 아일릿(빌리프랩)이 뉴진스의 콘셉트를 따라 했다는 주장 등을 가감 없이 공개해 일부 레이블 간 갈등을 물 위로 끌어올렸다. 또 하이브가 뉴진스 홍보에 소극적이었으며, 2024년 3월 데뷔한 아일릿 소속사 측이 뉴진스의 성공 공식(포뮬러)과 키(핵심) 안무를 무단으로 사용했다고 주장했다.

▲ 박지원 하이브 대표이사(왼쪽)와 민희진 어도어 대표

반면 하이브는 이러한 주장들에 대해 사실이 아니라고 즉각 반박하고, 민 대표 측이 '노예계약'으로 문제 삼은 '풋옵션(파생금융시장에서 팔 수 있는 권리)' 문제도 해결됐다는 입장을 밝혔다. 민 대표는 자신이 보유한 어도어 지분 18% 중 풋옵션을 행사할 수 없는 약 5%를 문제삼았는데, 이 5%에 '하이브의 허락 없이 제삼자에게 매각하지 못한다'는 조항과 '하이브가 (주식) 우선매수권을 갖는다'는 조항이 적용되면서 하이브의 의지에 따라 경업금지라는 족쇄가 영원히 따라붙는다는 주장이었다. 그러나 하이브는 이에 대해 우선매수권을 가지려는 뜻이었을 뿐이라며 계약서 별지를 추가해 모호한 부분이 없도록 정리하겠다는 뜻을 이미 어도어 측에 명확하게 전달했다는 입장인 것으로 알려졌다.

하이브의 성장통 … K팝 발전할 수 있는 방향으로 해결해야

이번 사안과 직접적인 관련은 없지만 민 대표가 짚어낸 K팝산업의 '그늘'도 생각해볼 사안이라는 시각도 있다. 현재 K팝시장에서는 음반의 판매량을 올리기 위해 여러 버전으로 발매하는 앨범재킷이나 랜덤 포토카드 등 다양한 '미끼 상품'을 넣는 것 외에도 이른바 '밀어내기'를 한다는 의혹이 만연해 있다. 밀어내기란 중간판매상에게 음반물량 일정 부분을 구매하게 해 판매량을 올리는 방법인데, 중간판매상은 이 물량을 소진할 때까지 멤버들을 직접 동원하는 팬사인회 등을 연다. 그렇게 되면 가수도 체력적으로 힘에 부치고, 팬들은 팬사인회에 응모하기 위해 '울며 겨자 먹기'로 음반을 반복 구매하게 된다. 밀어내기를 통한 판매량 올리기를 주요 기획사 제작자가 직접 언급한 사례는 민 대표가 처음이었다.

가요계에서는 사태의 원인인 '배임 의혹'과 '주주 간 계약 갈등'의 기저에 하이브의 급격한 성장에 따른 멀티레이블 체제의 파열음이 있다고 보고, 이를 슬기롭게 해결해야 K팝산업이 한층 더 성숙해질 수 있다는 목소리가 나온다. 김도헌 대중음악평론가는 "민 대표의 발언이 판매자가 아니라 K팝 팬 혹은 소비자 편에 선 것처럼 보여 일부 호응이 있는 것 같다"고 짚었다. 그러면서 "이번 사태는 급격하게 커진 하이브의 성장통"이라며 "내부 역학관계에서 비롯된 이번 문제를 K팝에 발전이 되는 방향으로 해결해야 한다"고 강조했다.

문화 · 미디어

02 문화재청 → 국가유산청 … 미술작품 해외매매도 가능해져

개 요 지난 60여 년간 이어져 온 '문화재'의 명칭과 분류체계가 2024년 5월부터 '국가유산'으로 바뀌게 됐다. 1946년 이후 제작된 미술작품은 별도 제한 없이 해외에서 전시 · 매매가 가능해지고, 유럽에 소재한 우리 문화유산 보존 · 환수를 위한 거점이 프랑스에 마련된다. 문화재청은 이런 내용을 포함해 2024년 추진할 주요 정책 계획을 2월 22일 발표했다.

대학별 기출질문

Q. 한국전통문화대 문화재기본법에 의한 문화재의 정의에 대해 말해보시오.

'문화재' 명칭 대신 '국가유산'으로

문화재청은 2024년 5월 국가유산청으로 명칭을 바꾸고 '국가유산' 체계로의 첫발을 내디뎠다. '국가유산'은 과거 유물이나 재화의 느낌이 강했던 '문화재'라는 용어 대신 과거와 현재, 미래를 아우르는 국제기준인 '유산(遺産, Heritage)' 개념을 적용한 체계다. 최응천 국가유산청장은 2월 22일 정부서울청사 별관에서 열린 주요 정책 추진계획 브리핑에서 국가유산에 대해 "국가가 책임지고 모든 유산을 관리 · 총괄하겠다는 의미가 담긴 것"이라고 의미를 부여했다. 이에 따라 문화재청은 관련 법 체계와 제도를 정비해 기존의 문화재를 '문화유산', '자연유산', '무형유산'으로 나누고, 내부조직을 개편해 5월 17일 '국가유산청'을 출범시켰다.

▲ 주요 정책 추진계획 브리핑하는 최응천 국가유산청장

각 유산의 특성에 맞는 보존 · 전승 활동도 지원한다. 전통재료 수급의 안정적 관리를 위해 2024년 9월 경북 봉화에 '국가유산수리재료센터(가칭)'를 개관하고 기와, 한지 등의 품질과 제작공정을 평가하는 인증제를 시행한다. 천연기념물, 명승, 지질유산을 관리하기 위한 '국립자연유산원' 설립도 추진한다. 무형유산 분야에서는 전통의 맥이 잘 보존될 수 있도록 전승기반을 확대한다. 국가유산청에 따르면 현재 국가무형유산보유자 174명 가운데 70세 이상은 127명으로 평균연령이 74.6세에 달한다. 이에 국가유산청은 관련법을 개정해 보유자 아래단계인 전승교육사 인정을 위한 조사대상을 보유자가 추천한 이수자뿐 아니라 일반전승자까지 포함되도록 범위를 넓힐 계획이다.

해외반출제도·예비문화유산제도도 새롭게 시행

미술계의 지적이 잇달았던 해외반출제도도 손본다. 그동안 일반동산문화유산에 포함된 일부 미술작품은 국외로 반출하거나 매매가 제한돼 국내외 시장변화에 대응하지 못한다는 의견이 꾸준히 나왔다. 일반동산문화유산은 제작한 지 50년 이상 지났으며 상태가 양호하고 역사적 · 예술적 · 학술적 가치를 지닌 문화유산 중 희소성이나 명확성, 특이성, 시대성이 있다고 판단하는 사례다. 국가유산청은 연내에 법 절차를 개정해 1946년 이후 제작된 미술작품 등은 어떠한 제한 없이 해외로 내보내거나 전시 · 매매할 수 있도록 할 방침이다. 국가유산청 관계자는 "연구용역 결과, 해방 이후 (미술)작품 수가 많이 늘어난 것으로 파악된다"며 "작품 수, 미술시장 형성, 전업작가 등장 등을 고려해 기준점을 1946년으로 정했다"고 설명했다.

국외 소재 한국 문화유산

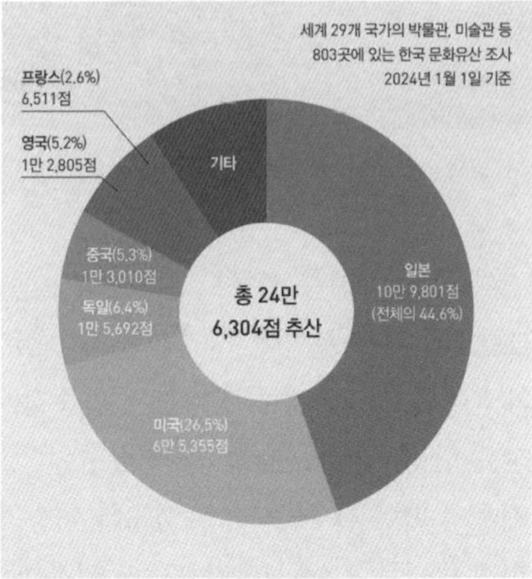

자료 / 국가유산청, 국외소재문화재재단

또 2024년 하반기에는 1988년 서울올림픽 당시 전 세계의 주목을 받은 굴렁쇠, 국내 최초의 스마트폰 등 제작되거나 형성된 지 50년이 지나지 않은 문화유산을 보존 · 관리할 수 있도록 한 '예비문화유산' 제도도 9월부터 새롭게 시행된다. 국가유산청은 5월 한 달간 '근현대 예비문화유산 찾기' 공모전 및 설문조사를 실시해 생활유산과 산업, 문화예술 등 다양한 분야에서 총 361건(13,195점)의 근현대 문화유산을 접수받았다. 국가유산청은 공모전 선정작을 포함해 소유자의 신청을 받아 현지조사 검토와 문화유산위원회의 심의를 거쳐 최종 선정한다. 아울러 외교선물이나 기증, 매매, 불법유출 등 다양한 이유로 세계 곳곳에 퍼진 K-문화유산을 보존하고 활용하는 데도 힘 쏟을 계획이다. 특히 국외 소재 문화유산의 약 20%가 모여 있는 유럽에서 현지조사 및 보존 · 활용 논의 등을 원활하게 할 수 있도록 프랑스 파리에 현지사무소 등 거점을 마련할 방침이다.

문화 · 미디어

03 세계 영화계서 주목받은 한국계 이민자 콘텐츠

개 요 한국계 배우 · 감독이 주축이 된 넷플릭스 시리즈 〈성난 사람들〉과 영화 〈패스트 라이브즈〉가 골든글로브 · 에미상을 비롯해 2023~2024년 주요 시상식에서 상을 휩쓸었다. 할리우드를 중심으로 다양성을 추구하는 분위기가 강해진 데다 K-콘텐츠가 세계적으로 흥행한 데 힘입은 결과라는 분석이 나왔다.

대학별 기출질문

Q. 명지대 K-콘텐츠가 인기가 많은 이유는 무엇인가?

Q. 서울예대 최근 K-드라마, K팝이 세계적인 인기를 끌고 있는데, 이와 관련하여 K-콘텐츠의 해외 발전방안을 제시해보시오.

K-콘텐츠, 미국·유럽이 추구하는 '다양성'과 맞아떨어져

2024년 넷플릭스 시리즈 〈성난 사람들〉과 영화 〈패스트 라이브즈〉 두 작품이 세계 영화계의 주목을 받은 것은 이른바 '코리안 디아스포라(한국인 이민자)' 콘텐츠가 주류 문화계에서도 주목받고 있다는 방증으로 풀이됐다. 한국계 이민자 콘텐츠가 본격적으로 조명된 첫 사례는 정이삭(리 아이작 정) 감독의 영화 〈미나리〉(2021)다. 정 감독이 자전적 이야기를 바탕으로 각본을 쓰고 연출한 이 작품은 1980년 미국 아칸소로 이주한 한인가정이 겪는 일을 그렸다. 윤여정 배우는 이 작품을 통해 한국 배우로는 최초로 미국 아카데미(오스카) 여우조연상을 수상했으며, 영국 아카데미 여우조연상과 미국배우조합상(SAG) 등 다른 굵직한 시상식에서도 수상했다.

▲ 에미상에서 수상한 스티븐 연(왼쪽)과 이성진 감독

그러나 당시 골든글로브는 미국 영화인 〈미나리〉를 한국어로 극이 전개된다는 이유로 작품상이 아닌 외국어영화상 부문 후보에 올려 아시아계 작품 홀대 논란이 일기도 했다. 이에 골든글로브는 2024년 심사위원 규모를 기존의 3배로 늘리고 이들의 출신 국가와 성별, 인종을 다양화하며 쇄신에 들어갔다. 그 결과 한국계 이성진 감독이 연출한 〈성난 사람들〉은 TV미니시리즈 부문 작품상, 남우주연상(스티븐 연), 여우주연상(앨리 웡)을 가져갔다. 또 비록 수상에는 실패했으나 한국계 캐나다인 신인감독 셀린 송의 영화 〈패스트 라이브즈〉도 5개 부문의 후보로 지명되는 파란을 일으켰다.

몇 년 전만 해도 비주류로 분류되던 이런 작품들이 평단의 마음을 사로잡을 수 있었던 건 최근 콘텐츠업계의 화두로 떠오른 '다양성'에 알맞은 콘텐츠여서라는 분석이 나온다. 한 업계 관계자는 "미국 주류사회에서 갈수록 문화적 다양성을 중요시하고 있다는 점은 분명한 것 같다"며 "가장 보수적이라고 평가받던 골든글로브까지도 〈성난 사람들〉에 상을 준 건 변화의 정점"이라고 평가했다. 〈미나리〉의 국내 배급사인 판씨네마 관계자도 "미국과 유럽이 추구하는 다양성이라는 가치가 한국계 콘텐츠의 특징과 맞아떨어진다"고 짚었다. 이어 "아카데미는 윤여정 배우에게 여우조연상을 수여한 이듬해에는 〈코다〉에 출연한 청각장애인 배우에게 남우조연상을 줬다"면서 "미국과 유럽에서 이민자, 장애인, 소수 인종 등으로 다양성을 넓히고 있다는 의미"라고 설명했다.

▲ 셀린 송 감독

<오징어 게임>, K팝 등으로 한국 친숙해져

이처럼 최근 한국계 콘텐츠가 주요 국제시상식에서 주목받는 이유로 세계적으로 흥행한 K-콘텐츠 덕분에 한국에 대한 인지도와 친밀도가 높아졌다는 점이 거론된다. 한국이 더는 낯선 나라로 인식되지 않아 자연스럽게 한국인의 이야기를 받아들일 수 있게 됐다는 것이다. 봉준호 감독의 영화 〈기생충〉(2020년)이 오스카 작품상 등 4관왕을 차지한 데 이어 이듬해에는 넷플릭스 시리즈 〈오징어 게임〉이 신드롬급 인기를 누렸다. 그 이전부터는 방탄소년단(BTS), 블랙핑크 등 K팝 그룹이 빌보드 메인앨범 · 싱글차트를 휩쓸며 '한국 홍보대사' 역할을 톡톡히 했다.

인물과 배경 등은 한국적 색채가 강하지만, 주제는 보편적이어서 공감을 끌어내는 콘텐츠 자체의 강점도 있다. 한 영화계 관계자는 "〈미나리〉는 이민자가 많은 미국 사람이 공감할 수 있는 이주가정 이야기고, 〈패스트 라이브즈〉는 사랑하지만 계속해서 엇갈리는 사람들의 이야기"라며 "인종, 언어에 상관없이 누구에게나 소구점이 있는 스토리"라고 평했다. 윤성은 영화평론가는 "(〈성난 사람들〉은) 에피소드 하나하나는 분노, 빈부격차 같은 보편적인 맥락에서 크게 벗어나지 않는다"면서 "콘텐츠 자체가 재밌고 웰메이드라는 것도 무시할 수 없다"고 강조했다.

문화·미디어

04 프로야구 유무선 유료 전환 … 중계 넘어 콘텐츠 경쟁으로

개 요 인터넷과 스마트폰, 태블릿 PC 등 유무선 기기로 프로야구를 무료로 관전하던 시대가 끝나고 유료시대가 막을 올렸다. 프로야구를 주관하는 한국야구위원회(KBO)는 CJ ENM과 2024~2026년 3년 동안 KBO리그 유무선 중계방송권 계약을 체결하고, 2024년부터 CJ ENM의 온라인동영상서비스(OTT)인 티빙(TVING)을 통해 유무선 중계방송을 실시한다고 3월 4일 발표했다.

KBO, CJ ENM과 3년 1,350억원에 계약

한국야구위원회(KBO)에 따르면 CJ ENM과의 계약규모는 3년간 총 1,350억원(연평균 450억원)으로 국내 프로스포츠 사상 최대이며 종전계약(5년간 1,100억원, 연평균 220억원)보다 연평균 금액이 두 배 이상 증가했다. CJ ENM은 이번 계약으로 3년간 KBO리그 전 경기의 국내 유무선 중계방송과 중계방송권 재판매의 독점적 권리를 보유하게 됐다.

앞서 KBO 사무국은 CJ ENM을 유무선 중계방송권 우선협상 대상자로 선정해 50일간 협상한 끝에 최종합의에 도달했다. 기존 통신 · 포털 연합이 유무선 중계권을 보유했을 때 프로야구 시청자들은 인터넷과 스마트폰을 통해 공짜로 경기를 볼 수 있었으나, 2024년부터는 돈을 내고 프로야구 경기를 봐야 한다. 프로스포츠 콘텐츠의 유료시청은 더는 거스를 수 없는 세계적인 대세가 됐다.

CJ ENM은 3월 9일 개막한 시범경기를 포함해 3월 23일 시작된 정규리그 개막전부터 4월 30일까지 티빙(TVING) 서비스에 회원가입한 이용자들을 대상으로 KBO리그를 무료로 시청할 수 있는 특별이벤트를 진행한다고 밝혔다. 무료이벤트 기간이 끝난 5월 1일부터는 티빙 이용권을 구매해야 정규리그와 포스트시즌 전 경기를 볼 수 있다. 또한 TV 중계권 방송사가 제작하지 않는 시범경기를 직접 제작하고 티빙을 통해 송출한다. 다만 생중계서비스를 제외한 전체 경기 다시보기, 전 경기 하이라이트, 주문형비디오(VOD), 문자 그래픽 중계 등의 서비스는 티빙에서 모두 무료로 제공한다.

SNS서 경기영상 자유롭게 이용 가능 … 콘텐츠 경쟁 시대

돈을 내고 프로야구를 보는 대신에 콘텐츠 활용 폭은 훨씬 넓어졌다. KBO 사무국은 야구를 사랑하는 팬 누구나 40초 미만 분량의 경기 쇼츠영상을 유튜브, 인스타그램 등 모든 소셜미디어(SNS) 플랫폼에서 자유롭게 활용할 수 있게 됐다고 설명했다. 야구팬들이 각종 '밈'과 '움짤(움직이는 이미지)'을 적극적으로 생산할 수 있는 토대가 마련돼 KBO 사무국과 각 구단은 이를 통해 신규 야구팬들의 접근성이 좋아져 다채로운 영상활용을 통한 인기 상승을 기대하고 있다.

한편 스포츠 중계시장에 뛰어든 국내 온라인동영상서비스(OTT)가 젊은 스포츠 팬들을 겨냥한 종합 엔터테인먼트 콘텐츠를 통해 유료화에 대한 비판을 넘어서고 있다. 티빙은 다소 불안정한 중계로 빈축을 샀던 초반 시범경기 때와 달리 정규시즌 개막 후에는 안정적인 중계서비스를 선보였으며, 투구의 초속 · 중속, 회전방향 등 통계결과를 제공하고 4D캠으로 양 팀의 투구자세를 비교하는 '투구 트래킹 데이터' 등의 콘텐츠를 제공하며 야구팬들을 끌어모았다. 경기 한 시간 전부터 진행되는 프리뷰쇼부터 당일 경기를 캐스터와 패널이 함께 짚어보는 리뷰쇼, 홈플레이트 뒤편에서 생생한 분위기를 전하는 퇴근길 라이브도 인기를 끌었다.

▲ 2023년 한국시리즈 5차전 경기

쿠팡플레이는 오리지널 콘텐츠 '쿠플픽'을 통해 프로축구 리그인 K리그 중계에 최첨단 장비와 기술을 활용, 패스 분포도 등 분석 데이터를 제공하고 화려한 게스트와 함께 예능적 볼거리를 더해 전문성과 재미를 모두 잡았다는 평가를 받았다. 일반적으로 축구 중계방송은 전반전 종료 후 하프타임 15분간 광고를 송출하지만, 쿠플픽의 경우 경기 1시간 15분 전부터 프리뷰쇼를 방송하고 하프타임에는 하프타임쇼를 진행하는 등 시청경험을 다각화하고 있다. 또 시의성에 적합한 게스트 선정, 축구 크리에이터 지원, 재치 있는 엔딩곡 설정, 실시간 채팅기능 지원 등을 통해 스포츠 콘텐츠를 종합 엔터테인먼트 콘텐츠로 진화시키기 위해 노력하고 있다. 한 OTT업계 관계자는 "기존 TV로 보던 중계를 OTT에서 보면서 장소, 시간 등 제약 없이 인터랙티브한 시청경험을 누릴 수 있게 됐다"며 "개개인이 좋아하는 종목, 팀, 선수에 따라 세분된 콘텐츠 소비가 트렌드"라고 말했다.

05 ‘낙서테러’ 경복궁 복구 완료 … “당사자에 모든 비용 청구”

개 요 2023년 12월 두 차례에 걸쳐 스프레이 낙서로 훼손된 경복궁 담장을 복구하는 데 최소 1억원 이상 쓰인 것으로 추산됐다. 국가유산청은 가벼운 마음에서 한 낙서라 하더라도 국가유산(문화재)에 심각한 영향을 줄 수 있다는 점에서 강력히 대응하는 한편 재발방지에도 힘을 쏟기로 했다.

대학별 기출질문

Q. 한국전통문화대 최근 문화재 관련 법 또는 정책이 시행되고 있는 것과 관련해 주요 쟁점이나 동향을 설명하고 이에 따른 영향을 말해보시오.

장비·물품 비용만 2,200만원 … 총비용은 1억원 추산

▲ 복구작업 상황 브리핑하는 최응천 국가유산청장

2024년 1월 4일 경복궁 영추문과 국립고궁박물관 쪽문 주변에 설치했던 가림막이 제거되고 낙서제거 및 긴급 보존처리 작업을 마친 담장이 공개됐다. 국가유산청은 복구작업에 들어간 비용을 감정평가 전문기관에 의뢰해 낙서를 한 당사자에게 손해배상을 청구할 계획이다. 지난 2020년 ‘문화재보호법(국가유산기본법)’을 개정해 관련 규정을 마련한 이후 첫 사례다.

국가유산청에 따르면 총 8일간 낙서제거 작업에 투입된 인원과 작업기간을 계산한 연인원은 234명, 하루 평균 29.3명이 투입된 것으로 조사됐다. 스팀세척기, 레이저 세척기 등 세척 전문장비를 빌리는 데 946만원이 쓰였고, 작업에 필요한 방진복, 장갑, 작업화 등 용품비용으로 약 1,207만원이 든 것으로 집계됐다. 스프레이 낙서흔적을 지우기 위한 물품비용으로만 2,153만원이 쓰인 셈이다. 문화유산 분야에서 인력이나 장비가격을 산정할 때 참고하는 '국가유산수리 표준품셈' 등을 고려하면 보존과학 분야 인력의 하루 일당은 31만원이라고 국가유산청은 전했다.

고정주 경복궁관리소장은 "보존처리를 담당한 전문인력과 가림막 설치를 담당한 직영보수단의 인건비와 재료비 등을 고려하면 (전체 비용은) 1억여 원으로 추산된다"고 말했다. 고 소장은 "수사상황 등을 지켜보며 (경찰에 붙잡힌) 10대 미성년자와 공범, 추가 범행을 저지른 자 등에 손해배상을 청구할 것"이라고 강조했다. 통상적인 절차를 고려하면 손해배상 청구는 수사나 재판이 끝난 뒤 이뤄질 것으로 전망된다. 경복궁 측은 법무법인에 자문해 손해배상 청구절차, 인건비 계산 범위, 비슷한 사례나 판결 결과 등도 검토했다.

당사자에 손해배상 청구 … 국가유산 안전관리 강화

두 차례의 '낙서테러'로 피해를 본 담장은 총 36.2m구간에 달한다. 경복궁 서측의 영추문 육축(陸築, 성문을 축조하기 위해 커다란 돌로 만든 구조물)의 12.1m와 국립고궁박물관 주변 쪽문 일대 24.1m가 붉은색과 푸른색 스프레이로 뒤덮여 훼손됐다. 긴급 보존처리 작업을 거쳐 스프레이 흔적은 대부분 지워졌으며, 1월 진행된 긴급 복구작업에서 전체 복구과정의 80% 정도를 마쳤다. 동절기에 무리하게 작업할 경우 담장에 영향을 줄 수 있는 만큼 국가유산청은 표면상태를 살펴본 뒤 날씨가 풀린 4월 17일부터 미세하게 남은 낙서 흔적을 지우고 보존처리 작업에 나섰다.

국가유산청은 향후 비슷한 일이 발생하지 않도록 주요 문화유산의 안전관리를 강화하는 내용의 대책도 발표했다. 경복궁은 인적이 드문 야간시간대 자율적으로 2~4회 이뤄지던 순찰을 8회로 확대하고, 외곽 담장 주변을 비추는 폐쇄회로(CC)TV는 14대에서 34대로 늘릴 방침이다. 창덕궁 21대, 창경궁 15대, 덕수궁 15대, 종묘 25대, 사직단 14대 등까지 포함하면 2025년까지 주요 궁궐, 종묘, 왕릉에 총 110대의 CCTV가 설치될 예정이다.

▲ 경복궁 서쪽 담벼락에 적힌 스프레이 낙서

또 국가유산청은 각 지방자치단체와 함께 2월까지 낙서훼손에 취약할 것으로 우려되는 부분이나 CCTV 사각지대를 확인해 매달 점검한다고 밝혔다. 아울러 문화유산 훼손을 막기 위해서는 인식개선이 중요하다고 보고 국민신문고와 연계해 운영 중인 '국가유산 훼손신고(1661-9112)' 제도를 널리 알리고, 신고자에 포상금을 지급하는 포상제도 등도 검토한다는 계획이다.

과학 · IT

01 네이버 지우기 나선 '라인', 일본기업 현실화되나

개 요 일본 정부의 압박으로 소프트뱅크가 네이버의 라인야후 지분 인수에 나서면서 네이버가 13년 동안 세계적 메신저로 키워낸 라인의 경영권이 일본에 넘어갈지 업계의 시선이 쏠렸다. 만약 라인 경영권이 소프트뱅크로 넘어갈 경우 일본, 대만, 태국, 인도네시아 등 이용자가 2억명에 달하는 아시아 시장을 잃을 수 있다는 전망이 나왔다.

소프트뱅크, 네이버 보유 주식 매입 추진

2024년 4월 25일 교도통신 등 일본 언론에 따르면 소프트뱅크는 정보유출 문제로 일본 정부로부터 행정지도를 받은 라인 운영사 라인야후의 중간지주사 A홀딩스 주식을 네이버로부터 매입하기 위한 협의를 추진하고 있는 것으로 알려졌다. 네이버와 소프트뱅크는 라인야후 대주주인 A홀딩스 주식을 각각 50%씩 보유하고 있어 양사가 라인야후의 실질적인 모회사다. 만약 소프트뱅크가 네이버로부터 A홀딩스 주식을 한 주만 더 인수해도 독자적인 대주주가 됨에 따라 네이버는 13년 전 출시해 세계적 메신저로 키워낸 라인의 경영권을 잃을 수 있다.

라인은 현재 일본에서 한 달에 1번 이상 이용하는 사람 수가 9,600만명에 달할 정도로 '국민 메신저'로 성장했다. 또 경쟁메신저인 카카오톡의 진출이 미진한 태국(5,500만명), 대만(2,200만명), 인도네시아(600만명)에서도 압도적인 점유율을 자랑하는 등 전세계 이용자가 2억명에 달한다. 그러나 정보유출 사건 이후 일본 정부가 라인야후의 네이버에 대한 과도한 의존을 문제 삼기 시작하면서 경영권에 대한 우려가 나왔다.

앞선 2023년 11월 네이버 클라우드가 사이버 공격으로 인해 악성코드에 감염돼 일부 내부 시스템을 공유하던 라인야후에서 개인정보 유출이 발생하자 일본 총무성은 사이버보안 강화를 요구하는 행정지도를 2024년 3월과 4월 두 차례 실시했다. 특히 행정지도에 '자본관계 재검토' 요구가 포함돼 일본이 이번 사태를 계기로 라인야후 경영권을 빼앗으려는 것이 아니냐는 의혹이 제기되며 논란이 확산했다.

네이버, 라인 매각 시 해외 사업 차질 우려

이데자와 다케시 라인야후 최고경영자(CEO)는 5월 8일 라인야후 결산설명회에서 "(우리는) 모회사 자본변경에 대해 강하게 요청하고 있다"며 "소프트뱅크가 가장 많은 지분을 취하는 형태로 변화한다는 대전제를 깔고 있다"고 설명했다. 이는 라인야후 모회사인 A홀딩스의 지분 50%를 보유한 네이버에 대주주 자리를 소프트뱅크에 넘기라는 요청으로 받아들여졌다. 라인야후는 '라인의 아버지'로 불리는 네이버 출신 신중호 최고제품책임자(CPO)를 라인야후 이사회에서 제외하고, 네이버와 기술적인 협력관계에서도 독립을 추진하겠다고 밝혀 향후 라인야후에 대한 네이버의 영향력도 줄어들 것으로 전망됐다.

전문가들 사이에서는 네이버가 지분매각을 통해 자금을 확보할 경우 인수·합병(M&A)과 인공지능(AI) 등 신사업에 투자할 여력이 생길 수 있지만, 눈앞의 이익보다 장기적인 국내외 사업 전략과 관련한 득실을 따져야 한다는 주장이 나왔다. 라인야후 지분 매각은 곧 아시아 시장에서 메신저, 인터넷은행, 캐릭터 사업 등을 키울 교두보를 잃는 것이기 때문이다. 당장 라인야후와 관계가 단절되면 디지털라이제이션과 클라우드 전환이 본격화되고 있는 일본 IT시장에서 네이버가 성장할 기회를 놓치게 되고, 동남아 시장 확장기회마저 소프트뱅크에 넘어가게 될 가능성도 있다.

한편 미국의 '구글'과 중국의 '틱톡' 등 플랫폼이 국익 차원의 문제로 다뤄지고 있는 만큼 우리 정부가 이번 사태에 관심을 가져야 한다는 지적도 나왔다. 중앙대 위정현 다빈치가상대학장(한국게임학회장)은 "미국의 중국 틱톡 때리기나 구글코리아 보호 움직임에서 볼 수 있듯 플랫폼은 장기적인 국익 차원의 문제가 됐다"며 "우리 정부도 라인야후 사태에 관심을 갖고 있으며 심각성을 인지하고 있다는 입장을 표명할 필요가 있다"고 강조했다.

특히 최근 전 세계에서는 데이터 소유 및 활용과 관련해 '디지털 주권(데이터 주권)'을 주목하고 있다. 기업들은 장기간 축적한 데이터를 이용해 새로운 사업 및 서비스를 개발할 수 있고, 이를 다시 사용자에게 제공함으로써 막대한 수익을 창출할 수 있기 때문이다. 나아가 디지털 주권은 향후 국가 안보와 AI 기술, 미래 국가 경쟁력을 좌우할 핵심요소로 꼽히고 있어 디지털 주권을 확보하기 위한 국제 분쟁 역시 증가하는 추세다. 이에 따라 이번 사태를 계기로 우리 정부가 디지털 주권을 보호하기 명확한 기준과 대책을 마련해야 한다는 목소리가 커졌다.

과학·IT

02 뉴스페이스 시대에 발맞춰 '우주항공청' 출범

개 요 2024년 5월 27일 개청한 우주항공청의 윤영빈 초대청장은 앞선 5월 2일 내정 후 첫 기자간담회에서 민간이 우주개발을 주도하는 '뉴스페이스' 시대를 여는 것을 우주항공청의 최대 역할로 내세웠다.

대학별 기출질문

Q. 인하대 가상의 외계 행성에 정착하여 자원을 채굴하고 에너지를 생산하며, 지속가능한 문명을 이루어내기 위한 탐사계획을 세워보시오.

윤영빈 우주청장 "우주사업 주역 맡을 기업 키울 것"

윤영빈 우주항공청(우주청) 초대청장은 2024년 5월 2일 내정 후 처음 진행된 기자간담회에서 "지금까지 기업은 우주 분야에서 사업을 통해 용역을 받는 부분적 역할이었다"며 "기업을 키워내야 세계적인 우주산업을 육성할 수 있다"고 강조했다. 이어 그는 다른 나라와 비교해 뒤처지고 있는 우리나라 우주개발의 현실을 지적하고, "얼마나 빨리 쫓아가느냐가 경쟁력"이라며 "그런 마인드를 가진 민간기업이 있다면 그 기업이 우주항공청의 관심을 받을 기업"이라고 말했다.

윤 초대청장은 "(주요 연구임무를 맡을) 부문장 역할이 매우 중요하다고 생각한다"며 부문장 인선에는 다소 시간이 걸릴 것이라고 말했다. 또 우주청 산하로 이전되는 한국항공우주연구원(항우연)과 한국천문연구원에 대해서는 "장기적 계획이나 역할에 있어 역할이 매우 중요하고 당연히 한 팀이 돼야 한다고 생각한다"면서 "서로 협업하고 새롭게 일을 진행할 수 있도록 체제를 마련할 계획"이라고 밝혔다.

▲ 윤영빈 초대청장(왼쪽), 존 리 임무본부장, 노경원 차장

미국 항공우주국(NASA) 출신으로 우주청의 연구개발(R&D)을 총괄하게 된 존 리 임무본부장은 협력적 조직문화를 만들어 '원팀'을 구성하겠다며 직원들이 우주청 전체의 목표를 지향하는 큰 그림을 보길 바란다고 강조했다. 노경원 우주청 차장은 "전문가들과 우주청 비전과 임무, 주요 사업에 대한 전략기획과 검토과정에 있다"며 "준비되면 우주청이 출범한 후 정리해 발표할 수 있을 것"이라고 말했다.

민간이 주도하는 뉴스페이스 시대 … 한국은 어디?

인류가 인공위성을 쏘아 올리기 시작한 1950년대 중반부터 수십년 동안 우주개발은 몇몇 강대국의 국가적 사업이었다. 국가위상 제고나 과학지식 등을 얻겠다는 목표를 가지고 정부자금으로 정부 주도의 장기 프로젝트로 우주개발에 나섰던 이러한 시기를 '올드스페이스'라고 한다. 특히 미국과 구소련이 유인 우주선 개발과 달 착륙 등으로 경쟁하던 냉전시대의 우주개발은 체제경쟁을 위한 대리전과 같은 성격이었기에 큰 비용을 들여서라도 가시적 결과를 내는 방향으로 진행됐다. 그러다 구소련이 붕괴하고 냉전이 종식되면서 점차 민간이 우주개발을 주도하는 '뉴스페이스' 시대로 변화하게 됐다.

▲ 이노스페이스의 한빛-TLV 비행모델

안형준 과학기술정책연구원(STEPI) 국가우주정책연구센터 팀장은 "뉴스페이스 시대에는 민간자본을 활용해 우주개발사업을 추진함으로써 경제성을 중시하는 것이 큰 특징"이라고 설명했다. 안 팀장은 미국 우주기업 스페이스X를 사례로 소개하며 정부 주도 우주개발에 소수 전문기업이 참여하는 초기 단계에서 정부는 투자역할을 맡고 그 범위에서 민간이 개발하는 단계를 거쳐 정부의 개입이나 지원 없이 민간이 개발한 우주서비스를 정부가 구매하는 단계로 변화했다고 분석했다. 또 우리나라는 현재 정부 주도 민간계약 단계에서 정부투자 · 민간개발 단계로 넘어가는 이행기 정도에 있다고 덧붙였다.

실제 그간 과학기술정보통신부와 항우연 주도로 발사된 한국형 발사체 누리호는 한화에어로스페이스가 기술을 이어받아 2025년 4차 발사부터 주도적으로 발사를 진행한다. 우주 스타트업인 이노스페이스는 독자개발한 엔진을 탑재한 국내 첫 민간 시험발사체 한빛-TLV를 2023년 3월 브라질 알칸타라 우주센터에서 발사에 성공한 데 이어 2025년에는 위성을 싣고 첫 상용발사에 나설 계획이다. 발사체뿐 아니라 인공위성 개발과 위성이 수집한 데이터 활용에서도 나라스페이스테크놀로지, 루미르, 카이로스페이스 등 많은 기업이 활약하고 있다. 이처럼 민간 주도의 뉴스페이스가 확립되고 나면 정부는 보다 한 차원 높은 우주개발과 연구에 집중하겠다는 계획이다.

과학 · IT

03 또 터진 정부 행정망 사고, 국민은 불안할 뿐

개 요 세계 최고수준의 디지털정부를 표방했던 우리나라의 위상이 일련의 전산망 장애사태로 끝 모를 추락위기에 놓였다. 정부의 온라인 민원서비스를 제공하는 '정부24'에서 타인의 민원서류가 발급되는 오류가 발생해 다수의 개인정보가 유출된 것이 뒤늦게 밝혀진 것이다. 행정안전부에 따르면 2024년 4월 초 정부24에서 성적증명서 및 납세증명서 등을 발급받을 때 민감한 개인정보가 담긴 타인의 서류가 발급되는 오류가 발생했다. 2023년부터 반복되는 행정전산망 사고에 국민 불안이 커지고 있다.

정부24에서 개인정보 유출 사고, 뒤늦게 알려져

행정안전부(행안부)가 2023년에 이어 2024년 또다시 발생한 행정전산망 오류 사고를 뒤늦게 발표했다. 정확한 유출규모나 유출시기, 원인 등은 밝히지 않아 구체적 내용은 확인되지 않았지만, 일부 매체의 1,400건이라는 보도에 대해 "그것보다는 적다"고 행안부가 밝힌 점을 미뤄볼 때 유출규모가 1,000건 내외일 것으로 보인다. 그러나 정부 행정망과 관련한 이런저런 사건사고가 끊이지 않고 있는 것은 우려를 낳을 만한 문제다.

행안부는 개인정보 유출 사고에 대해 "시스템 점검을 통해 연계 시스템상 오류 등으로 일부 민원증명서가 오발급된 사실을 확인했다"며 "오발급된 민원서류는 즉시 삭제했고, 관련 절차대로 당사자들에게 이런 사실을 신속히 알렸다"고 설명했다. 그러면서 당시 오류원인을 파악해 시스템 수정 및 보완을 했고, 이후 서류가 정상발급되고 있다고 밝혔다.

행안부의 설명대로라면 일시적이거나 단순한 오류에 기인한 사고일 수도 있으나 이를 단순한 사고로 가볍게 넘길 일은 아니다. 앞서 2023년 6월 개통한 교육부의 4세대 교육행정정보시스템(NEIS)의 잦은 오류가 문제가 된 바 있고, 같은 해 11월에는 행정전산망 장애로 읍면동 주민센터의 민원서비스가 한때 전면중단되는 등 일대 혼란에 빠지기도 했다. 이어 조달청 국가종합전자조달시스템인 '나라장터'에서도 1시간 동안 사이트가 작동하지 않아 이용자들이 큰 불편을 겪었다.

또 2024년 2월 개통한 지방세와 세외수입 업무처리를 하는 차세대 지방세입정보시스템도 개통 후 한 달 넘게 크고 작은 오류가 반복되며 국민과 공무원들에게 불편을 끼쳤다. 이처럼 정부 전산망에 크고 작은 오류가 이어지며 신뢰를 떨어뜨리는 상황에서 이를 이용하는 국민들은 불안해하지 않을 수 없다.

디지털정부 자처한다면 시스템 꼼꼼히 살펴야

이번 개인정보 유출 사고 이후 행안부의 사후대처가 적절했는지도 짚어볼 문제다. 유출 사고 직후 행안부가 해당 사실을 구체적으로 언론에 먼저 공개한 내용은 없었다. 그러나 윤석열 정부가 디지털정부를 표방하고 있는 만큼 정보투명성이 높아져야 함은 두말할 필요가 없다. 정보통신(IT) 분야 전문가들은 행정망과 관련한 일련의 사태를 두고 설비부터 관리까지 본질적인 부분을 돌아봐야 한다며 국가 행정전산망 시스템이 문제없이 가동하기 위해 서버와 프로그램에 대한 정기점검, 운영과 오류대응 내용이 담긴 매뉴얼 마련, 이중화된 복구시스템 채비 등 기본적인 관리가 제대로 이뤄지고 있는지 확인해야 한다고 조언했다.

한편 개인정보보호위원회는 이번 개인정보 유출 사고와 관련해 행안부를 대상으로 신고절차의 위법성 여부와 유출규모 등을 들여다보고 있다고 밝혔다. 조사관을 배정하고 현장조사를 벌이는 한편 관련 자료 제출을 요구하는 등 구체적인 개인정보 유출규모와 경위 등을 파악할 방침으로 알려졌다. 사고 이후 신고과정이 적절했는지도 확인할 것으로 전해졌다. 전문가들은 철저한 조사를 바탕으로 재발방지 등 필요한 후속조처를 다 해야 하며, 사고원인이 운영상의 실수인지 시스템의 문제인지 꼼꼼히 확인하고 책임소재를 규명하는 한편, 시스템 전반의 허점 여부를 재점검하는 계기로 삼아야 한다고 덧붙였다.

04 '살 빼는 약' 임상 성공 … 바이킹테라퓨틱스 주가 급등

개 요 2023년 12월 국제학술지 사이언스(Science)가 한 해 가장 주목할 만한 연구성과로 선정하는 '2023 올해의 혁신'에 장에서 분비되는 인슐린 분비 조절 호르몬인 '글루카곤 유사 펩티드-1(GLP-1, Glucagonlike peptide-1)' 기반의 비만치료제를 뽑는 등 세계가 '살 빼는 약' 개발에 집중하고 있다. 이런 가운데 자사 비만치료제 임상시험 성공소식을 밝힌 미국 바이오제약업체 바이킹테라퓨틱스 주가가 2024년 2월 들어 120% 넘게 급등했다.

대학별 기출질문

Q. 숙명여대 신약개발연구원이 지켜야 할 윤리가 무엇이라고 생각하는가?

바이킹테라퓨틱스, 일라이릴리·노보노디스크에 도전

CNBC방송 등에 따르면 바이킹테라퓨틱스는 2024년 2월 27일(현지시간) 비만 · 과체중 환자 170여 명을 대상으로 임상 2상을 진행한 결과 신약후보 물질 'VK2735'를 복용한 사람의 체중이 13주 후 최대 14.7% 빠졌다는 초기 결과가 나왔고, 복용자의 최대 88%는 몸무게가 적어도 10% 빠졌다고 밝혔다. 비록 임상시험 규모가 상대적으로 작다는 점이 걸림돌이기는 하지만 임상시험 중간결과가 매우 고무적이라는 평가다.

이 결과에 대해 바이킹테라퓨틱스는 13주 이후 체중 감소세가 정체된다는 증거가 없다면서 복용기간을 늘릴 경우 체중이 더 빠질 것으로 기대하고 있으며, 안전성이 고무적이고 부작용도 낮다고 평가했다. 아울러 향후 의학 콘퍼런스에서 임상 2상 전체자료를 공개할 예정이며, 규모를 키운 3차 임상도 필요한 상황이지만, 일단 신약개발 진척을 위해 미국 식품의약처(FDA)와도 논의할 계획이라고 설명했다.

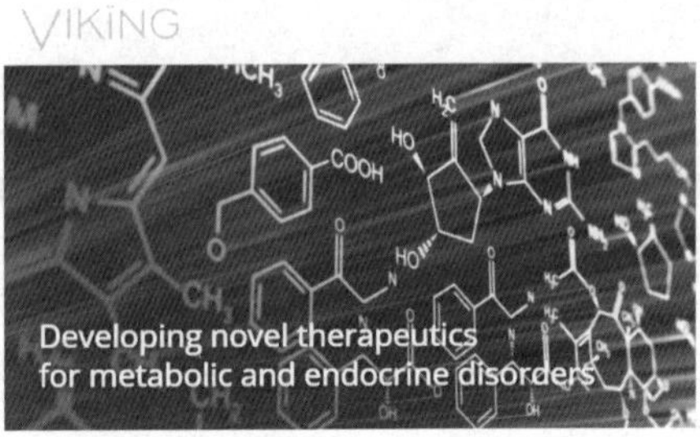

▲ 바이킹테라퓨틱스 로고

살 빼는 약 시장은 2020년대 말까지 1,000억달러(약 133조원) 규모로 성장할 수 있다는 평가가 나올 정도로 유망한 분야로 2012년 9월 설립돼 미국 캘리포니아주 샌디에이고에 본사를 둔 바이킹테라퓨틱스는 이 시장에 뛰어든 여러 소형업체 중 하나다. 도이체방크 애널리스트들은 이번 임상결과에 대해 다른 제약업체 노보노디스크와 일라이릴리가 양분 중인 살 빼는 약 시장구도가 결국에는 깨질 수 있다고 평가했다. 그러면서도 치료제를 대량 생산하는 게 쉽지 않은 만큼 당분간은 노보노디스크와 일라이릴리에 유리할 것으로 봤다.

경쟁사 주가 하락 … 경쟁구도 가열

그러나 이날 미국 증시는 출렁였다. 살 빼는 약 시장을 선점한 덴마크 노보노디스크와 미국 일라이릴리 주가가 떨어지고 바이킹테라퓨틱스 주가가 폭등한 것이다. 바이킹테라퓨틱스 주가는 장중 133% 급등하며 90달러까지 찍었다가 상승분을 일부 반납, 121.02% 오른 85.05달러로 장을 마쳤다. 머스크와 화이자 등 대형 제약회사가 바이킹테라퓨틱스의 제품을 구매할 수 있다는 관측도 주가 상승에 부채질을 한 것으로 분석된다.

글로벌 살 빼는 약 시장 전망

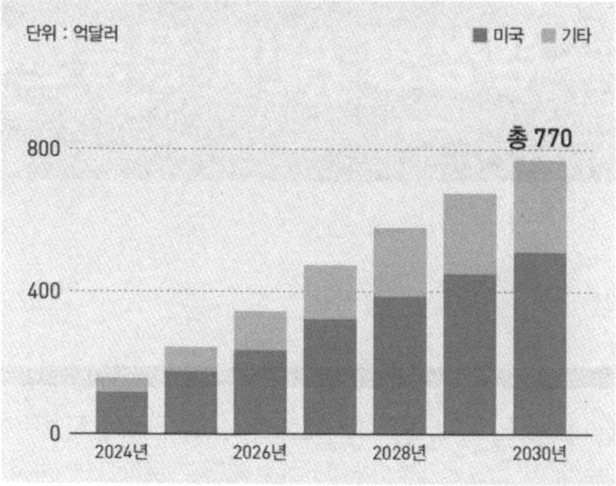

자료 / 니혼게이자이신문

살 빼는 약에 대한 기대는 비단 미국만의 일은 아니다. 바이킹테라퓨틱스의 발표가 있기 하루 전인 2월 26일에는 덴마크 바이오테크업체 질란드제약과 독일 제약메이저 베링거인겔하임이 서보두타이드(Survodutide) 임상시험에서 고무적인 결과를 내놨다. 그러나 이러한 살 빼는 약들이 췌장염, 장폐색, 위 무력증 등 심각한 위장질환 위험을 크게 높인다는 연구결과가 나오고, 국내에서 처방되는 비만치료제 중 '살 빼는 약'으로 알려진 펜터민의 경우에는 심각한 정신장애를 일으키는 원인으로 지목되는 등 우려의 목소리도 크다. 한편 벨기에는 비만치료 목적으로 쓰려는 수요를 공급이 따라가지 못해 정작 당뇨병 환자들이 약을 받지 못할 수도 있다는 이유에서 오젬픽(노보노디스크) 처방을 제한하고 나섰다.

과학 · IT

05 전기차 접은 애플, 생성형 AI에 집중한다

개 요 애플이 계속된 부진 끝에 결국 10년간 개발을 추진해온 자율주행 전기차 '애플카 프로젝트'에 마침표를 찍었다. 애플은 해당 프로젝트에 참여했던 인원을 대거 인공지능(AI) 관련 부서로 이동시키고 향후 생성형 AI 개발에 집중할 것으로 전망됐다.

대학별 기출질문

Q. 중앙대 인공지능이 미래사회에서 어떻게 쓰일 것 같은지 말해보시오.

Q. 중부대 스마트 모빌리티가 무엇인지 설명해보시오.

블룸버그, "애플카 연구직원 2,000명 대거 이동"

블룸버그 통신은 2024년 2월 27일(현지시간) 소식통을 인용해 애플의 전기차(EV) 개발중단 소식을 전하면서 연구직원 중 상당수가 인공지능(AI) 부서로 재배치될 것이라고 전했다. 애플의 전기차 연구조직으로 알려진 '스페셜 프로젝트 그룹' 직원만 총 2,000명으로 기존 조직에 더해 AI 연구조직은 수천명에 이를 것으로 추정됐다.

그동안 오픈AI의 챗GPT 출시로 비롯된 생성형 AI 열풍이 거세게 불어닥친 가운데 애플은 경쟁사들보다 뒤처져 있다는 평가를 받았다. 마이크로소프트(MS)와 오픈AI, 구글, 메타 등은 앞다퉈 생성형 AI와 이를 접목한 제품을 내놓았지만, 애플은 이렇다 할 AI를 내놓지 못했다. 삼성전자가 2024년 1월 출시한 생성형 AI를 탑재한 갤럭시폰도 시장의 주목을 받았으나, 애플은 하반기에야 AI폰을 내놓을 것이라는 관측만 나왔다.

▲ 팀 쿡 애플 CEO

이처럼 애플이 AI 경쟁에서 후발주자가 되는 사이 수년간 유지해왔던 '세계에서 가장 비싼 기업'의 자리도 AI를 앞세운 MS에 내주고 말았다. 애플 주주인 금융회사 시노버스 트러스트의 수석 포트폴리오 매니저인 댄 모건은 "애플이 이 프로젝트(애플카)를 폐기한 것은 다행"이라며 "이 프로젝트는 애플에 가장 무리한 것이었고, 애플이 감당할 수 있는 수준이 아니었다"고 말했다. 그는 "애플이 소비자 가전사업에 도움이 될 수 있는 AI와 같은 분야에 엔지니어와 투자를 재배치하는 것이 더 낫다"고 덧붙였다. 애플이 AI 개발에 본격적으로 뛰어들면서 AI 주도권을 잡기 위한 경쟁이 더욱 치열해질 전망이다.

자율주행 전기차 열기는 한풀 꺾여 침체국면

반면 애플카 개발 중단으로 자율주행 분야의 열기는 한층 더 꺾이게 됐다. 자율주행은 테슬라를 시작으로 많은 기업이 뛰어들었지만, 현재는 침체국면을 맞고 있다. 2023년 8월 미국 샌프란시스코에서 유료운행을 시작했던 무인 로보택시는 잇따른 사고로 지역사회의 반발에 직면해 있다. 제너럴모터스(GM)의 자율주행 자회사 크루즈는 로보택시 사업을 일시 중단했고, 구글의 자회사

웨이모는 로스앤젤레스 등으로 사업확장을 계획하고 있으나 당국에 의해 보류된 상태다. 당초 완전자율주행(FSD) 차량을 표방했던 테슬라도 당국의 조사를 받으면서 현재는 FSD 기능을 운전 보조장치로만 소개하고 있다.

애플이 2014년부터 '프로젝트 타이탄'이란 이름으로 야심 차게 추진한 애플카는 애플의 차세대 대형 프로젝트였다. 당초 자율주행 전기차로 아이폰, 아이패드에 이은 혁신이 기대됐다. 그러나 이러한 기대감에도 불구하고 출시시점이 계속해서 미뤄지다가 결국 결실을 보지 못한 채 사업을 접게 됐다. 업계 관계자들은 그 배경에 대해 "완성차 산업의 특성상 애플의 차별화된 디자인 · 성능 구현과 낮은 공급가격 요구를 동시에 충족시키는 데 한계가 있었기 때문일 것"으로 추정했다.

애플이 10년간 애플카 개발에 투입한 자금만 100조원을 훌쩍 넘는다. 뉴욕타임스(NYT)에 따르면 지난 5년간 애플이 새로운 기술 분야에 투입한 자금은 1,130억달러(150조 5,386억원)에 달하는데, 이 중 상당한 금액이 애플카 개발에 쓰인 것으로 추정된다. NYT는 애플카 포기에 대해 "애플이 크게 주목받아온 프로젝트를 폐기하는 것은 이례적인 일"이라고 평가했다.

과학 · IT

06 인터넷 · 아이폰 넘은 AI혁명 … 부작용 우려에 규제 필요성 대두

개 요 사람처럼 묻고 답하는 생성형 인공지능(AI) 챗GPT가 2023년 11월 30일 '출시 1주년'을 맞았다. 전 세계에 생성형 AI 열풍을 일으키며 역대 가장 임팩트 있는 기술로 받아들여지고 있는 가운데, 1990년대 인터넷, 2000년대 아이폰을 뛰어 넘는 혁명을 만들어내고 있다는 평가가 나왔다.

대학별 기출질문

Q. 경기대 챗GPT를 도서관에서 활용할 수 있는 방법으로 무엇이 있는가?

Q. 한림대 챗GPT에 대해 어떻게 생각하는지 말해보시오.

Q. 광운대 인공지능의 원리는 무엇인가?

출시 두 달 만에 이용자 1억 … 기업가치 111조 돌파

챗GPT는 출시 두 달 만에 이용자 수가 1억명에 이르며 혁명을 일으켰다. 개발사인 오픈AI 역시 마이크로소프트(MS)의 대규모 투자 속에 1년 새 기업가치가 3배로 늘어나 860억달러(111조 7,140억원)에 달했다. 이에 일론 머스크의 우주기업 스페이스X와 틱톡의 모기업 바이트댄스 다음으로 세계에서 가장 가치 있는 비상장 기업이라는 평가를 받기도 했다. 그 덕분에 '챗GPT 아버지'라 불리는 샘 올트먼 오픈AI 최고경영자(CEO)는 전 세계에서 주목받는 CEO 중 한 명으로 이름을 날렸다.

간단한 질문에 대한 답변부터 작문, 여행일정 계획, 작곡, 그림, 코딩 등에 이르기까지 여러 분야로 활용이 가능한 생성형 AI는 우리의 일상생활 속으로 발 빠르게 파고들었다. 이러한 이유 중의 하나로는 '정확성'이 꼽힌다. 오픈AI의 대규모 언어모델(LLM)인 GPT-4는 미국 모의 변호사시험에서 상위 10%, 대학입학 자격시험인 SAT 읽기와 수학시험에서는 각각 상위 7%와 11%의 성적을 거뒀다. 또 2023년 4월 한의사 국가시험에 도전해 합격선인 60%에 근접하는 평균 57.29%의 정답률을 기록하기도 했다.

생성형 AI 고도화 … 규제 필요성도 높아져

챗GPT 공개 이후 생성형 AI기술은 빅테크가 주도하고 있고, 챗GPT 개발사인 오픈AI 등 스타트업도 두각을 나타내며 업계의 구도를 바꿔놓고 있다. 그 선두에 있는 마이크로소프트(MS)는 오픈AI에 2019년부터 2023년까지 130만 달러(약 17조원)를 투자했다. 또 자체 검색엔진 '빙'에 챗GPT와 같은 AI챗봇을 탑재, 구글의 아성에 도전장을 던졌다. 워드와 엑셀, 아웃룩, 팀즈 등이 포함된 사무용 소프트웨어에는 자사의 AI비서 코파일럿을 탑재하며 인기몰이를 하고 있다.

이에 그동안 AI 부문에서 가장 앞서 있다는 평가를 받았던 구글도 뒤질세라 자사 제품에 AI를 접목했다. 검색엔진에 자사 AI챗봇인 '바드'를 탑재했고, 클라우드 협업도구인 워크스페이스에는 생성형 AI인 '듀엣 AI'를 얹으며 MS에 맞섰다. 아마존도 자사의 클라우드 서비스를 이용하는 기업고객을 위한 AI챗봇 '큐(Q)'를 선보였고, 페이스북 모회사 메타도 인스타그램과 왓츠앱, 메신저 등 자사의 SNS 제품에 텍스트 입력으로 구동하는 AI비서 '메타 AI'를 내놓았다. 일론 머스크 테슬라 CEO는 자신이 소유한 엑스(X)에서 이용할 수 있는 생성형 AI '그록(Grok)'을 공개하기도 했다.

▲ 샘 올트먼 오픈AI CEO

스타트업 중에서는 MS가 전략적 파트너십을 공고히 하는 오픈AI가 단연 두각을 나타냈다. 여기에 구글과 아마존이 각각 20억달러(약 2조 6,000억원)와 40억달러(5조 2,000억원)를 투자할 것으로 알려진 앤스로픽 등도 주목받고 있다. 특히 미국 반도체기업 엔비디아는 AI기술 발전에 따른 가장 큰 수혜기업이 됐다. AI모델을 구동시키는 H100 등 칩이 세계적으로 인기를 끌면서 2022년 말 140달러대였던 주가가 한때 1,000달러를 돌파하며 최고가를 경신했다.

그러나 AI기술이 빠르게 고도화할수록 가짜뉴스 등의 문제도 커지고 있다. 진짜와 가짜를 구별할 수 없을 정도로 AI기술이 정교해지고 있기 때문이다. 이로 인해 AI기술이 인류 존재를 위협할 수 있다며 규제를 신속히 도입해야 한다는 주장도 힘을 얻고 있다. IT기업 경영자와 과학자로 구성된 비영리단체 'AI안전센터(CAIS)'는 2023년 5월 AI의 위험성을 핵무기와 신종 전염병에 비견하며 AI기술 통제 필요성을 주장하는 성명을 발표했고, 미국과 유럽연합(EU)도 규제 도입에 착수했다.

사고를 넓혀주는 응용 상식

PART 3

논술 · 구술 '찬반토론'

01 출산 · 양육비 지원

국민권익위원회(권익위)가 출생 · 양육 지원금 1억원을 직접 지원하는 것에 대한 대국민설문조사를 진행했다. 조사는 2024년 4월 17일부터 26일까지 진행됐다. 권익위는 "2006~2021년 동안 저출산 대책으로 약 280조원의 재정이 투입되었음에도 출산율은 여전히 감소 추세"라 지적하고, "그동안 정부의 저출산 대책이 유사 사업 중첩 · 중복 내지 시설 건립 · 관리비 등 간접지원에 치중되어 있기 때문이라는 의견도 있다"며 "산모(또는 출생아)를 수혜자로 지정하고 출산 · 양육 지원금 직접지원을 확대하는 제도개선의 필요성에 대해 국민 여러분의 의견을 구한다"고 설명했다.

구체적인 설문문항은 ▲ 사기업(부영그룹)의 출산지원금 1억원 사례와 같이 정부가 파격적인 현금을 지원해준다면 출산에 동기부여가 되는지 ▲ 1억원을 지급할 경우 연간 약 23조원의 재정이 투입될 것으로 예상되는데 동의하는지 ▲ 출산 · 양육 지원금 지급을 위해 다른 유사 목적의 예산을 활용하는 것에 대해 어떻게 생각하는지 등으로 구성됐다. 다만 권익위는 이번 설문조사가 "소관부처에 정책제안 여부를 판단하기 위한 국민의견 수렴과정"일 뿐이라며 "정책 채택 여부와는 무관하다"고 선을 그었다.

이번 조사로 정부가 부영그룹 출산지원금 사례를 정책에 차용하는 방향으로 나아갈지 관심이 모였다. 앞서 부영그룹이 출산한 직원들에게 지원금 1억원씩(최대 2회)을 지급하는 파격적인 정책을 내놓자 기획재정부는 출산지원금 전액을 비과세하도록 소득세법 개정을 추진하기로 한 바 있다. 직원이 기업의 지원 혜택을 온전하게 누릴 수 있게 하려는 취지다.

부영그룹은 저출산 극복과 직원들의 출산 장려를 위해 2021년 이후 태어난 70명의 직원 자녀 1인당 1억원씩, 총 70억원을 지급했다. 이때 직원들의 세 부담을 줄이기 위해 세율이 낮은 '증여' 방식을 택했다(1억원 증여 시 세율 10%). 더 나아가 부영그룹 측은 '출산장려금 기부 면세제도'를 제안하기도 했다. 2021년 1월 1일 이후 출생아에게 개인 및 법인이 3년간 1억원 이내로 기부할 경우 지원받은 금액을 면세해주자는 것이다. 기부자에게도 기부금액만큼 소득 · 법인세 세액공제 혜택을 주는 방안도 덧붙였다.

그 외 인천시도 인천에서 태어나는 아동에게 18세까지 1억원을 지급하는 '1억 플러스 아이드림' 사업을 추진하고 있고, 충북 영동군도 1월부터 '1억 성장 프로젝트'를 시행하고 있는 것으로 알려졌다. 한편 산모 · 출생아에게 현금 1억원을 직접 지급할 경우 2023년 출생아 수 기준으로 연간 약 23조원의 예산이 투입될 것으로 전망됐다.

▲ 직원들에게 출산장려금 지급한 부영그룹

YES 출산·양육비 지원 - 찬성

직접적이고 효과적인 정책

코로나19 때 재난지원금이 그랬던 것처럼 극한의 상황에서는 산발적이고 간접적인 지원보다 즉각적이고 직접적인 경제지원이 더 큰 효과를 가져올 수 있다. 지금 우리 사회의 저출산 문제는 장기적인 계획으로 천천히 개선해나가야 하는 단계가 아니다. 주거난, 고용불안, 노후빈곤에 대한 사회정책이 자리잡기까지는 긴 시간이 필요하다. 그러나 이미 세계 최저의 출산율을 찍은 우리 사회에는 당장의 효과가 절실하다.

2005년 '저출산 · 고령사회 기본법'을 제정할 때 출산을 망설이는 가장 큰 이유로 자녀 보육비 · 교육비 부담이 꼽혔다. 통계청이 2023년 12월 발표한 '한국의 사회동향 2030'에서도 20 · 30대가 결혼과 출산을 꺼리는 가장 주된 이유로 '경제적 여건'을 꼽았다. 결국 출산의 가장 큰 걸림돌은 경제적 어려움인 셈이다. 또한 워킹맘 지원강화, 신생아 특례대출, 고운맘카드와 난임부부 시술비 지원 등 다양한 저출산 정책이 존재하지만, 워킹맘이 아닌 여성도 있고 난임부부가 아닌 경우도 있듯이 각자 처한 여건과 환경에 따라 혜택을 누리지 못할 수도 있다. 그런 의미에서 출산 · 양육비 1억원 지원은 출산과 육아, 돌봄과정에서 들어가는 경제적 요소를 해결해줌으로써 청년들의 부담을 덜어주는 확실한 정책이 될 것이다. 폴란드도 둘째 자녀를 낳으면 매달 17만원씩 18년 동안 지급하고 있다.

출산동기 부여할 것

- "육아휴직 시 돈에 대한 압박이 줄어들 수 있어"
- "출산동기를 높이는 데 효과적일 것"

NO 출산·양육비 지원 - 반대

육아, 돈만이 문제 아냐

2024년 2월 베이징 정책연구기관은 1인당 국내총생산(GDP) 대비 18세까지 자녀 1명을 키우는 데 들어가는 비용이 가장 높은 나라로 우리나라를 선정했다. 양육비가 한화로 3억원 이상이 필요하다는 것이다. 결국 '나라가 키워줄 테니 일단 낳아라'라는 방식은 통하기 어렵다. 또한 우리나라의 저출산 현상은 단순히 양육비 부담 때문만이 아니다. 지나친 경쟁사회 속에서 높은 집값, 불안정한 직장 등 경제적인 문제 외에 가정에서의 성평등 문제, 가부장적인 가족문화 등 사회 · 문화적인 문제가 복합적으로 얽혀 있기 때문이다. 이런 문제의 해결이 없다면 출산율은 고사하고 결혼율부터 걱정해야 할 것이다.

1억원을 받는다 해도 현실은 육아휴직을 마음대로 쓸 수도 없다. 전국민주노동조합총연맹(민주노총) 민주노동연구원의 연구에 따르면 '남녀 모두 육아휴직 신청은 가능하지만 부담을 느끼거나 눈치가 보인다'는 답변이 응답자의 50.1%로 절반이 넘었다. 인사고과, 승진 등 직장생활에 불이익을 받을 수 있기 때문이다. 세계에서도 손꼽히는 긴 노동시간도 문제다. 아이와 함께할 시간이 절대적으로 부족하다. 아이는 돈으로만 키울 수 없다. 근로여건이 개선되지 않으면 1억원이 출산율 증가로 이어질 일은 거의 없다. 또한 당장 역대급 세수결손이 예정돼 있는 상황에서 예산은 어떻게 조달할 것인지에 대한 우려도 크다.

직접적인 해결책 안 돼

- "현시점에서는 출산율보다 낮은 결혼율을 더 걱정해야"
- "지원금을 노린 출산이 생길 수도 있어"

02 소형원전 건설

윤석열 대통령은 2024년 2월 22일 경남 창원에서 14번째 민생토론회를 갖고 "정부는 원전산업 정상화를 넘어 올해를 원전 재도약 원년으로 만들기 위해 전폭 지원을 펼치겠다"고 밝혔다. 총선을 47일 앞둔 상황에서 문재인 정부의 '탈원전 정책'이 "세계 일류의 원전기술을 사장시키고 기업과 민생을 위기와 도탄에 빠뜨렸다"고 비판하며, 원전 생태계 복원을 위해 대대적 지원에 나서겠다고 강조한 것이다. 이어 경남과 창원을 '소형모듈원전(SMR) 클러스터'로 만들겠다면서 "원전산업이 계속 발전할 수 있도록 SMR을 포함한 원전산업지원특별법을 제정하겠다"고 밝혔다.

윤 대통령이 언급한 원전산업지원특별법에는 ▲ 3조 3,000억원 규모 원전 일감 제공 ▲ 1조원 규모 특별금융 지원 ▲ 5년간 4조원 이상 원자력 연구개발(R&D) 예산 투입 ▲ 원전산업지원특별법 제정 ▲ 2050년 중장기 원전 로드맵 수립 ▲ 각종 세제 혜택 등의 내용이 담겼다. 특히 2028년 개발을 목표로 한 한국형 SMR인 'i-SMR' 개발 가속화를 위해 예산을 전년 대비 9배 증액하고, '공장에서 원전을 만들어 수출하는 시대'에 대비하기 위해 SMR 위탁생산시장 선점을 위한 전략에 박차를 가하겠다고 밝혔다.

SMR이라고 하는 이 소형원전은 단일 용기에 냉각재 펌프를 비롯한 원자로, 증기발생기, 가압기 등 주요 기기를 모두 담아 일체화시킨 원자로다. 전기출력 300MW 이하의 전략생산이 가능한데, 후쿠시마 원전사고 이후 대형원전에 대한 우려가 커지면서 글로벌 SMR 시장이 확대되는 추세다. 그동안 원자력발전은 막대한 피해가 발생하는 대형원전 사고와 높은 개발비용 때문에 태양열 ·

조력 · 풍력 · 지열 등 다른 재생에너지에 비해 주목받지 못했지만, 국제에너지기구(IEA)는 글로벌 전력생산량의 약 10%를 차지하고 있는 원자력이 SMR 발전소 확대에 따라 더욱 증가할 것이라고 밝혔다. 22대 총선을 앞두고 여당이 SMR을 핵심공약으로 내세운 근거이기도 하다.

한편 '챗GPT의 아버지' 샘 올트먼 오픈AI 최고경영자(CEO)가 상장을 추진한 소형원전 개발 스타트업 '오클로'의 주가가 뉴욕증시 데뷔 첫날인 5월 10일 전날보다 53.65%나 떨어졌다. 전날 18.23달러였던 주가는 이날 15.5달러로 거래를 시작했지만, 마감시간 기준 8.45달러에 그쳤다. 오클로는 SMR 관련 스타트업으로서 15MW급의 소형원전을 개발하고 있는데, 현재 가동 중인 원전은 없으며 2027년 첫 가동을 목표로 하고 있다.

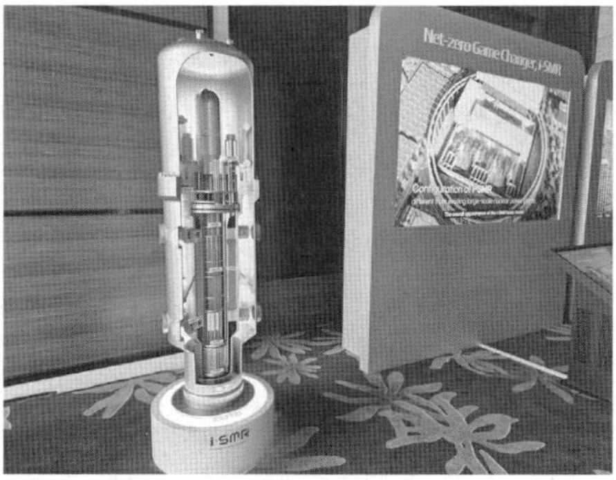

▲ 1/20 크기 소형모듈원자로(SMR) 모형

YES 소형원전 건설 - 찬성

차세대 에너지원의 출발

대기업들이 한국전력에 내는 1년 치 전기요금은 삼성전자는 2조 5,000억원, SK하이닉스는 1조 2,000억원을 초과한다. 안정적이고 충분한 전력의 뒷받침 없이는 반도체산업이 발전할 수 없다는 의미다. 자동차, 조선, 화학 등 중화학산업은 물론이고 데이터산업 역시 전력비용이 산업의 경쟁력을 좌우한다. 따라서 핵심산업에서 경쟁력을 유지하고 약진하기 위해서는 비용단가가 적게 드는 전력을 더 많이 생산할 필요가 있다. 그렇다고 탄소발생을 억제하자는 글로벌 추세에 역행할 수도 없다. 결국 이런 조건에 부응하는 전력은 현재로서는 사실상 원자력이 유일하다.

SMR은 규모가 작고 공기만으로 냉각이 가능해 산업단지나 도시 인근에 건설할 수 있다. 따라서 송전시설 건설비용을 크게 아낄 수 있다. 또한 방사능 유출 등 사고확률도 대형원전 대비 1만분의 1 정도여서 재앙적 원전사고도 피할 수 있다. 때문에 국제원자력기구(IAEA)도 SMR에 대해서는 일반 원전과 다른 규제를 적용할 것을 권고한다. 미국은 2020년 뉴스케일파워에 SMR 설립을 허가하면서 '원전 230m 안에 비상대피구역 마련' 정도의 조건만 달았을 정도다. 그런 의미에서 기존 대형원전처럼 20~30km 안에 거주하는 주민들에게 사전동의를 받아야 하는 규제는 미래로 가는 데 방해물일 뿐이다.

미래 에너지원 될 것

- "건설비를 절약할 수 있고 건설기간 단축도 가능해"
- "가까운 곳에 전력이 필요한 만큼만 지으면 돼"

NO 소형원전 건설 - 반대

한반도를 원전 실험장으로?

원전이 대형화된 이유는 규모가 클수록 경제적 효율이 높기 때문이다. 원전의 규모가 작아질수록 건설단가는 높아진다는 말이다. SMR은 대량 제작 및 조립을 통해 건설기간 및 비용을 최소화할 수 있다고 자랑하지만 실제 수십 내지 수백기를 건설해야 경제성을 확보할 수 있다. 결국 소형이 소형이 아닌 셈이다. 또한 우리 정부와 경제계에서는 "뉴스케일파워의 SMR이 설계인증을 획득하고 아이다호주 국립연구소 내에 발전소 건설을 확정했다"고 하지만, 실제 미국 에너지부의 승인은 어디까지나 '조건부'이고, 이때 건설하게 되는 SMR도 실험형 시설이며, 원전부지 확정도 못한 상태다. 심지어 미국 내 첫 SMR사업으로 주목받던 뉴스케일파워의 유타발전소 프로젝트는 2023년 11월 비용 문제로 중단됐다.

최근 주목받는 SMR용 소듐냉각고속로(SFR) 또한 냉각을 위해 사용되는 소듐이 공기와 수분에 노출됐을 때 폭발과 화재의 위험성이 크다는 리스크를 해결하지 못한 상태다. 무엇보다 SMR이 규모가 작다고는 하지만 엄연히 원전이다. 이 분야에서 가장 앞선 미국에서도 실제 상용화는 2030년을 목표로 한다. 따라서 불안전한 위험시설을 우리나라에 선제적으로, 그것도 대도시 외곽이나 산업단지와 200m 정도의 이격거리에 건설한다는 것은 합리적이지 않다.

작아도 원전은 원전

- "미국에서도 실패한 사업을 굳이 한국에서 다시 도전할 필요가 있나"
- "작아도 원전은 원전이므로 누출사고는 피할 수 없어"

03 재경기숙사 운영

'남명(南冥)'은 조선 전기의 성리학자로서 영남학파의 거두인 조식(曺植)의 호이자 경상남도가 경남지역의 인재육성에 보탬이 되고자 수도권에서 대학을 다니는 경남의 학생들을 대상으로 운영하고 있는 재경기숙사(남명학사)의 이름이다. 경남도는 설립배경을 '대학생들의 높은 주거비용과 열악한 주거환경 개선에 대한 필요성이 대두되면서 이용료가 저렴하면서도 양질의 주거서비스를 제공해 경제적 어려움으로 학업에 애로를 겪는 경상남도 대학생을 지원하기 위해'라고 밝혔다. 현재 경상남도는 1998년 3월에 준공한 창원관과 2018년에 준공한 서울관, 두 곳을 운영하고 있다.

이처럼 광역자치단체 또는 지방자치단체(지자체)에서 지원하는 대학생 기숙사인 재경기숙사는 관내 출신 학생들의 주거 문제를 지원하는 제도로서 현재 경기, 강원, 충북, 전북, 전남, 광주, 제주, 경남, 충남 등의 지자체에서 시행 중이다. 가격도 저렴한 편이다. 월 납부비용은 10만~20만원 선으로 하루 세 번 급식도 제공한다. 또한 학사 내 체력단련실, 독서실, 커뮤니티룸 등도 구비되어 있어 별도의 비용 없이 이용할 수 있다.

일반적으로 재경기숙사 입사 공지는 대부분 정시가 끝나는 12월 말부터 다음 해 1월 중순 사이에 공고하며, 1월 초부터 2월 초 사이 일정이 마감된다. 입사신청은 개별 학사 홈페이지에서 하고, 관련 서류를 제출하면 완료되며, 합격자는 지원자의 소득분위, 학교 성적 등을 종합적으로 평가해 선발된다.

대표적인 재경기숙사로는 경기푸른미래관(도봉), 강원학사(관악, 도봉), 충남서울학사(구로), 충북학사(영등포, 중랑), 전라북도 서울장학숙(서초), 광주 · 전남 남도학숙(동작, 은평), 제주탐라영재관(강서), 경남 남명학사 서울관(강남) 등이 있다. 이외에도 강화장학관, 경산학사, 광양학사, 영덕학사, 영양학사, 영천학사, 제천학사, 청송학사, 청주학사 등 지역의 이름을 딴 지자체 운영 기숙사가 수도권에서만 모두 28개가 운영 중이다. 문제는 정부가 교육자유 · 도심융합 · 문화 등 4대 특구를 만들어 새로운 '지방시대'를 열겠다고 밝힌 지역균형발전 종합계획과 반대되는 정책이라는 점이다. 정부는 소멸위기에 처한 지방을 살리자는데, 지자체는 재경기숙사로 지역인구 감소의 핵심층인 청년층의 이탈을 부추기고 있다는 지적이 나온다.

YES 재경기숙사 운영 - 찬성

지역인재 육성사업을 위해 필요해

우리나라 입시전쟁의 한켠에는 신입생들의 주거 마련 문제도 있다. 대학들이 수도권과 대도시에 쏠려 있기 때문이다. 따라서 원서접수 1순위로 꼽히는 곳은 기숙사 입사 가능 여부이지만, '2022년 10월 대학정보공시 분석 결과'에 따르면 전국 413개 대학 기숙사 평균수용률은 일반대 23.1%, 전문대 17.1%에 불과하다. 특히 수도권 대학의 경우 기숙사 평균수용률은 일반대 18.4%, 전문대 7.8%로 입소경쟁이 굉장히 치열한 상황이다. 그러다 보니 대학 근처 원룸이나 하숙비용은 부르는 게 값인 수준이다. 운 좋게 거처를 구해도 식비까지 더해지면 개인의 경제적 부담은 늘어날 수밖에 없다. 옛날처럼 소 팔아서는 한 학기 주거비용도 해결하지 못한다.

수도권에 몰려 있는 대학들을 하루아침에 지방으로 분산시킬 수는 없다. 그러나 상경 대학생 1명을 위해 소요되는 막대한 비용은 학생뿐만 아니라 지역에 사는 부모에게도 고스란히 고통이다. 경제적으로 부담스러워 출산마저 기피하는 현실에서 지자체가 운영하는 재경기숙사는 교육에 부수적으로 들어가는 비용을 지자체가 일정 부담한다는 데 의의가 있다. 또한 도움을 받은 청년들을 졸업 후 지역으로 돌아오게 하는 원동력이 될 것이며, 이는 결과적으로 지역경제를 살리는 길이 될 것이다.

청년들을 위한 현실적 지원

- "고물가시대 청년들의 주거부담을 덜어주는 현실적인 지원"
- "도움을 받으면 청년들도 훗날 지역에 베풀 것"

NO 재경기숙사 운영 - 반대

청년들의 서울행 부추겨

행정안전부가 소멸위기 지자체라고 판단한 '인구감소지역' 시 · 군이 89개에 달한다. 저출산 자체가 국가적 재앙이지만, 지방에서는 인구를 수도권으로 빼앗기는 사회적 이동도 심각하다. 핵심은 청년인구 급감이다. 이들이 지역을 이탈하는 것은 진학과 취업을 위해서다. 다닐 만한 상급학교와 일자리가 부족하기 때문이다. '인구소멸 → 지역경제 침체 → 지방 소멸위기'의 악순환에서 벗어나려면 무조건 일정 인구를 유지해야 한다. 심각한 저출산에 급속한 고령화까지 겹치는 현실에서 그 목적이 진학이더라도 청년층 상경은 지역경제에 큰 타격일 수밖에 없다. 그런 때에 재경기숙사는 지자체가 가뜩이나 부족한 행정비용을 들여 스스로 청년층을 지역 밖으로 밀어내고 있는 것과 다르지 않다.

재경기숙사를 운영하고 있는 군위, 영양, 영덕, 청송 등은 대부분 인구 감소를 걱정하는 지자체다. 진학을 위한 기숙사라고는 하지만 그 예산으로 지역대학 학생에게 장학금을 주는 게 지역발전에 훨씬 도움이 될 수 있다. 무엇보다 과거에는 수도권 대학으로의 진학을 두고 개천에서 용 났다고 했다. 그러나 일자리가 없는 개천으로 돌아올 용은 없다. 당장 눈앞의 어려움을 도와주기보다 돌아올 수 있도록 유수의 기업을 유치하는 게 더 중요하다.

지방공동화 부추기는 것

- "일자리가 없는 지방에 청년들이 돌아올 이유가 없어"
- "지방분권과 지방대 육성에 역행하는 지원일 뿐"

논술·구술
'찬반토론'

04 선거 전 신용사면

2024년 1월 15일 금융위원회(금융위)는 모든 금융업권의 협회·중앙회와 한국신용정보원, 12개 신용정보회사가 '서민·소상공인 신용회복 지원을 위한 금융권 공동협약'을 체결했다고 발표했다. 협약은 소액을 연체했다가 모두 상환한 차주들의 연체이력을 사실상 삭제해주는 이른바 '신용사면'을 골자로 한다. 코로나19 이후에 발생한 연체기록을 소액에 한해 신용점수 반영에서 빼준다는 것이다. 또한 신용정보원과 신용정보회사는 해당 정보를 신용평가에 활용할 수 없게 기술적으로 제한을 걸어두고, 금융회사들은 타사 정보를 삭제하는 한편 자사 정보의 활용도 최소화할 계획이다.

통상 금융사들은 연체액이 100만원을 초과하고 90일 이상 연체가 지속했을 때 '신용불량자'로 분류해 신용평가사(CB) 등에 연체정보를 공유한다. 이렇게 공유한 연체이력은 돈을 갚아도 최장 5년간 유지돼 신용점수에 반영되고, 연체이력 공유로 신용점수가 떨어지면 대출이나 신용카드 발급에서 불이익을 받는다. 이번에 추진한 신용회복 지원은 금융사 간 연체이력 공유를 제한하고 이미 공유된 연체이력까지 지워 신용평가·여신심사에서 연체기록을 최대한 반영하지 않기로 해 신용점수가 올라가는 효과가 있다.

금융위 발표에 따르면 이번에 시행된 신용사면의 대상은 2021년 9월 1일부터 2024년 1월 31일까지 2,000만원 이하를 연체한 개인과 개인사업자로 이들이 2024년 5월 31일까지 연체액을 모두 상환한 경우다. 이러한 조치로 290만명 중 250만명의 신용점수가 평균 39점 올라갈 것으로 관측됐으며, 이에 따라 대환대출 등을 통해 저금리대출 전환이 가능할 것으로 전망됐다.

하지만 신용사면 결정이 당정회의 직후 속전속결로 이뤄진 것 자체가 금융사의 상황을 고려하지 않은, 당국 일방주도의 정책추진이라는 비판이 나왔다. 2023년 말 윤석열 대통령의 '은행 종노릇' 발언 이후 일방적으로 발표된 은행권의 2조원 규모 '민생금융 지원' 방안과 맞물려 입으로는 자유시장경제를 강조하면서 실제로는 금융기관의 인사와 자금운용에 직접 개입(관치금융)하고 있다는 것이다. 여기에 최근 1,400만명에 달하는 개미투자자들을 겨냥한 선심성 정책까지 내놓으면서 그동안 건전재정을 내세우며 복지 예산과 연구개발(R&D) 예산을 대폭 삭감한 정부가 총선이 코앞으로 다가오자 '돈 퍼주기' 정부로 돌변했다는 비판이 일었다. 이에 대해 정부는 어려움에 부닥친 서민 · 소상공인의 상황을 감안, 숙고해 내린 결정이라고 해명했다.

▲ 서민 · 소상공인 신용회복지원을 위한 금융권 협약식

YES 선거 전 신용사면 - 찬성

현대판 주홍글씨 안 돼

이른바 '신용불량자'가 되면 최장 5년까지 기록이 남기 때문에 차주가 상환을 마쳤다고 하더라도 신용카드 사용과 대출 이용 등 금융거래를 하는 데 여러 어려움을 겪는다. 현대판 '주홍글씨'인 것이다. 따라서 연체기록을 삭제하면 취약층은 신용카드를 정상발급받거나 신용대출을 받을 때 도움을 받을 수 있다. 은행권 대환대출을 통해 기존 대출을 저금리대출로 바꿀 기회도 생긴다. 연체이력 때문에 제도권 금융사에서 돈을 빌리지 못해 불법 사금융 수렁으로 빠지는 것을 막는 효과도 기대할 수 있다.

신용사면은 과거에도 여러 차례 있었다. 국제통화기금(IMF) 외환위기를 겪은 2000 · 2001년, 박근혜 정부 시절인 2013년, 코로나19가 극심했던 2021년에도 신용사면이 있었다. 이번 조치는 2021년 사면과 비슷하다. 당시에도 2020년 1월부터 2021년 8월까지 발생한 2,000만원 이하 연체에 대해 2021년 말까지 전액 상환한 개인과 개인사업자 230만명의 연체기록을 삭제했다. 그 결과 개인 평균 신용점수(NICE 기준)가 24점 올랐고, 개인사업자 평균 신용등급은 0.5등급 상승했다. 최근에도 장기 저성장이 계속되면서 경제 취약층의 어려움이 지속되고 있는 만큼 취약계층의 저신용 족쇄를 풀어줄 필요가 있다. 즉, 신용사면은 선거를 앞둔 선심성 정책이라고 볼 수 없다.

자립지원의 차원에서 제공하는 것

- "신용사면은 밥을 주기보다 쌀을 살 수 있도록 돕는 방법"
- "코로나19로 인한 경기불황 여파는 아직 끝나지 않아"

NO 선거 전 신용사면 - 반대

저신용자 은행권 유입돼

물론 신용불량자가 되면 이후 대출을 받을 때 금리부담이 늘어나고, 신규대출도 어려워진다. 그러나 이는 금융부실을 예방하고 신용사회로 가기 위해 필요한 장치다. 규정 · 관행을 무시하고 연체기록을 없애면 차후에 신용이 불량한 사람들이 대출시장에 진입하는 것을 거를 방법이 없다. 카드사도 마찬가지다. 이번 조치로 그동안 카드사 대출 · 발급이 어려웠던 40만명이 구제될 것으로 전망됐다. 이는 저신용자의 특성을 고려하지 않고 고객에 대한 객관적 평가를 어렵게 만들어 카드업계에 연체율 증가 등 리스크 관리 부담으로 이어질 수 있다. 일반적으로 카드사 대출상품 이용자는 이른바 '급전창구'로 접근하는 경우가 많기 때문이다.

금융위는 이러한 조치로 신용점수가 상승하는 만큼 대환대출 등을 통해 저금리대출로 전환할 수 있을 것으로 기대한다지만, 제1금융권 대출 갈아타기 가능성은 희박하다. 고금리 장기화와 불황으로 연체자가 꾸준히 늘어나며 신용점수 900점대에도 은행권 대출문턱을 넘기 힘들어졌기 때문이다. 무엇보다 신용사면은 상환기일을 어겼을 때 받는 불이익을 면제하는 셈인 데다, 악조건 속에서도 제때 빚을 갚은 사람에 대한 역차별 소지도 있다. 또한 주식 · 부동산 등 투자를 이유로 빚을 낸 차주를 가려낼 수도 없다.

정부의 일방적 결정은 '관치금융'일 뿐

- "금융권 재원을 정부가 맘대로 할 수 있는 권한이 있는지 의문"
- "신용사면을 반복하면 돈을 제때 갚지 않아도 된다는 인식이 자리잡을 수도 있어"

05 간병비 급여화

2023년 12월 21일 정부는 당·정 협의를 통해 국가가 중심이 돼 책임진다면서 '간병 걱정 없는 나라'를 만들겠다는 비전하에 환자의 치료 전(全) 단계에서 간병서비스 지원체계를 구축하는 '국민 간병부담 경감방안'을 확정·발표했다. 핵심은 수술 후 입원하는 급성기 병원부터 요양병원, 퇴원 후 재택까지 환자의 치료 전(全) 단계별로 간병서비스 지원체계를 구축한다는 계획이다.

먼저 개편되는 간호·간병 통합서비스는 중증 수술환자, 치매·섬망 환자 등 중증도와 간병요구도가 높은 환자들을 위한 중증환자 전담병실을 도입, 간호사 1명이 환자 4명, 간호조무사 1명이 환자 8명을 담당하는 것이 골자다. 아울러 퇴원 후 가정에 의료·간호·돌봄 서비스를 제공하기 위해 간병인력 공급기관 관리기준 마련 및 등록제 도입으로 서비스 품질을 높이겠다고 밝혔다. 또한 복지용구(보조기기) 지원을 확대하고 간병·돌봄 로봇을 개발해 복지와 경제 간 선순환 구조도 창출한다는 목표도 제시했다. 또 요양병원 간병지원의 경우 2024년 7월부터 2025년 12월까지 10개 병원을 대상으로 1차 시범사업을 실시한 후 단계적 시범사업을 거쳐 2027년 1월(차기 정부)부터 본 사업으로 전환한다는 계획이다.

이는 모두 '요양병원 간병비 급여화'를 위한 초석이다. 요양병원 간병비 급여화는 요양병원에서 일하는 간병인의 급여에 장기요양보험을 적용해 요양병원 입원환자의 부담을 줄여주자는 방안이다. 즉, 요양병원에서의 간병비를 국민건강보험에 적용시키겠다는 것이다. 현재 국내 요양병원은 간병비가 비급여 항목에조차 포함돼 있지 않아 간병비용을 환자에게서 받아야 하는 실정이다.

이는 요양보호사가 수가화돼 있는 요양시설과 비교되는 점이다. 노인장기요양보험법 제23조, 26조에 따르면 요양병원 간병비는 장기요양보험 수급자가 병원을 이용하는 경우 이를 특별현금급여로 지급하도록 돼 있지만 하위 법령이 없어 이마저도 유명무실한 법령으로 남아 있다. 이 때문에 요양병원 간병비 급여화는 요양병원계의 오랜 요구였고, 윤석열 대통령의 대선공약이었으며, 야당인 더불어민주당의 2024년 총선공약 1호이기도 했다. 그러나 요양병원 간병인 급여가 장기요양보험 적용대상이 되면 상대적으로 인건비가 높은 요양사를 고용해야 하는 데다 의료시설이 아닌 요양원은 생존의 위협을 받게 되는 등 반대하는 쪽의 주장도 거세 그동안 수차례 지연돼왔다.

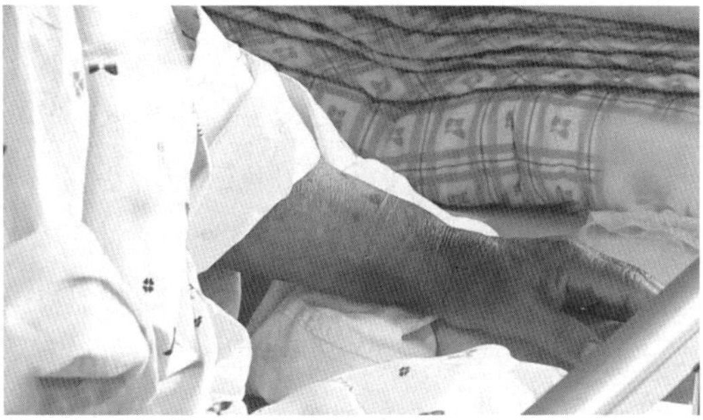

YES 간병비 급여화 - 찬성

개인의 간병파산 막아야

우리나라에서 간병이 필요한 환자에게 의료 혹은 돌봄의 형태로 지출되는 공적 재원은 국민건강보험과 장기요양보험으로 전자는 요양병원에 근무하는 의사나 간호사의 임금, 입원료 등에, 후자는 요양보호사 자격을 소지한 사람이 간병이 필요한 환자를 돌보는 일을 수행하는 경우 지급된다. 따라서 입원환자를 돌보는 간병인의 급여는 오직 환자와 가족의 몫이다. 실제로 요양병원의 경우 간병인을 혼자 쓰면 한 달 간병비가 450만원, 간병인을 여럿이 나눠 써도 100만원을 훌쩍 넘는다. '간병파산'이라는 말이 유행하는 이유다.

문제는 개인의 사적 간병비 부담이 지속적으로 증가하고 있다는 것이다. 간병 도우미에 지급한 비용의 전년 대비 증가율도 2020년 2.7%에서 2022년 9.3%로 가파르게 상승하고 있다. 2023년에는 약 10조원을 상회할 것으로 추정됐다. 또한 특별한 경쟁력을 가질 수 없는 요양병원은 (간병)비용을 낮춰 경쟁할 수밖에 없는 구조다. 이는 질 낮은 간병서비스를 낳는 악순환을 부른다. 이런 만큼 국민은 절반 넘게 간병비 국가책임제를 찬성(2023년 5월 조사, 57.6% 찬성)하고 있다. 미국, 영국, 대만, 일본 등에서도 이미 간병인 급여를 국가가 부담하고 있다.

간병지원 역시 국가책임

- "간병 문제로 인해 고통받는 사람이 없어야"
- "간병비 급여화는 질 좋은 간병서비스를 제공하기 위한 첫걸음"

NO 간병비 급여화 - 반대

현대판 고려장 부추겨

현재 우리나라의 간병인은 요양기관이 아닌 (요양)병원에서 환자나 그 가족이 필요에 따라 개인적으로 구하는 데다가 대부분이 요양보호사가 아닌 무자격자다. 간병인 급여 역시 현금영수증 같은 지출증빙이 이루어지지 않는다. 이 때문에 간병비 급여화에 따라 소득신고와 세금납부가 이루어지면 실질적으로 과거보다 간병인의 가처분소득이 감소하게 된다. 현재의 간병인들이 제도권으로 들어오기보다는 이탈할 가능성이 커지는 것이다. 결국 간병인을 구하는 게 어려워질 수밖에 없다.

수도권 병원에 환자 쏠림이 심각한 상황에서 시범사업을 수도권의 유명 대학병원의 병동으로 제한한다는 것도 문제다. 간호계가 300병상 이상 급성기 병원에 대해 전면확대를 요구해온 것과 달리 발표에 따르면 환자 쏠림 문제마저 시장에 맡긴 셈이다. 실효성 역시 의문이다. 정부가 언론을 통해 간병비 부담 완화를 위해 제도를 만들었다고 하지만, 대상 병원이 고작 10개 병원에 예산은 고작 85억원인 데다가 더 중요한 점은 구체적인 내용이 하나도 없기 때문이다. 무엇보다 우리나라 노인들은 10명 중 7명은 집에서 노후를 보내고 싶어 한다. 그러나 간병비에 대한 개인부담이 줄면 늙고 병든 경우 너 나 없이 요양병원으로 내몰릴 가능성이 더 커질 수밖에 없다.

전형적인 포퓰리즘 정책

- "늙고 병들면 모두 요양병원으로 가야 하는 것인가?"
- "구체적인 내용이 없는 허울뿐인 말잔치에 불과해"

06 주4일제 도입

2023년 12월 국내 최대 단일노조인 현대자동차 노동조합의 새 지부장에 '주4일 근무제' 전면 도입을 공약으로 내건 후보(문용문)가 당선되면서 근무시간 단축 문제가 산업계의 뜨거운 감자로 재부상했다. 문 지부장은 우선 2024년 전주 · 아산 공장에 금요일 근무시간을 현재 8시간에서 4시간으로 줄이는 안을 시범시행한 뒤 2025년부터 완전한 주4일제를 도입하는 방안을 사측과 협의할 방침이다.

삼성전자와 SK그룹, 카카오 등 대기업들은 이미 주4.5일제에 해당하는 유연근무제를 일부 도입하고 있다. 앞서 2023년 11월 임금단체협약을 마무리한 포스코 노사는 격주 4일제를 도입하겠다는 내용을 합의안에 담았다. 삼성전자도 같은 해 6월부터 '쉬는 금요일', 월급날인 21일이 있는 주의 금요일을 쉴 수 있게 하는 '월중휴무제'를 신설했다. SK하이닉스 역시 같은 해 4월부터 '행복한 금요일' 제도를 시행하고, 2주 동안 80시간 이상 일하면 휴가를 따로 내지 않고 한 달에 한 번 금요일에 쉴 수 있도록 했으며, SK텔레콤의 경우에도 이와 유사한 제도를 시행하고 있다. 카카오는 매월 1회씩 주4일제를 시행 중이다.

주4일제는 표준 근로시간을 주 40시간에서 주 32시간으로 줄여 일주일 동안 4일을 일하는 제도로서, 중요한 것은 기업 · 사업장 영업 단축이 아닌 노동자의 업무시간 단축이 핵심이며 근로시간을 단축하면서도 임금은 그대로 유지하고자 한다는 것이다. 현재 우리나라는 근로기준법에 따라 일주일에 40시간 일하는 '주40시간제'를 시행하고 있다. 우리나라 표준 근로시간은 1953년 주48시간으로 시작해 36년이 지난 1989년 주44시간으로 바뀌었다. 이후 10여 년이

지난 후에야 논의를 다시 시작했고, 2011년 마침내 주40시간제로 정착해 지금까지 이어지고 있다.

이처럼 최근 IT기업과 대기업을 중심으로 주4일제가 정착하는 데는 기술의 고도화로 과거와 같이 투입하는 노동의 양과 시간이 생산량과 비례하던 시기가 지나고, 창의성이 생산성을 좌우하게 된 데 있다. 여기에 코로나19 팬데믹을 겪으며 재택근무, 비대면 · 원격 회의, 워케이션(일과 휴가의 합성어로 휴가지 근무를 의미) 등 새로운 근무형태를 반강제적으로 경험했던 것도 주4일 근무제의 문턱을 낮췄다는 평가가 나온다. 한편 한국리서치가 2021년 10월 18세 이상 1,000명을 대상으로 주4일 근무제 도입에 대한 의견을 묻자 찬성이 51%, 반대는 41%로 집계된 바 있다.

YES 주4일제 도입 - 찬성

직장과 가정의 양립을 위해 필요해

경제협력개발기구(OECD) 통계자료에 따르면 우리나라의 연간 노동시간은 2008년 2,228시간에서 2020년 1,908시간까지 약 320시간이나 단축됐다. 그럼에도 불구하고 우리나라는 여전히 OECD 회원국 중 가장 많이 일하는 국가 중 하나다. 그나마도 공기업과 대기업을 제외하면 OECD 최하위국이다. 그러나 노동환경이 변화된 만큼 근로형태도 변해야 한다. 4차 산업혁명과 기술의 발전으로 사람의 업무가 자동화 · 로봇 · 인공지능(AI)으로 대체되며 더 오랜 시간 일할 필요가 없어지고 있다. 저출산 · 고령화로 노동인구가 줄어들어드는 것도 고려해야 한다. 현재 여성, 청년, 노인의 적절한 노동시장 투입이 필요하지만, 실업률은 계속해서 증가하는 상황이다. 주4일제는 이러한 불균형 해소를 위한 새로운 시도이기도 하다.

현대는 노동시간과 생산성이 비례하지 않는 시대다. 일과 생활의 양립(워라밸, Work Life Balance)을 통해 개인과 가정을 위한 시간을 제공하고 노동자의 건강권과 쉴 권리를 보호하는 것이 오히려 생산성 증대로 연결될 수 있는 선순환적인 변화이기 때문이다. 이를 위해서는 무엇보다 '임금 삭감을 하지 않는 것', 즉 '동일노동 동일임금'의 원칙이 지켜져야 한다. 그래야만 불필요하게 사용되던 시간을 제대로 사용하게 하는 동기가 되기 때문이다.

불균형 해소 · 능률 증가

- " '많이 일하는 나라'라는 이미지에서 이제 벗어날 필요가 있어"
- "건강과 여유가 있어야 일도 할 수 있어"

NO 주4일제 도입 - 반대

획일적 조정 불가능해

1998년 사회당 출신 리오넬 조스팽 총리 때 주35시간으로 근로시간을 줄였던 프랑스의 경우 법 시행 후 정부조사 결과 주35시간 제도가 고용창출 없이 사회·경제적으로 부정적 효과를 끼쳤다고 결론지었다. 그러나 한번 만들어진 법을 되돌리기 힘들어서 시행과정에서 보완하는 방법으로 대책을 꾸린 탓에 그 여파가 현재까지 이어지고 있다. 더욱이 경쟁국에 비해 우리 기업의 생산성은 매우 떨어진다. 이런 상황에서 주40시간제가 겨우 안착돼 가고 있는 중인데 일률적으로 근로시간을 줄이면 기업의 국제 경쟁력이 저하되고, 그 피해는 결국 국민에게 돌아갈 것이다. 근로시간을 줄일 것이 아니라 근로시간 유연화 같은 생산성을 제고할 수 있는 제도적 개선을 적극적으로 추진해 나가야 할 필요가 있다.

또한 대기업들의 주4일제 도입은 경기침체와 아울러 워라밸보다 생존이 더 급한 중소기업 종사자들에게 상대적 박탈감을 키울 수 있다. 결국 중소기업 기피 현상은 더 커질 것이다. 짧은 근무시간으로 인한 업무 압박감 증대, 생산성 하락과 급여 삭감 가능성 등의 문제점도 고려하지 않을 수 없다. 무엇보다 노동집약적 산업의 경우 여전히 근로시간이 생산성에 직접적인 영향을 미치는 만큼 획일적으로 강제로 조정해서는 안 된다.

제도 도입은 시기상조

- "생산성이 증대된다는 보장 없어"
- "너도 나도 대기업만 가려고 하는 상황에서 주4일제까지 시행되면 중소기업 기피 현상 더 심해질 수 있어"

논술·구술
'찬반토론'

07 노란봉투법

2023년 11월 9일 '노란봉투법(노동조합 및 노동관계조정법 2·3조 개정안)'이 국회를 통과했다. 2015년에 최초 발의돼 발의와 폐기를 반복한 지 8년 만이었다. 표결 결과는 재석 174명 중 찬성 173명, 기권 1명이었으며, 이원욱 더불어민주당(민주당) 의원이 기권표를 던졌고 국민의힘은 표결에 참석하지 않았다. 당초 국민의힘은 노란봉투법에 대해 무제한 토론(필리버스터)에 나선다고 예고했으나, 상정 직후 필리버스터를 실시하지 않기로 결정하고 곧바로 퇴장해버렸다.

앞서 국민의힘 법제사법위원회(법사위) 소속 의원들은 헌법재판소(헌재)에 노란봉투법 본회의 직회부 요구안에 대한 권한쟁의심판을 청구했다. 법사위에서 쟁점법안으로 논의되고 있는 상황에서 야당이 일방적으로 직회부 요구안건을 처리해 법사위원들의 법률안 심사권을 침해했다는 것이다. 그러나 10월 26일 헌재가 권한쟁의 사건을 만장일치로 기각하면서 입법 제지에 제동이 걸렸다. 표결 직전에는 '민주당과 정의당 등이 표결로 노란봉투법을 의결하면 윤석열 대통령에게 거부권 행사를 건의하겠다'는 뜻도 밝혔다. 이미 윤 대통령은 민주당 주도로 통과된 간호법 제정안과 양곡관리법 개정안 등에 거부권을 행사한 바 있었다.

월급을 현금으로 받던 시절 노란봉투는 월급의 상징이었다. 그런데 지난 2014년 경제적 어려움에 처한 쌍용자동차 노조원들을 돕기 위한 캠페인을 통해 재조명됐다. 당시 쌍용자동차 노조원들은 2009년 벌인 77일간의 파업에 대해 사측이 손해배상 소송(손배소)을 제기하면서 2013년 법원으로부터 약 47억원(사측에 약 33억원, 경찰에 약 14억원)을 배상하라는 판결을 받았다. 이러한 보도가 나가자 한 독자가 시사주간지 편집국에 4만 7,000원을 보내며 '이렇게 10만명만 모아도 노조원들을 도울 수 있다'고 전했다는 소식이 알려지면서 쌍용자동차 노조원들을 돕기 위한 시민사회의 '노란봉투 캠페인'이 시작됐다.

노란봉투 캠페인은 이후 시민사회와 진보정당들을 중심으로 일명 '노란봉투법' 추진운동으로 이어졌다. 노란봉투법은 노동조합의 정당한 쟁의행위에 대한 기업의 무분별한 손해배상 청구를 제한하는 것을 골자로 한다. 기업의 손배소와 가압류가 노동자를 압박하는 수단으로 악용된다는 지적에 따라 노동쟁의 과정에서 일어난 폭력이나 파괴로 인한 손해를 제외한 노동자들의 쟁의행위에 대해 손해배상이나 가압류를 제한하자는 것이다. 한편 윤 대통령의 거부권 행사로 결국 21대 국회에서 폐기된 개정안에는 적용대상을 하청과 특수고용노동자, 프리랜서, 플랫폼 노동자 등에도 확대한다는 내용이 담겼다.

▲ 2023년 11월 국회 본회의에서 통과한 노란봉투법

YES 노란봉투법 - 찬성

노동자의 권리 보장해야

그동안 기업들은 힘 있는 노동조합은 건드리지 않고 힘없는 노동자 개인에게 손배소와 가압류를 협박의 수단으로 써왔다. 손배소와 가압류를 통해 노조의 결속을 위축 · 약화시키고 더 나아가 노조를 파괴할 수 있는 유력한 수단으로 보편화시켰다. 정규직 노동자들은 거대노조에 소속돼 상대적으로 보호를 받는데 반해, 하청노동자들은 저임금 · 고강도 노동이라는 열악한 근무환경에 내몰릴 뿐 아니라 노조활동마저 법의 테두리 안에서 보장받지 못했던 것이다.

노란봉투법은 기본적으로 '손배폭탄 방지법'이다. 과도하고 무분별한 손해배상 소송으로 노조활동이 위축되는 것을 막고, 하청노동자들의 노동3권(단결권, 단체교섭권, 단체행동권)을 보장하기 위한 것이다. 사측은 이윤을 독점하고 사회적 책임을 방기하고 있다. 이런 탐욕을 제어하기 위한 최소한의 제도적 장치이며, 권리도 없이 방치된 비정규직 노동자의 권리를 보장하기 위한 시급한 민생현안인 것이다. 노란봉투법이 '사측의 재산권 보장을 위협한다'는 재계의 주장에 대해 '노동권은 당연히 재산권을 침해하는 것을 용인할 수 있다'며 노동계가 반박하는 이유다. 게다가 현재 법 체계는 합법적인 파업을 하기 어려운 구조다. 모든 파업이 불법이 될 수 있는 상황에서 '합법파업을 하라'는 주장은 상식적이지 않다.

손배폭탄 방지 위해 필요

- "약한 개인을 공격하는 사측의 손배해상 비용 폭탄을 막기 위한 것"
- "우리나라에서는 합법적인 파업이 불가능에 가까워"

NO 노란봉투법 - 반대

산업현장 대혼란 올 수 있어

사용자의 범위가 확대돼 하청업체가 원청 사용자를 대상으로 교섭을 요구하면 결국 기업활동을 영위할 수 없게 된다. 이렇게 되면 투자 결정과 같은 경영상 판단도 쟁의행위 대상이 될 수 있다는 것이다. 노란봉투법이 시행되면 사측은 폭력과 파괴로 인한 직접적 손해에만 배상 등을 청구할 수 있다. 이는 파업으로 인해 부수적인 피해를 입는 다른 노동자들의 권리를 침해할 뿐 아니라 기업이 손해배상 청구로 불법파업에 제동을 걸 수 없게 해 재산권 침해의 소지가 있다. 노동자의 권리는 중요하다. 그러나 사용자의 재산권도 중요하다.

근본적으로 노란봉투법은 불법적 파업에도 면죄부를 주는 것이다. 불법행위자가 피해를 배상하는 것은 법질서의 기본원칙인데, 노란봉투법은 오히려 불법행위자를 보호하고 피해자인 사용자에게만 피해를 감내하도록 하는 부당한 결과를 초래해 우리 경제질서를 심각하게 훼손할 것이다. 또한 불법파업의 피해는 다른 협력업체의 폐업으로까지 이어져 많은 노동자가 일자리를 잃게 된다. 어떤 노동쟁의로도 다른 노동자의 권리를 짓밟아서는 안 된다. 결국 노란봉투법은 노사관계를 파탄 내고, 산업생태계를 뿌리째 흔들어 미래세대의 일자리까지 위협하는 악법이 될 가능성이 크다.

불법파업 조장하는 법안

- "법안이 통과 · 시행되면 노사관계가 무너지는 건 불 보듯 뻔해"
- "노동자의 불법파업으로 인한 사측의 손해를 보상해야 할 책임 사라져"

논술·구술
'찬반토론'

08 일본산 수산물 수입

2023년 8월 24일 일본 도쿄전력이 오염수 해양방류를 개시하자 과거 일본산 수산물의 최대 시장이었던 중국은 즉각적으로 일본산 수산물 수입을 전면 중단했다. 같은 해 10월 2차 방류 후에는 중국에 이어 러시아까지 일본산 수산물 수입을 금지했다. 특히 러시아는 연방 수의식물위생감독국의 발표를 통해 일본산 수산물의 안전성에 대한 필요정보가 러시아 당국에 제공되고 이에 대한 분석을 마칠 때까지 수입금지 조치를 유지할 것이라며 일본에게 필요한 정보제공을 국가 차원에서 요구했다.

이와는 반대로 미국은 중국의 수입금지 조치를 '경제전쟁'의 일부라고 비난하고 즉시 주일미군에게 제공할 일본산 수산물을 대량 구매한다면서 우선적으로 가리비 1만t(톤)을 구매하기로 했다. 적대적인 미중 관계를 반영하듯 원전 오염수 방류와 수산물에 비판적인 중국을 겨냥한 조치로 보였다.

한편 일본 정부는 중국 대체시장을 확보하기 위해 베트남 수도 하노이에서 가리비 등 일본산 수산물을 홍보하는 행사를 개최하는 등 안전성 홍보와 대체시장 마련에 적극적으로 움직였다. 또한 가리비 조달에 차질을 빚은 대중국 수산업자들 역시 동남아시아로 가공공장을 이전하는 방안을 검토했다.

이런 가운데 우리나라는 공식적으로 원전사고 이후 지난 2013년 9월부터 후쿠시마를 비롯한 인근 8개 현의 모든 수산물 수입을 금지해오고 있다. 그러나 2023년 10월 12일 후쿠시마에서 생산된 수산물을 가공한 수산물 가공품이 별다른 규제 없이 국내에 수입·유통되고 있었던 것으로 드러났다. 심지어 후쿠시마산 수산물 유통과 관련해 정부가 '후쿠시마산 수산물 원산지 표기를 일본산으로 바꿔 표기하라는 지시'를 내린 것도 확인됐다.

식품의약품안전처는 후쿠시마를 포함한 인근 8개현에서 생산된 수산물 가공품 수입과 관련해 "계속 허용해왔고, 앞으로 기존 기준을 바꿀 계획은 없다"며 "방사능 검사를 통해 식품안전성을 지키고 있다"고 언급했다. 실제 정부가 일본 후쿠시마현에서 생산된 수산물 가공품에 대한 수입을 2023년 3분기 중 지속적으로 허가해온 것으로 확인됐다. 특히 후쿠시마 원전 오염수 방류가 시작된 같은 해 8월 24일에도 총 1.2t가량의 후쿠시마산 수산물 가공품이 국내 방사능 검사를 통과했다. 이런 정부 입장과 달리 국민들은 여전히 일본산 수산물 수입에 부정적이다. 여론조사기관인 여론조사꽃의 조사(2023년 9월 1~2일)에 따르면 10명 중 8명 정도가 일본산 수산물 수입 전면금지에 "찬성"하는 것으로 나타났다.

▲ 일본 후쿠시마 제1원전

YES 일본산 수산물 수입 - 찬성

과학적 검사 믿어도 돼

우리나라가 원전사고 후 일본 8개현으로부터의 수산물을 전면 수입금지하면서 한일 관계는 악화됐다. 국제원자력기구(IAEA)도 문제 없다고 하는데 과학적 근거도 없이 실시한 수입금지는 오히려 우리나라의 수산물 안전관리에 대한 부정적인 영향만 미쳤고, 그 결과 수입금지 조치 이후 국내산 수산물 판매가 줄었다. 과거 광우병에 대한 불안이 커지면서 미국산 소고기 수입 반대 시위가 전 국민적으로 있었다. 그러나 당시 일부 제한은 있었지만 미국산 소고기는 수입됐고, 국내에서 광우병에 걸린 환자는 한 명도 보고되지 않았다. 철저한 공급관리로 식품 안전관리가 가능하다는 말이다. 따라서 일본산 수산물만 금지하는 것은 공평하지 않다.

역사적인 한일 관계와 수산물 수입은 별개의 문제다. 바다에는 물리적 국경이 없고, 물고기는 회유성을 띤다. 우리나라 해역에 살던 물고기가 일본 해역으로 갈 수 있고 그 반대일 수도 있다. 일본에서 오염된 어류가 우리나라 해역으로 들어올 수 있는 만큼 일본산 수입을 막는다고 해서 우리가 일본 해역에서 살던 물고기를 먹지 않는다고 장담할 수 없는 것이다. 오히려 철저한 안전관리와 검사를 통해 문제 수산물을 걸러내는 시스템을 보완 · 확충함으로써 수산물 전체에 대한 국민의 불안을 불식시켜야 한다.

과학적으로 검증된 결과, 안전해

- "과학적 결과로 검증된 만큼 믿고 수입해도 돼"
- "과거 한일 관계의 역사와 수산물 수입은 별개의 문제"

NO 일본산 수산물 수입 - 반대

오죽하면 원산지 속여

후쿠시마 원전사고 이후 일본산 수산물에 대한 국민의 불신이 최고조에 달하고 있다. 10명 중 8명이 일본산 수산물을 금지시켜야 한다고 할 정도다. 정부는 “안전하다”, “아무 문제없다”면서 국민들의 우려를 ‘단순 괴담’으로 치부했으나, 원산지 표기를 일본산으로 바꿔 표기된 사례가 여러 차례 적발됐다. 2023년 상반기에만 일본산 수산물이 국내산으로 둔갑한 사례가 61건이나 적발됐다. 금액으로는 따지면 1억 9,114만원에 이른다. 이 가운데는 우리 국민이 즐겨 먹는 고등어, 명태, 대구 등의 수산물이 대거 포함돼 있다. 안전관리나 관리감독에 구멍이 있다는 의미다.

수산물 소비가 줄어들어 어민들의 생계가 위협받는다고 하지만 이런 우려는 정부가 일본산 수산물에 대한 우려를 괴담으로 몰고, 시장이 일본산을 국내산으로 속여 파는 것 때문이다. 또한 정부는 광우병 사태 당시 미국산 소고기에 대한 불안이 커졌으나 수입 이후 국내에서 광우병 발병 환자는 없었다며 일본산 수산물도 과한 불안이라고 한다. 하지만 우리가 광우병으로부터 안전했던 이유는 ‘소의 연령 30개월 미만’이란 기준을 세웠기 때문이다. 방사능은 미량이라고 해서 안전하다고는 누구도 장담할 수 없다. 국민의 안전은 타협할 수 있는 게 아니다.

원산지 표기도 바꾸니 불안해

- “국민들의 우려를 ‘단순 괴담’으로 치부하는 정부의 발표 신뢰할 수 없어”
- “원산지 표기를 바꿔서 파는 사례가 있어 더더욱 믿음이 가지 않아”

반드시 짚고 가야 할 기출 상식용어

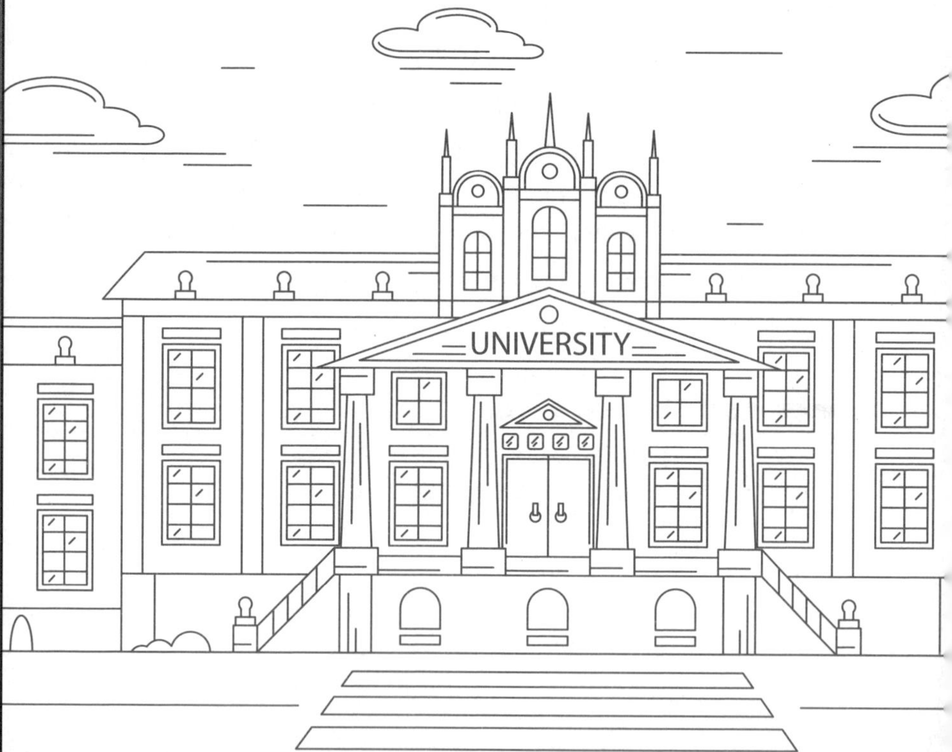

PART 4

논술 · 구술 '기출용어'

01 정치 · 법률 · 국제

02 경제 · 경영 · 금융

03 사회 · 교육

04 인문 · 문화 · 미디어

05 과학 · IT

01 정치 · 법률 · 국제

소년법

명지대, 전북대, 경기대

반사회성(反社會性)이 있는 소년의 환경 조정과 품행 교정(矯正)을 위한 보호처분 등의 필요한 조치를 하고, 형사처분에 관한 특별조치를 함으로써 소년이 건전하게 성장하도록 돕는 것을 목적으로 제정된 법률이다. 소년법상의 '소년'이란 만 19세 미만의 자를 말하는데, 이들은 사형 또는 무기형에 해당하는 범죄를 저지른 경우라 할지라도 15년의 유기징역 이상을 선고할 수 없다. 그러나 인천 초등학생 살인사건(2017년) 등 19세 미만인 소년들의 범죄가 흉악해지면서 소년법의 폐지를 두고 찬반 논란이 끊이지 않았다. 이에 지난 2022년 11월 정부는 소년범죄 종합대책을 발표하면서 형법 · 소년법을 개정해 촉법소년 상한연령을 '만 14세 미만'에서 '만 13세 미만'으로 1살 내리는 방안을 검토하겠다고 발표했다. 또 검찰청에 '소년부'를 설치하고 소년범죄 예방 · 교화를 위한 프로그램도 강화한다고 밝혔다.

옴부즈맨(Ombudsman) 제도

연세대

스웨덴을 비롯한 북유럽에서 발전된 제도로서 정부의 부당한 행정 조치를 시민들로부터 신고받아 대신 해결해주는 제도이다. 한국은 국민신문고 · 국민제안제도 등이 있다.

투키디데스(Thucydides)의 함정

서울대, 전남대

투키디데스는 기원전 465년경부터 기원전 400년경까지 살았다고 추정되는 고대 그리스 아테나의 역사가이다. 기원전 5세기경 지속된 아테나와 스파르타의 전쟁사를 담은 〈펠레폰네소스 전쟁사〉를 저술했으며 "역사는 영원히 되풀이된다"라는 명언을 남겼다. 미국 정치학자 그레이엄 앨리슨은 2017년 낸 저서 〈예정된 전쟁〉에서 기존 강국이던 스파르타와 신흥 강국이던 아테나가 맞붙었듯이 늘 역사는 반복되어 왔으며, 현재 미국과 중국의 세력 충돌은 또한 필연적이라는 주장을 하였다. 또한 이런 필연을 '투키디데스의 함정'이라고 명명했다.

반도체 칩과 과학법(CHIPS and Science Act)

미국이 중국과의 반도체산업 · 기술 패권에서 승리하기 위해 발표한 법률로, 미국 내 반도체공장 등 관련 시설을 건립하는 데 보조금과 세액공제를 지원한다는 내용을 골자로 한다. 그러나 발표 이후 세제지원에 대한 세부기준이 외국기업에 매우 불리한 것으로 알려져 논란이 됐다. 보조금 심사기준이 까다로운데다, 일정 규모 이상 지원금을 받은 기업은 현금흐름과 수익이 미국의 전망치를 초과하면 초과이익을 미국 정부와 공유해야 한다. 또 향후 10년간 중국을 비롯한 우려대상국에 첨단기술 투자를 해서는 안 된다는 '가드레일 조항'도 내세워 논란이 일었다.

한미방위비분담금특별협정

한반도에 미국이 군대를 주둔시킴으로써 얻는 안보적 이득에 대한 대가로, 한국이 미국에 지급하는 미군의 운용 · 주둔비용 지원금에 대한 협상을 말한다. 미국은 6 · 25 전쟁 이후 한미상호방위조약에 따라 한국에 미군을 주둔시켜왔는데, 이에 대해 한국이 방위비분담금을 지불하기 시작한 것은 1991년 한미 SOFA(주둔군지위협정)를 개정하면서부터이다.

국민참여재판

한동대, 백석대

만 20세 이상의 국민 중 무작위로 선정된 배심원(예비 배심원)이 참여하는 형사재판이다. 배심원으로 선정된 국민은 피고인의 유무죄에 관하여 판결을 내리고, 유죄 판결이 내려진 피고인에게 선고할 적정한 형벌을 토의하는 등 직접 재판에 참여하는 기회를 갖게 된다. 단 배심원의 의견은 법적인 구속력이 없고 권고적인 효력만 인정된다. 배심원들의 의견은 강제력이 없는 만큼 법정에서 따로 공개하지 않는 대신 배심원의 의견을 문서로 남겨 사건과 관련된 사람들은 열람할 수 있도록 한다.

국민참여재판의 특징

- 배심원들이 유 · 무죄를 판단하게 하고, 유죄 판단이 섰을 경우에는 배심원들이 법관과 함께 양형을 논의하도록 하지만 결정은 하지 못한다.
- 배심원의 의견은 원칙적으로 만장일치제로 하되, 의견 통일이 되지 않을 경우 법관과 함께 토론한 뒤 다수결로 유 · 무죄 여부를 가린다. 이와 함께 배심원의 의견에 대해서 '강제력'은 인정하지 않고, 권고적인 효력만 인정된다.
- 배심원들의 의견은 강제력이 없는 만큼 법정에서 따로 공개하지 않는 대신 배심원의 의견을 문서로 남겨 사건과 관련된 사람들은 열람할 수 있도록 한다.
- 법관이 배심원의 의견과 다른 판결을 하게 되면, 판결문에 배심원의 의견을 따로 기록하도록 한다.
- 피고인이 원하지 않으면 시행할 수 없다.
- 배심원단은 법정형이 사형일 때에는 9명, 그 밖의 사건은 7명으로 구성된다. 배심원은 해당 지방법원 관할 구역에 살고 있는 만 20세 이상 국민 중에서 무작위로 선정된다.
- 국회의원이나 변호사, 법원 · 검찰 공무원, 경찰, 군인 등은 배심원으로 선정될 수 없다.

포퓰리즘(Populism)

인하대, 연세대

대중의 지지를 얻기 위한 욕심으로 책임 의식이 부족하거나 결핍된 채, 인간 감성에 호소하고 단순한 해결책을 선동하는 정치 형태로, 일반 대중을 정치의 전면에 내세우고 동원시켜 권력을 유지하는 정치체제를 의미한다. 소수의 지배집단이 통치하는 엘리트주의와 반대적인 개념으로 볼 수 있다. 대중의 지지를 바탕으로 하지만, 실제로는 특정 지도자나 독재자의 권력을 공고히 하는 정치 행태이다.

G20(Great Twenty)

숭실대, 한양대, 국민대

선진 7개국 정상회담(G7)과 유럽연합(EU) 의장국, 신흥시장 12개국 등 총 20개국을 회원으로 하는 국제기구이다. 미국, 일본, 영국, 프랑스, 독일, 이탈리아, 캐나다, 유럽연합(EU) 의장국, 러시아, 브라질, 인도, 중국, 남아프리카공화국, 멕시코, 사우디아라비아, 대한민국, 호주, 튀르키예, 아르헨티나, 인도네시아 총 20개국이 회원국으로 가입해 있다. 주요 국제 금융현안을 비롯해서 세계경제가 안정적으로 성장하고, 국제 금융위기의 재발을 막기 위한 방안들을 논의한다. G20의 시작은 1999년 개최된 G7 재무장관회의에서 국제 금융시장 안정을 위해 신흥시장국이 참여하는 G20 창설에 합의하여 그해 12월 독일 베를린에서 제1차 G20 재무장관 · 중앙은행총재 회의가 개최되었고, 2008년 미국발(發) 금융위기가 전 세계로 번지면서 그해 11월 G20 국가 간 정상급 회의를 최초로 개최한 것이다. 2010년 우리나라에서 개최된 이후 2011년 프랑스, 2012년 멕시코, 2013년 러시아, 2014년 호주, 2015년 튀르키예, 2016년 중국, 2017년 독일, 2018년 아르헨티나, 2019년 일본, 2020년 사우디아라비아, 2021년 이탈리아, 2022년 인도네시아 순으로 회의를 개최했다. 2023년 제18회 정상회의는 인도 뉴델리에서 개최됐으며, 아프리카연합(AU)에 회원국 지위가 처음 부여되기도 했다. 2024년에는 리우데자네이루에서 열린다. 현재 G20 구성원들의 인구를 합치면 전 세계 인구의 3분의 2에 달하기에 G20에서 결정되는 주요 현안들은 국제적으로 매우 큰 영향력을 끼치고 있다.

슬로벌라이제이션(Slowbalisation)

국민대

영국의 경제 전문 주간지 〈이코노미스트〉가 2019년 진단한 세계경제의 흐름이다. '글로벌라이제이션(Globalization)의 속도가 점차 늦어진다(Slow)'는 의미를 담고 있다. 2008년 미국발 금융위기로 인해 많은 국가들이 자국 산업의 보호를 위해 부분적 보호무역주의를 실시했고 무역전쟁으로 이어지면서 이런 진단이 나오게 되었다. 개발도상국의 성장으로 무역시장의 역할 변화가 이뤄지면서 선진국과 개도국의 관계가 상호 호혜적 관계에서 경쟁적 관계로 변화한 것이 큰 요인이라고 평해진다.

PLUS ONE

글로벌라이제이션(Globalization)

전 세계가 경제적 · 정치적으로 통합되는 것을 말한다. 1990년대의 냉전 해체 이후 세계경제의 트렌드였다고 평해진다. 공산권의 개방 이후 운송비용과 통신비용이 빠른 속도로 절감되면서 세계의 실물경제와 금융경제는 빠르게 일체화되고 성장했다.

디리스킹(Derisking)

가톨릭대

'위험제거'를 뜻하는 영단어로 2023년 3월 30일 우르줄라 폰데어라이엔 유럽연합(EU) 집행위원장이 대중정책 관련 연설에서 언급하면서 주목받기 시작했다. 원래는 금융기관이 테러나 자금세탁 제재와 관련해 위험을 관리하기 위해 광범위하고 무차별적으로 거래를 중단하는 것을 가리키는 말이었다. 그러나 우르줄라 위원장의 연설 이후 경쟁 또는 적대관계의 세력으로부터의 탈동조화를 뜻하는 '디커플링(Decoupling)'을 대신하는 개념으로 본격 사용되면서 의미가 확대됐다. 이는 중국과 경제적 협력관계를 유지하면서도 중국에 대한 과도한 외교적 · 경제적 의존도를 낮춰 위험요소를 관리하겠다는 의도로 풀이된다.

지방자치

건국대, 한국외대, 명지대

한 국가 내 일정한 지역을 기초로 하는 지방자치단체가 중앙정부로부터 상대적인 자율성을 가지고 자치기관을 통하여 그 지방의 행정사무를 자율적으로 처리하는 활동 과정을 말한다. 지방자치의 개념에는 주민자치와 단체자치의 두 유형이 있는데, 전자는 관료 중심의 중앙집권적인 지방자치를 배제하여 주민이 지방자치의 주체가 되는 것이고, 후자는 국가로부터 지방공공단체가 독립하여 그 단체의 의사 및 기능을 결정한다는 것이다. 현대적 지방자치의 개념은 주민자치와 단체자치를 종합하여 지방적 행정사무를 지방단체에 맡겨 지방주민의 뜻에 따라 처리하는 것이다.

다국적 기업

동국대, 서울여대

2개국 이상에 영업 · 제조 거점 등 현지 법인을 두고 활동을 하는 기업으로 다국적 기업은 시장, 기술, 경영방법의 국제적 공동화가 이루어진다. 이와 같은 다국적 기업의 일반적인 경향은 국내 기업 활동과 해외 활동의 구별이 없으며, 중요시되는 것은 그 기업의 이익으로, 이익 획득을 위한 장소와 기회가 있으면 언제 어디로든 진출하는 것이다.

PLUS ONE

다국적 기업의 예

구글, 메타, 코카콜라, 맥도날드, 아마존, 나이키, 벤츠, 마이크로소프트, 아디다스, 테슬라 등

셰일가스(Shale Gas)

명지대

퇴적암의 한 종류인 셰일층에서 채굴할 수 있는 '액체 탄화수소'를 가리키는 말이다. 이전에는 채굴 불가능하거나 시추비용이 많이 들어 채산성이 없다고 여겨진 자원들이 미국을 중심으로 '수압파쇄', '수평시추' 등의 기술이 상용화되면서 채산성을 갖춘 자원이 됨에 따라 신에너지원으로 급부상했다. 수압파쇄 기술은 시추를 한 뒤 시추공 내로 물을 주입하여 지하 암석층에 균열을 일으켜 가스를 뽑아내는 기술이다. 수평시추 기술은 지면에서 수직으로 들어가 인근의 자원만 시추하던 종전의 기술과 달리, 수평에 가깝게 파고 들어가 시추 포인트당 자원과 접촉면을 넓혀 많은 양을 시추하는 방법이다.

한일청구권협정

서울대

한일국교 정상화와 보상 문제 해결을 위한 한일기본조약이 체결됨에 따라 대한민국과 일본 사이에 1965년 체결된 협정이다. 정식 명칭은 '대한민국과 일본국간의 재산 및 청구권에 관한 문제의 해결과 경제협력에 관한 협정'이다. 이 협정의 핵심은 일본이 한국에 10년에 걸쳐 무상 3억달러와 유상 2억달러를 제공하고, 양국과 그 국민의 재산 · 권리 및 이익과 청구권에 관한 문제가 완전히 그리고 최종적으로 해결됨을 확인한다는 것이다. 이 청구권협정에 대한 한일간의 해석은 엇갈리고 있으며, 현재도 외교적 논란이 되고 있다. 우리나라 강제동원 피해자들이 일본 기업을 대상으로 낸 소송을 두고서도 우리 법원의 판단이 엇갈린 바 있다. 청구권협정의 적용 대상이므로 이미 해결된 사안이라는 판결과 아직 개인의 청구권은 인정할 수 있다는 판결이 대립됐다.

세계화

동아대, 건국대

세계 여러 나라가 정치 · 경제 · 사회 · 문화 · 과학 등 다양한 분야에서 서로 많은 영향을 주고받으면서 교류가 많아지는 현상을 가리키는 말이다. 각 민족국가의 경계가 약화되고 세계 사회가 경제를 중심으로 통합해가는 현상으로 전 세계가 하나로 연결되고, 그 속에서 상호의존성이 심화됨을 뜻한다. 그동안 달랐던 사회가 전 세계적으로 서로 밀접한 관계를 갖는 연속적인 과정을 일컫는다. 세계화 과정의 기원에 대해서는 두 가지 상반된 의견이 있다. 근대화와 함께 시작되었다는 견해가 있는 반면, 인류의 역사 시작부터 세계화가 진행되었다는 견해도 있다. 세계화의 과정은 일반적으로 경제적인 관계를 일컫는 경우가 많지만, 최근에는 문화적인 측면의 세계화에 대한 논의가 활발하다.

사회계약설(社會契約說)

동국대, 연세대, 고려대

국가의 성립을 국민의 합의에서 비롯된 것으로 보고, 국민의 권리를 중요시하는 이론으로 영국의 홉스와 로크, 프랑스의 루소 등이 주장했다.

사회계약설 학자

- 홉스 : 자연 상태는 만인에 대한 만인의 투쟁이라고 보았기 때문에 모든 권리를 군주에게 위임함으로써 국가가 평화롭게 유지될 수 있다는 생각으로 군주주권론을 주장하였다.
- 로크 : 입헌군주제를 옹호하였고 대표자들에게 권리를 일부 양도한 후 국민은 국가에 대한 저항권을 지닐 수 있도록 하자고 주장하였다.
- 루소 : 홉스와 달리, 인간의 자연상태는 만인의 만인에 대한 투쟁이 아니라 우정과 조화가 지배하고 있다고 설명하고, 이 자연상태를 회복할 것을 주장했다. 그의 사상은 프랑스의 부르주아 혁명을 준비하는 과정에서 커다란 영향을 끼쳤다.

패스트트랙(Fast Track)

발의된 국회의 법안 처리가 무한정 미뤄지는 것을 막고, 법안을 신속하게 처리하기 위한 제도이다. 우리나라의 입법 과정은 해당 분야를 담당하는 상임위의 의결 → 법제사법위의 의결 → 본회의 의결 → 대통령 거부권 행사 여부 결정 순으로 진행된다. 본회의 의석수가 많더라도 해당 상임위 혹은 법사위 의결을 진행시킬 수 없어 법을 통과시키지 못하는 경우가 있는데, 이런 경우 소관 상임위 혹은 본회의 의석의 60%가 동의하면 '신속 처리 안건'으로 지정하여 본회의 투표까지 진행시킬 수 있다. 하지만 이를 위해 상임위 심의 180일, 법사위 회부 90일, 본회의 부의 60일, 최장 330일의 논의 기간을 의무적으로 갖는다.

브릭스(BRICS)

상명대

브라질(Brazil), 러시아(Russia), 인도(India), 중국(China), 남아프리카공화국(South Africa) 5개국의 영문 머리글자를 딴 것으로 골드만삭스가 2003년 10월에 발표한 투자전략보고서에서 처음 언급되었다. 많은 인구와 풍부한 자원을 배경으로 하여 1990년대 말부터 빠른 성장을 보인 신흥경제국들이다. 2030년 무렵이면 이들이 세계 최대의 경제권으로 도약할 것으로 평가되고 있다. 2023년 8월에는 사우디아라비아, 아르헨티나, 아랍에미리트(UAE), 에티오피아, 이란, 이집트가 새로운 회원국으로 포함돼 11개국으로 확대됐다.

고노 담화

일본군 위안부 모집에 대해 일본군이 강제 연행했다는 것을 인정하는 내용이 담긴 담화다. 1993년 8월 4일 고노 요헤이 일본 관방장관이 위안부 문제와 관련, 일본군 및 관헌의 관여와 징집 · 사역에서의 강제성을 인정하고 문제의 본질이 중대한 인권 침해였음을 인정하면서 사죄한 것으로 일본 정부의 공식 입장이다.

MICE산업

백석대, 인천대

MICE는 기업회의(Meeting), 인센티브관광(Incentive tour), 국제회의(Convention), 전시(Exhibition) 및 이벤트(Event)의 각 영어 앞 글자를 딴 말로서, 국제회의와 포상관광, 국제전시회와 이벤트를 주축으로 하는 산업을 의미한다. MICE산업으로 가장 유명한 국가는 싱가포르다. 주변 관광지와 지정학적 위치를 활용해 도시를 고층빌딩과 휴양지로 개발하여 각종 국제회의와 산업의 트렌드를 살펴볼 수 있는 전시회와 이벤트를 개최하고 있다. MICE를 유치하는 도시는 지역경제를 활성화하고 고용을 창출하며, 개최지의 이미지를 각인시킬 수 있다는 장점을 갖는다.

공적개발원조(ODA)

한국외대, 서울시립대

정부를 비롯한 공공기관이 개발도상국의 경제발전과 사회복지 증진을 목표로 제공하는 원조를 의미한다. 원조에는 개발도상국 정부 등에 제공되는 자금이나 기술협력이 포함된다. ODA(Official Development Assistance)는 '국제개발협력'이라는 더 넓은 의미로 이뤄지기도 한다. 선진국-개발도상국 사이의 다양한 통로로 지원해 개발도상국 내의 빈부격차를 줄이고 빈곤 문제를 해결하려는 국제사회 공동의 노력이다.

9 · 19 남북군사합의

2018년 9월 남북정상회담에서 남북이 군사적 긴장과 충돌의 근원이 되는 상대방에 대한 일체의 적대행위를 전면중지하기로 한 합의다. 그러나 윤석열 정부 들어 북한이 도발수위를 높이고, 우리나라도 이에 군사적으로 맞대응하면서 합의가 사실상 무용지물이 되었다는 평가가 나왔다. 결국 2024년 6월 북한의 지속적인 도발 행위 및 위협에 대응해 정부가 상호 신뢰가 회복될 때까지 합의 전부의 효력을 정지한다고 밝혀 긴장감이 고조됐다.

02 경제 · 경영 · 금융

보호무역주의

인천대, 건국대, 명지대

자유무역에 반대되는 개념으로 자국의 경제적 이익과 산업의 보호를 위해 무역 수출입에 정부가 관여하는 것이다. 국가가 특정 산업을 육성하고 싶으나 국제경쟁력이 떨어져 조치를 취하지 않으면 자연히 도태될 우려가 있는 경우, 해당 산업이 경쟁력을 갖게 되도록 다양한 방법을 취한다. 보호무역을 시행하는 방법으로는 수입 경쟁물품에 강한 관세를 매기거나 수입량을 제한하는 방식, 수입 업체에 페널티를 가하는 방식 등이 있다. 독일의 경제학자 프리드리히 리스트가 역설한 것으로 유명하다.

넛지 이론(Nudge Theory)

성신여대, 한양대, 계명대

2017년 노벨경제학상을 받은 행동경제학자 리처드 탈러와 하버드대학교의 캐스 선스타인 교수가 공동 집필한 〈넛지〉라는 책에 소개되며 화제가 된 행동경제학 이론이다. 'Nudge(넛지)'는 '쿡 찌르다, 환기시키다'를 뜻하는데, 상대방의 행동을 변화시키는 기발한 방법을 의미한다. 선택은 상대방에게 맡기되 그의 행동을 특정한 방향으로 유도할 수 있는 효과적인 방식을 제안하는 것이다. 예를 들면 암스테르담의 한 공항에서 남자 화장실 소변기 주변에 튄 소변으로 화장실이 더러워지는 문제를 개선하기 위해 소변기에 파리를 그려넣은 사례가 대표적이다. 이러한 방식은 '튀지 않도록 주의하세요, ~하지 마세요'와 같은 지시적인 메시지보다 효과적이다.

최저임금위원회

경희대, 국민대, 인하대, 인천대, 공주대

최저임금제도가 시행된 1987년부터 발족한 27명의 최저임금 심의 의결기구이다. 공익위원 9명, 근로자위원 9명, 사용자위원 9명으로 구성되어 있으며, 근로자위원은 보통 한국노총에서 5명, 민주노총에서 4명을 추천하고 고용노동부 장관의 제청으로 대통령이 위촉한다. 사용자위원은 전국경제인연합회와 한국경영자총협회 같은 사용자 단체에서 추천한 이들을 마찬가지로 고용노동부 장관이 제청하고 대통령의 위촉을 받는다. 공익위원은 고용노동부 장관의 제청에 따라 노동 · 경제 분야의 전문가들로 구성된다.

최저임금법 개정안

2018년 5월 28일 국회 본회의를 통과한 최저임금법의 개정안에 따르면, 기존에는 상여금과 식대, 교통비 등의 복리후생비 지급비용을 최저임금에 산입할 수 없었지만 2019년부터는 최저임금 25% 수준 이상으로 상여금을 지급할 경우, 25% 초과분은 최저임금 산정액에 포함할 수 있게 됐다. 식대, 교통비 등의 복리후생비 지급액은 최저임금의 7% 수준 이상 분 또한 최저임금에 산입 가능하다. 이후 초과분 기준 범위가 점점 확대됐고, 2024년부터는 매월 지급되는 정기상여금과 복리후생비 전액을 최저임금에 산입할 수 있게 됐다.

그린 택소노미(Green Taxonomy)

녹색산업을 뜻하는 '그린(Green)'과 분류학을 뜻하는 '택소노미(Taxonomy)'의 합성어다. 환경적으로 지속 가능한 경제활동의 범위를 정하는 것으로 친환경산업을 분류하기 위한 녹색산업 분류체계를 말한다. 녹색투자를 받을 수 있는 산업 여부를 판별하는 기준으로 활용된다. 2020년 6월 세계 최초로 유럽연합(EU)이 그린 택소노미를 발표했을 당시만 해도 원자력 관련 기술이 포함되지 않았지만, 2021년 12월에 마련한 초안에는 방사성폐기물을 안전하게 처리할 계획을 세우고 자금과 부지가 마련됐을 경우 친환경으로 분류될 수 있다는 내용이 새롭게 포함됐다.

유니콘 기업(Unicorn Company)

유니콘과 같이 '혜성처럼 나타난 기업'을 말한다. 2013년 카우보이 벤처스를 창업한 에일린 리가 처음 사용한 용어로, '생겨난 지 10년이 되지 않고 주식을 상장시키지 않았지만 기업가치가 10억달러(1조원)를 넘는 기업'을 가리킨다. 우리나라에서 유니콘 기업에 올라섰던 기업에는 온라인 상거래 업체 '쿠팡', 게임 배틀그라운드를 만든 IT업체 '크래프톤', 쿠차와 피키캐스트 등을 운영했던 '옐로모바일', 마스크팩 메디힐을 히트시킨 '엘엔피코스메틱', 배달의민족 어플로 유명한 '우아한 형제들', 금융앱 토스로 성공한 '비바리퍼블리카', 전자상거래 업체 '위메프', 숙박 중개 어플 '야놀자', 꿀광마스크 등으로 유명해진 화장품 회사 '지피클럽' 등이 있다. 2022년 기준 우리나라는 미국, 중국, 인도, 영국, 독일 등에 이어 열 한 번째로 유니콘 기업을 많이 보유하고 있다.

윤리적 소비(Ethical Consumption)

삼육대, 숙명여대, 경기대

윤리적 소비는 소비행위가 인류, 사회, 환경에 가져올 영향을 고려하여 소비하는 것을 뜻한다. 윤리적 소비의 주요 시장은 '공정무역', '친환경 농식품', '로컬푸드', '유기농 생활용품' 등이며 대안적 소비활동으로 '지속가능한 가치실천'을 목표로 한다. 동물복지인증 식품, 안심 먹거리의 구매운동 뿐만 아니라 해로운 제품 불매, 로컬소비 등이 윤리적 소비의 대표적인 사례에 속한다. 최근 MZ세대들은 윤리적 소비를 통한 지속가능성에 가치를 두는 세대로 이러한 MZ세대를 타깃으로 한 '리사이클링 시장'이 주목받고 있다.

공유경제

건국대, 서울여대

한 번 생산된 제품을 여럿이 공유해 쓰는 협력 소비를 기본으로 한 경제방식을 의미한다. 미국 하버드대학 법대 로런스 레식 교수가 2008년 처음 사용한 용어로, 대량 생산과 대량 소비가 특징인 20세기 자본주의 경제에 대비해 생겨난 개념이다. 즉, 물품이나 서비스 등을 개인이 소유할 필요 없이 필요한 만큼 빌려쓰고, 자신이 필요 없는 경우 다른 사람에게 빌려주는 공유소비의 의미를 담고 있다. 최근에는 경기침체와 환경오염에 대한 대안을 모색하는 사회운동으로 확대되어 쓰이고 있다. 소유자 입장에서는 효율을 높이고, 구매자는 싼 값에 이용할 수 있게 하는 소비 형태다.

ESG

한국외대, 경희대, 명지대

ESG는 'Environmental', 'Social', 'Governance'의 앞 글자를 딴 용어로 기업의 비재무적인 요소인 환경과 사회적 책무, 지배구조를 뜻한다. '지속가능한 경영방식'이라고도 하는데, 기업을 운영하면서 사회에 미칠 영향을 먼저 생각하는 것을 말한다. 사회적 책임감을 갖고 윤리적인 경영을 펼치는 것으로서, 지역사회와 공존하고 기후변화에 대처하며 지배구조의 윤리적 개선을 통해 지속적인 성과를 얻으려는 방식이다.

리쇼어링(Reshoring)

서울대

해외에 나가 있는 자국 기업들을 각종 세제 혜택과 규제 완화, 보조금 지급 등을 통해 자국으로 불러들이는 것을 말한다. 싼 인건비나 큰 시장을 찾아 외국으로 생산기지를 옮기는 '오프쇼어링(Off-shoring)'의 반대 개념이다. 국내 투자와 일자리가 지속적으로 감소하거나 코로나19 팬데믹과 같은 돌발 변수로 인해 글로벌 공급망의 불확실성이 증가하는 등 경제위기에 직면했을 때 각국 정부는 다양한 유인책을 통해 해외에 나가 있는 자국 기업의 유턴을 이끌어내고자 노력한다.

뉴노멀(New Normal)

성신여대

2008년 글로벌 경제위기 이후 등장한 새로운 세계 경제질서를 의미한다. 주로 새로운 경제 · 사회질서를 모색하는 시점에 등장하는데 2008년 위기 이후에는 저성장, 높은 실업률, 규제 강화, 미국 경제역할 축소 등이 뉴노멀로 지목됐다. 최근에는 사회 전반적으로 새로운 기준이나 표준이 보편화되는 현상을 이르기도 하며, 지난 코로나19 팬데믹으로 인해 비대면 · 온택트 · 인공지능 등이 새로운 뉴노멀로 떠올랐다.

기회비용

연세대

한 가지를 선택함으로써 포기하게 되는 다른 가치를 말한다. 어떤 재화의 용도가 여러 가지일 경우, 그중에서 한 가지만 선택할 수밖에 없을 때 포기한 것에 대하여 얻을 수 있는 이익을 평가한 것을 기회비용이라 한다. 예를 들어, 세 가지 이상의 경우에서 한 가지만 선택하여 두 가지 이상을 포기했다면, 포기한 것 중에서 제일 많은 이익을 기대할 수 있는 것 하나만을 기회비용으로 본다.

RE100(Renewable Energy 100%)

숙명여대

2050년까지 필요한 전력의 100%를 태양광, 풍력 등 재생에너지로만 충당하겠다는 기업들의 자발적인 약속이다. 2014년 영국의 비영리단체인 기후그룹과 탄소공개프로젝트가 처음 제시했다. RE100 가입 기업은 2024년 기준 전 세계에 걸쳐 총 430여 곳에 이른다. 우리나라의 경우 제조업의 에너지 사용량 중 전력에 대한 의존도가 48%나 돼 기업이 부담해야 할 비용이 막대하다는 이유로 2020년 초까지만 해도 RE100 참여 기업이 전무했다. 그러나 RE100의 세계적 확산에 따라 2020년 말부터 LG화학, SK하이닉스, SK텔레콤, 한화큐셀 등이 잇따라 참여를 선언했다.

환율(Exchange Rate)

경기대, 동국대, 한신대

외환의 가격으로 외화 1단위를 얻기 위해 지불해야 하는 자국 통화의 양으로서, 한 나라 통화의 대외 가치를 나타내는 자국 통화와 외국 통화의 교환 비율을 말한다. 환율이 올라가면 수입 감소, 수출 증대, 물가 상승, 차관기업의 원화 부담 증가 등의 현상이 나타나기 쉽다. 예를 들어, 어느 기업이 수입을 하는 경우 환율이 오르지 않았을 때는 1달러당 1,000원을 지불하면 되었는데, 환율이 상승했을 때는 1,200원을 지불해야 하는 상황이 발생한다. 반대로 수출 시에는 예전에는 1달러를 대금으로 받을 경우 1,000원을 받았는데, 1,200원을 받게 되므로 당연히 같은 양을 수출해도 돈을 더 벌게 된다. 하지만 이 경우에도 생산의 가장 기본적인 수입품목인 석유 가격이 오르게 되면 수출을 해서 돈을 벌어도 석유 값으로 나가야 하기 때문에 매출 증대 효과가 상쇄된다. 이것이 바로 호황 속의 불황 현상이다. 따라서 환율이란 돈을 바꾸는 비율이고 '평가 절상'이란 '환율 인하', 즉 돈을 바꿀 때 우리 돈의 값어치가 올라갔다는 것을 말한다.

환율 변동에 따른 경제활동 변화

구분	환율 상승	환율 하락
수출	증가	감소
수입	감소	증가
국내 경기	물가 상승	물가 하락
외채 부담	증가	감소
국제수지	개선	악화

실업

홍익대, 중앙대, 중부대

- 경기적 실업 : 경기가 침체됐을 때 인원 감축의 결과로 나타나는 실업으로, 일할 의사는 있지만 경기 악화로 인해서 발생하는 비자발적 실업의 한 형태이다. 경기가 회복되면 해소가 가능하지만 회복될 때까지 많은 시간이 필요하며, 경기변동은 주기적으로 발생하는 속성이 있어 경기적 실업은 끊임없이 발생하게 된다.
- 구조적 실업 : 경제가 성장함에 따라 산업구조 · 기술 등의 변화가 생기는데, 이에 적절하게 대응하지 못해 발생한다. 즉, 경제구조가 바뀌고 기술 격차가 발생할 때 이에 적응하지 못하는 근로자에게 발생하는 실업 유형이다.
- 계절적 실업 : 계절의 변동이 원인이 되는 실업을 말한다. 시기와 계절에 따라 생산물이 감소해 그 산업에 종사하는 사람들이 실업 상태가 되는 것을 뜻한다. 일반적으로 농업, 어업, 임업 등 1차 산업에서 자주 나타난다.
- 마찰적 실업 : 구직자, 근로자들이 더 좋은 조건을 찾는 탐색행위로 인해 발생하는 실업으로, 고용시장에서 노동의 수요와 공급 간에 소통이 원활하지 않아 발생한다.
- 비자발적 실업 : 일하고자 하는 의사는 있지만 고용시장의 사정이 어려워 일자리를 구하지 못해 발생한다.
- 자발적 실업 : 일할 능력과 의사는 있지만 현재의 임금수준이나 복지 등에 만족하지 못하고 다른 곳으로의 취업을 원하기 때문에 발생하는 실업이다.
- 잠재적 실업 : 표면적으로는 취업 중이지만 생계유지를 위해 잠시 만족스럽지 않은 직업에 종사하며 계속 구직에 힘쓰는 상태이다.

게임이론(Theory of Games)

숙명여대, 경기대

경쟁주체가 상대편의 대처 행동을 고려하면서 자기의 이익을 효과적으로 달성하기 위해 수단을 합리적으로 선택하는 행동을 수학적으로 분석하는 이론이다. 게임이론은 1944년 J. 폰 노이만과 O. 모르겐슈테른의 공저 〈게임이론과 경제행동〉에서 이론적 기초가 마련됐고, 2차 세계대전 당시 잠수함 전투에 이 이론을 이용한 미국의 물리학자인 P. 모스에 의해서 더욱 발전되었다. 상충적이고 경쟁적인 조건에서 경쟁자 간의 경쟁 상태를 모형화하여 참여자의 행동을 분석함으로써 최적의 전략을 선택하는 것을 이론화하려는 것이다.

한계효용체감의 법칙

건국대, 동국대

소비하는 재화의 마지막 단위가 가지는 효용을 뜻한다. 즉, 빵을 하나 먹으면 빵 하나의 효용이 한계효용이 되는 것이고 빵을 두 개 먹으면 두 번째의 빵이 한계효용인 것이다. 그런데 소비의 단위가 커지면 재화로부터 얻게 되는 만족이 점점 감소하게 되는데, 이것을 가리켜 '한계효용체감의 법칙'이라 한다. 예를 들면, 굶주린 상태에서 첫 번째 음식은 엄청난 만족을 가져다준다. 하지만 두 번째 음식을 먹을 때에는 첫 번째 음식보다는 만족도가 훨씬 줄어든다.

기본소득제

인하대, 인천대

정부가 모든 국민이 최소한의 인간다운 생활을 할 수 있도록 보장하자는 취지로 만든 제도로서 재산 · 소득 · 노동의 여부와 관계없이 국민 모두에게 똑같이 돈을 지급하는 것이다. 가구가 아닌 개인에게 지급되며 취업 의지나 노동에 대한 증명이 필요 없다는 점에서 일반적 사회보장제도와 구별된다.

기축통화

한국외대

역사적으로 국제사회를 주도하는 국가의 통화로서 국제거래의 결제 수단으로 널리 사용되는 통화를 말한다. 화폐의 통용성은 통화가치의 안정에 대한 신뢰와 명성에 달려 있다. 19세기에는 영국의 파운드가 기축통화 역할을 하였고 20세기 중반 이후에는 미국의 달러가 기축통화로서 자리를 잡았다. 특히 미국 달러의 경우 2차 세계대전 이후에 미국이 유럽의 국제수지 적자를 보전하고 경제회복에 필요한 재원을 지원하는 과정에서 달러를 공급한 데서 비롯되었다. 2차 세계대전 이후 4년간(1945~1949) 미국 정부는 여타 국가의 국제수지 불균형 보전을 위해 280억달러를 공급하였고 1950~1995년에는 마셜플랜(Marshall Plan)에 의하여 이러한 추세가 지속되었다.

기초연금

서울여대, 평택대

저소득 노인의 생활 안정과 복지 증진을 위해 제정한 것으로, 65세 이상의 노인을 대상으로 생활형편이 어려운 노년층에게 매월 일정액을 지급하여 생활비를 보조해주는 제도다. 국민연금과 연계하여 지급한다. 2024년 기준 65세 이상인 본인 및 배우자의 소득인정액이 213만원(단독가구) 또는 340만 8,000원(부부가구) 이하이면 기초연금수급자로 선정되어 기초연금을 받을 수 있다.

죄수의 딜레마

가톨릭대, 중앙대

합리적인 선택이 오히려 불리한 결과로 이어진다는 모순이론이다. 게임이론의 유명한 사례로, 2명이 참가하는 비제로섬 게임의 일종이다. 두 공범자를 심문할 때 상대방의 범죄사실을 밝히면 형량을 감해준다는 수사관의 말에 넘어가 말함으로써 무거운 형량을 선고받게 되는 현상이다. 죄수의 딜레마는 두 당사자 간 이익이 상반되는 상황에서는 언제든 나타날 수 있다.

인플레이션(Inflation)

인하대, 동국대, 숙명여대

화폐가치가 하락하여 물가수준이 지속적으로 상승하는 현상을 말한다. 물가상승률이 예측 가능하다면 기업가의 낙관적인 심리가 작용하여 투자를 촉진하지만, 예측 불가능한 인플레이션은 비생산적인 투기를 초래하여 근로의욕 및 투자활동을 위축시켜 경제성장을 저해한다. 한편 근원인플레이션(Core Inflation)은 기초경제 여건에 의하여 결정되는 장기적인 물가 상승을 말한다.

인플레이션의 종류와 원인

- 초과 수요 인플레이션(수요 견인 인플레이션) : 총수요가 총공급보다 큰 경우 발생한다. 이는 물가가 상승함과 동시에 GDP가 증가하며, 보통 경제성장 과정에서 발생한다.
- 비용 인상 인플레이션 : 원자재 가격, 임금 등 생산비의 상승이 원인이 되어 발생한다. 물가가 오르면서 GDP가 떨어지는 경우이기 때문에 경기침체를 야기한다.
- 관리가격 인플레이션 : 독과점 기업들의 트러스트나 카르텔로 인한 관리가격이 원인이 되어 발생하는 경우로 인플레이션의 결과, 통화가치가 하락되고, 통화의 구매력이 낮아지게 되면 물가 역시 상승한다. 이 경우 인플레이션을 심화시킨다.

PLUS ONE

스태그플레이션(Stagflation)

경기침체를 의미하는 '스태그네이션(Stagnation)'과 물가 상승을 의미하는 인플레이션을 합성한 용어로, 경제활동이 침체되고 있는 상황에서도 물가는 지속적으로 상승하고 있는 현상이다.

불황형 흑자

경기침체 상황에서 수출과 수입이 모두 줄어들면서 수출보다 수입이 더 감소해 무역수지가 흑자로 나타나는 것을 말한다. 표면적으로는 수출입 결과가 흑자라고 하더라도 실상 수출 감소를 동반한 흑자이기 때문에 우리나라처럼 수출의존도가 높은 국가의 경우 경기전반에 큰 타격을 줄 수 있다. 2023년 6월 무역수지가 소폭 흑자를 내 월간 무역수지가 16개월 만에 흑자로 돌아섰으나, 이는 월 수출 · 수입이 동반 감소한 가운데 수입이 수출보다 더 줄어들어 나타난 불황형 흑자였다.

베블런 효과(Veblen Effect)

숙명여대, 가천대

상품의 가격이 오르는데도 오히려 수요가 증가하는 현상이다. 가격은 가치를 반영한다고 생각하기 때문에 일부 계층의 과시욕이나 허영심을 자극해 수요가 줄어들지 않는 것이다. 예를 들어 보석류나 고가의 가전제품, 고급 승용차 등은 경제상황이 악화되어도 오히려 수요가 줄어들지 않는 경향이 있는데 이는 필요에 의해 구입하는 경우도 있지만, 단지 자신의 부를 과시해 허영심을 채우기 위해 구입하는 사람들이 많기 때문이다.

PLUS ONE

기펜재(Giffen Goods)

베블런 효과의 사치품과 같이 가격이 상승하면 오히려 수요량도 상승하는 재화이다. 하지만 이유는 정반대인데, 값싼 주식인 쌀의 가격이 오르면 오히려 사치품인 고기의 소비를 줄이고 쌀을 더 먹게 되는 것처럼 대체할 것이 없는 열등재(Inferior Goods)의 가격이 올라 소비자가 더 큰 부담을 지면서도 다른 품목의 소비를 줄이고 해당 재화를 구입하게 되는 것을 말한다.

세계대공황

명지대, 서울대, 이화여대

1929년 10월 24일 뉴욕 월가의 '뉴욕주식거래소'에서 주가가 대폭락한 데서 발단된 경제공황은 가장 전형적인 세계공황이다. 1933년 말까지 거의 모든 자본주의 국가들이 여기에 말려들었으며, 그 여파는 1939년까지 이어졌다. 주식에 투자한 사람들과 은행은 많은 돈을 잃었고, 과잉자본과 투기가 누적되어 주식시세의 폭락과 경기 후퇴로 이어졌다. 또한 대량 해고와 실직으로 실업률이 치솟아 25%에 달하였다. 하지만 이런 경제공황도 1930년대 후반부터 기세가 꺾이고 2차 세계대전이 일어나 군수물자 생산이 늘어나면서 끝났다.

채권(Bond)

정부, 공공단체와 주식회사 등이 일반인으로부터 비교적 거액의 자금을 일시에 조달받기 위하여 발행하는 차용증서이다. 유가증권채권은 차입기간 동안 확정이자 및 원금의 지급을 약속하는 하나의 금융상품으로 상환 기한이 정해져 있는 기한부 증권이자, 상환 시 받을 이자가 결정되어 있는 확정이자부증권이다. 채권은 투자자 보호조치 차원에서 발행할 수 있는 기관이나 회사를 법률로써 정한다.

채권 관련 용어

- 액면 : 채권 1장마다 권면에 표시되어 있는 1만원, 10만원, 100만원 등의 금액
- 단가 : 액면 만원당 단가
- 표면이율 : 액면에 대한 1년당 이자율을 의미하며, 할인채의 경우는 할인율로 표시
- 잔존기간 : 기존에 발행된 채권의 중도매매 시 매매일로부터 원금 상환까지의 기간
- 수익률 : 이율은 액면에 대한 이자율, 수익률은 투자 원금에 대한 수익의 비율
- 경과이자 : 발행일로부터 매매일까지의 기간 동안 표면이율에 의해 발생한 이자
- 발행일 : 채권의 신규 창출 기준일
- 매출일 : 채권이 실제로 신규 창출된 날짜

출구전략

가톨릭대, 서울시립대, 중앙대

원래 군사용어로 쓰이던 말로 미국의 베트남전 시절 아군의 피해를 최소화하면서 전쟁을 끝내려는 전략을 의미했다. 그런데 경제용어로 사용되면서 경기침체기에 경기를 부양하기 위하여 취했던 각종 완화 정책들을 경제에 부작용을 남기지 않게 하면서 서서히 거둬들이는 전략을 의미하게 되었다. 기업이 다른 기업을 인수·합병하였다가 가장 적절한 시기에 매각함으로써 이익을 실현하는 전략도 포함된다. 경기가 침체되면 기준금리를 내리거나 또는 재정지출을 확대하여 유동성 공급을 늘리는 조치를 취하게 된다. 이러한 조치는 나중에 경기가 회복되는 과정에서 과도하게 공급된 유동성으로 인해 물가가 상승하고

인플레이션을 초래하는 결과를 낳을 수 있다. 이에 따라 경제에 미칠 후유증을 최소화하면서 각종 비상조치를 정상화하여 재정 건전성을 강화해나가는 것이 바로 출구전략이다.

리니언시(Leniency)

덕성여대

'자진신고자 감면 제도'라고도 하며, 담합행위를 한 기업들의 자진신고를 유도하여 기업 간 상호불신을 자극하고, 담합을 방지하도록 하는 제도이다. 조사에 착수하기 전 담합 사실을 처음 신고한 업체에는 과징금 100%를 면제해주고, 2순위 신고자에게는 50%를 면제해준다. 이 제도를 통해 담함 참가기업 상호 간의 불신을 자극하여 담합을 사전에 방지하는 효과를 얻을 수 있다. 리니언시 제도의 가장 큰 장점은 적발하기 어려운 담합행위를 적발하는 데 유용하다는 것이다. 하지만 이 제도를 몇몇 기업들이 악용하면서 단점도 생겨났다. 2011년 생명보험회사들이 보험예정이자율 담합을 했던 사건을 예로 들 수 있다. 이때 삼성 · 교보와 같은 대기업이 운영하는 생명보험사들은 자진신고제도를 통해 1, 2순위를 차지하면서 과징금을 감면받았다. 하지만 얼마 후에 또 다시 보험사들이 변액보험 담합을 시도했는데, 이번에도 대기업 보험사들이 치열한 자진신고 순위 싸움을 하며 감면 혜택을 받았다. 담합을 주도한 것은 대기업이 운영하는 생명보험사들이었음에도 불구하고 리니언시를 악용해 감면 혜택을 받았고, 중소 보험회사들은 대형 회사들만 믿고 담합에 참여했다가 더 많은 과징금을 물게 된 것이다.

논술·구술 '기출용어'

03 사회·교육

공리주의

한양대, 경북대, 성균관대, 성신여대

'최대 다수의 최대 행복'이라는 명제에 기초하여 사회는 사회 구성원 중 다수의 행복을 극대화하는 방향으로 나아가야 한다는 주장이다. 각 개인 행복의 총합만으로 행복의 양을 결정하며 집단의 행복 및 집단의 이익은 따로 계산하지 않는다. 철학자 '제러미 벤담과 제임스 밀, 존 스튜어트 밀'을 중심으로 전개된 사상을 말한다.

숙의민주주의

서울대, 청주교대, 부경대, 전북대

'숙의(熟議)'는 '깊이 생각하여 넉넉히 의논함'을 뜻하는 것으로, 이러한 '숙의'가 의사결정의 중심이 되는 형식을 숙의민주주의라고 한다. 직접민주주의 형태로서, 다수결로 대표되는 대의민주주의의 한계를 보완하는 기능을 한다. 첨예한 갈등이 존재하는 사안에 관하여 단순히 찬성 혹은 반대로 의견을 대립하는 것이 아니라 충분한 시간을 두고 전문가가 제공하는 지식과 정보를 바탕으로 한 학습 및 의견수렴 과정을 거치며, 이해와 공감으로 해결책을 도출해낸다는 장점을 가지고 있다.

대의제

서울대

대의제는 국민이 선거를 통해 대표자를 선출하여 간접적으로 정치에 참여하는 것으로서 '대의민주주의' 또는 '간접민주주의'라고도 한다. 고대 아테네에서는 시민들이 직접 정치에 참여하는 직접민주정치제도를 따랐지만 인구가 증가하고 국가의 범위가 커짐에 따라 이러한 직접민주정치는 현실적으로 불가능하게 되었다. 따라서 이를 대신하여 국민들은 투표를 통해 자신의 의견을 대표할 수 있는 대표자를 선출하고, 이들을 통해 정치에 간접적으로 참여하는 제도인 대의제를 발달시키게 되었다. 이러한 대의제의 형태로는 의원내각제와 대통령제가 있다.

젠트리피케이션(Gentrification)

경희대, 명지대, 이화여대

낙후된 구도심 지역이 활성화되어 중산층 이상의 계층이 유입됨으로써 기존의 저소득층 원주민을 대체하는 현상을 말한다. 지주계급 또는 신사계급을 뜻하는 '젠트리(Gentry)'에서 파생된 용어로, 1964년 영국의 사회학자 루스 글라스가 처음 사용했다. 런던 서부에 위치한 첼시와 햄프스테드 등 하층계급 주거지역이 중산층 이상의 계층 유입으로 인하여 고급 주거지역으로 탈바꿈하면서 기존의 하층계급 주민은 치솟은 주거비용을 감당하지 못하여 결과적으로 살던 곳에서 쫓겨나게 되었는데, 이로 인해 지역 전체의 구성과 성격이 변한 것에서 유래했다. 우리나라에서는 서촌, 해방촌, 경리단길, 성수동 서울숲길 등이 대표적이다.

메디치 효과(Medici Effect)

서로 다른 이질적인 분야들이 결합할 때 각 요소가 지니는 에너지의 합보다 더 큰 에너지를 분출하여 창조적이고 혁신적인 시너지를 창출하는 현상을 말한다. 15세기 중세 이탈리아 피렌체의 메디치 가문에서 유래한 용어이다. 당시 메디치 가문은 문학, 철학, 과학 등 여러 분야의 전문가를 후원했는데 이 과정에서 자연스럽게 각 분야가 서로 융합돼 큰 시너지를 일으켰다고 한다.

임금피크제

인하대, 국민대, 숙명여대

일정 나이가 지나면 정년은 보장하지만 임금을 삭감하는 제도를 말한다. 임금은 줄어들지만 대신 정년을 보장받을 수 있다는 것이 장점이다. 정년보장형과 정년연장형으로 나뉘는데 우리나라는 대다수의 기업들이 정년보장형을 채택하고 있다. 임금피크제를 시행하면 기업의 입장에서는 인건비 절감, 숙련된 인력의 안정적 확보가 가능하고, 근로자의 입장에서는 생활의 안정, 근로기회 확보 등의 효과를 볼 수 있다.

성인지 감수성

KAIST

1995년 베이징에서 열린 제4차 유엔 여성대회에서 사용된 이후 통용된 여성·사회학 용어이다. 사회학적으로 다양한 상황에서 성별 불균형적인 상황을 인식하고 성차별적 요소를 제거하며, 행동을 조심하는 인지능력을 가리킨다. 즉, 남자 또는 여자라는 이유로 비하하거나 불이익을 줄 수 있는 말과 행동을 섬세하게 가려내는 판단력이다. 법률적으로 성인지 감수성은 각종 성범죄 재판의 심리 과정에서 성 문제의 특성을 고려해 심리를 진행해야 한다는 개념으로 활용되고 있다. 2018년 대법원 판례에서 처음 언급되었고 이후 하급심의 성범죄 판결에서도 거론되었다.

킬러문항

성신여대

수능에서 상위권 수험생들의 변별력을 확보하기 위해 출제기관이 의도적으로 시험에 포함하는 초고난도 문제로 정답률이 전체 수험생의 10%가 되지 않는 문제나 공교육 과정을 벗어난 문제 등을 가리킨다. 윤석열 정부는 킬러문항이 학생들을 사교육으로 내모는 근본원인이라며, 2024학년도 수능부터 공교육 과정에서 다루지 않는 내용은 시험에서 배제하기로 했다. 그러나 정부의 이러한 방침이 수능을 몇 개월 앞두지 않은 시점에 갑작스레 발표돼 교육현장에 혼란을 일으킨 바 있다. 2023년 11월 16일 치러진 2024학년도 수능에서는 정부의 공언대로 킬러문항이 출제되지는 않은 것으로 평가됐으나, 변별력 확보를 위해 '불수능'을 택한 것으로 분석됐다.

그린워싱(Green Washing)

부산교대, 고려대, 숭실대, 인천대

친환경 제품이 아닌 것을 친환경 제품으로 속여 홍보하는 것이다. 초록을 뜻하는 '그린(Green)'과 영화 등의 작품에서 백인 배우가 유색인종 캐릭터를 맡을 때 사용하는 '화이트 워싱(White Washing)'의 합성어로 '위장환경주의'라고도 한다. 기업이 제품을 만드는 과정에서 환경오염을 유발하지만 친환경 재질을 이용한 제품포장 등만을 부각해 마케팅하는 것이 그린워싱의 사례다. 2007년 미국 테라초이스가 발표한 그린워싱의 7가지 유형을 보면 ▲ 상충효과 감추기 ▲ 증거 불충분 ▲ 애매모호한 주장 ▲ 관련성 없는 주장 ▲ 거짓말 ▲ 유행상품 정당화 ▲ 부적절한 인증라벨이 있다.

학교폭력 근절 종합대책

2023년 4월 정부가 11년 만에 학교폭력(학폭) 근절 종합대책을 대대적으로 손질했다. 이에 따라 2026학년도 대입부터 학폭 가해학생에 대한 처분결과가 수시는 물론 수능점수 위주인 정시전형에도 의무적으로 반영된다. 또 중대한 처분결과는 학교생활기록부 보존기간이 졸업 후 최대 4년으로 연장돼 대입은 물론 취업에도 영향을 미칠 수 있게 됐다. 정부의 대책 발표 이후 사회적 분위기 등을 고려해 2025학년도부터 수능 위주 전형에 학폭조치를 반영하는 대학들도 나왔다.

저출산 · 고령화 현상

한국교원대, 서울대, 광운대, 이화여대

저출산 현상은 태어나는 아이의 수가 감소하여 사회의 출산율이 낮아지는 현상이며, 고령화 현상은 전체 인구 가운데 만 65세 이상 노년 인구가 차지하는 비율이 높아지는 현상이다.

PLUS ONE

인구절벽

한 세대의 소비가 정점을 찍고 다음 세대가 소비 주역이 될 때까지 경기가 둔화하는 것을 가리킨다. 이는 경제 예측 전문가인 해리 덴트가 자신의 저서 〈인구절벽(Demographic Cliff)〉에서 사용한 용어로, 청장년층의 인구 그래프가 절벽과 같이 떨어지는 것을 비유한 것이다. 그에 따르면 한국 경제에도 인구절벽이 시작된다고 예상됐다.

고령화사회의 구분

- 연소인구 사회 : 65세 이상의 인구가 4% 미만인 사회
- 고령화사회 : 65세 이상 인구가 총인구를 차지하는 비율이 7% 이상인 사회
- 고령사회 : 65세 이상 인구가 총인구를 차지하는 비율이 14% 이상인 사회
- 후기 고령사회(초고령사회) : 65세 이상 인구가 총인구를 차지하는 비율이 20% 이상인 사회

가스라이팅

충남대, 백석대

연극 〈가스등(Gas Light)〉에서 유래한 말로 세뇌를 통해 정신적 학대를 당하는 것을 뜻하는 심리학 용어다. 타인의 심리나 상황을 교묘하게 조작해 그 사람이 스스로 의심하게 만들어 타인에 대한 지배력을 강화하는 행위다. 타인의 심리나 상황을 교묘하게 조작해 그 사람이 현실감과 판단력을 잃게 만들고, 이로써 타인에 대한 통제능력을 행사하는 것을 말한다.

업사이클링(Up-cycling)

신한대, 동국대, 가톨릭대

단순히 쓸모없어진 것을 재사용하는 리사이클링(Recycling)의 상위 개념으로 재활용품에 디자인 또는 활용도를 더해 가치가 더 높은 전혀 다른 제품으로 생산하는 것을 말한다.

주52시간 근무제

경희대

노동시간을 주 최대 68시간에서 52시간으로 단축하고 특례업종을 축소하는 내용을 담은 '근로기준법' 개정안의 핵심 내용이다. 2018년 2월에 국회를 통과했고, 2018년 7월 1일 부로 주52시간 근무제가 단계적으로 시행됐다. 300인 이상의 대기업과 공공기관에서 처음 시행됐고, 2020년 1월부터는 50~300인 미만 중소 사업장에, 2021년 7월부터는 5~50인 미만의 소규모 사업체에 적용됐다. 주52시간 근로제에는 휴일 근로가 연장 근로에 포함되며, 이를 위반한 사용자는 2년 이하의 징역 또는 2,000만원 이하의 벌금에 처해진다.

그루밍 성폭력(Grooming Crime)

광운대

피해자와 친분을 쌓아 심리적으로 지배한 뒤 피해자에게 성적 가해를 하는 것을 뜻한다. 'Grooming', 즉 길들인다는 의미대로 가해자는 피해자에게 원하는 것을 주거나 희망을 주어서 성적 가해를 하여도 거부할 수 없게 만든다. 경제적 · 심리적으로 취약한 아동 · 청소년에 대한 성범죄에서 쉽게 나타난다. 표면적으로는 피해자가 동의한 것처럼 보여 처벌이 어려워지기도 한다.

알파세대(Alpha Generation)

2010년 이후에 태어난 이들을 지칭하는 용어로 다른 세대와 달리 순수하게 디지털 세계에서 나고 자란 최초의 세대로도 분류된다. 어릴 때부터 기술적 진보를 경험했기 때문에 스마트폰이나 인공지능(AI), 로봇 등을 사용하는 것에 익숙하다. 그러나 사람과의 소통보다 기계와의 일방적 소통에 익숙해 정서나 사회성 발달에 부정적인 영향이 나타날 수 있다는 우려도 있다. 알파세대는 2025년 약 22억명에 달할 것으로 예측되고 있으며, 소비시장에서도 영향력을 확대하는 추세다.

노란봉투법

대전대

기업이 노조의 파업으로 발생한 손실에 대해 무분별한 손해배상소송 제기와 가압류 집행을 제한하는 등의 내용을 담은 법안이다. '노동조합 및 노동관계조정법 개정안'이라고도 한다. '노란봉투법'이라는 명칭은 2014년 법원이 쌍용차 파업에 참여한 노동자들에게 47억원의 손해를 배상하라는 판결을 내리자 한 시민이 언론사에 4만 7,000원이 담긴 노란봉투를 보내온 데서 유래했다. 해당 법안은 19 · 20대 국회에서 발의됐으나 모두 폐기됐고, 21대 국회에서는 야당의 주도로 2023년 11월 19일 국회 본회의를 통과했으나 윤석열 대통령이 거부권을 행사, 재투표 결과 '재적의원 3분의 2 찬성' 요건을 충족하지 못해 결국 폐기됐다.

님비(NIMBY) 현상

서일대, 대경대

'Not In My Back Yard(나의 뒷마당에서는 안 된다)'의 약어로, 폐기물 처리장, 장애인 시설, 교도소 등 혐오시설이나 수익성이 없는 시설이 자기 지역으로 들어오는 것을 반대하는 현상이다. 지역이기주의의 또 다른 형태이다.

PLUS ONE

핌피(PIMPY) 현상

'Please In My Front Yard(제발, 우리 앞마당에!)'의 약어로, 사람들이 선호하거나 수익성 있는 시설을 자기 지역에 적극적으로 유치하려는 현상이다. 지역이기주의의 일종이다.

님투(NIMTOO) 현상

'Not In My Terms Of Office'의 약어로, 쓰레기 매립장, 분뇨처리장, 하수처리장, 공동묘지 등 주민들의 민원이 발생할 소지가 많은 혐오시설을 공직자가 자신의 재임기간 중에 설치하지 않고 임기를 마치려는 현상을 일컫는다. 님트(NIMT ; Not In My Term) 현상이라고도 한다.

눔프(NOOMP) 현상

'Not Out Of My Pocket'의 첫 글자를 따서 만든 용어로, 복지 수준 향상을 원하고 복지 혜택을 받기를 원하면서도 필요한 재원부담을 꺼려 '나의 비용부담은 가장 적게, 가장 나중에' 하려는 현상이다.

리터러시(Literacy)

경희대, 서울대, 한양대

'읽고 쓸 수 있는 능력'을 말하는 것으로 문자로 이루어진 자료를 통해 지식·정보를 획득하고 이를 이해하는 능력이다. 우리말로 옮기면 '문해력'이라고 할 수 있다. 그러나 리터러시가 단순히 읽고 쓰고 이해하는 것만을 의미하는 것은 아니다. 어떠한 사회문화적 현상이나 혹은 정치적 사안을 다각도로 분석하고 그 본질을 올바르게 이해하는 것을 뜻하기도 한다. 이는 하루가 다르게 진보하고 변화하는 현대사회 속에서 문제의식을 갖고 사회적 위기에 대처하는 능력으로도 발전할 수 있다.

PLUS ONE

디지털 리터러시

스마트폰이 상용화되고 첨단화된 디지털 기기들이 등장하면서 사람들은 디지털에 깊게 의존하고 있다. 디지털 리터러시는 이러한 현실에서 디지털 기기나 기기를 통해 실현되는 다양한 서비스 · 기술에 매몰되지 않고, 인간성을 지키며 올바르게 사용하는 것을 뜻한다.

팬데믹(Pandemic)

세명대, 을지대, 서울시립대

세계보건기구(WHO)가 감염병이 전 지구적으로 유행하고 있음을 선포하는 감염병 경고 최고등급이다. 범유행 또는 세계적 대유행이라고 부르기도 한다. 세계보건기구는 감염병의 유행 정도에 따라 그 단계를 6개로 나눈다. 1단계는 동물에 한정된 감염이며, 2단계는 동물에서 소수의 사람에게 감염되는 것, 3단계는 사람 사이에서 감염이 늘어나는 상태, 4단계는 사람 간 감염이 급속하게 확산되면서 유행병이 발생할 초기 무렵, 5단계는 최소 2개국의 나라까지 감염이 널리 확산된 상태이고, 6단계는 국가를 넘어 다른 대륙으로까지 감염이 발생하는 상태다. 세계보건기구는 현재까지 1968년의 홍콩독감, 2009년의 신종플루 그리고 코로나19 감염사태에 대해 팬데믹을 선포했다.

출생통보제

의료기관이 출생정보를 건강보험심사평가원(심평원)을 통해 지자체에 통보하고, 지자체가 부모 대신 아동의 출생신고를 하도록 하는 제도다. 원래 부모에게만 있던 출생신고 의무를 의료기관에도 부과함으로써 부모가 고의로 출생신고를 누락하는 등의 '유령아동'이 생기지 않도록 하기 위한 조치다. 출생통보제 법안이 2023년 6월 30일 국회를 통과한 이후 산모가 신원을 숨기고 출산해도 정부가 아동의 출생신고를 할 수 있도록 하는 '보호출산제'도 같은 해 10월 6일 국회를 통과해 두 법안 모두 2024년 7월부터 시행됐다.

디지털 디바이드(Digital Divide)

동국대

디지털 기기를 잘 사용하는 사람과 사용하지 못하는 사람 사이에 정보 격차와 갈등이 발생하는 것을 의미한다. 디지털 기기의 발전과 그에 따른 통신문화의 확산으로, 이를 제대로 활용하는 사람들은 지식 축적과 함께 소득까지 증가하는 반면, 경제 · 사회적인 이유로 디지털 기기를 활용하지 못하는 사람들은 상대적으로 심각한 정보 격차를 느끼며 소외감을 느끼게 된다. 전문가들은 디지털 디바이드를 극복하지 못하면 사회 안정에 해가 될 수 있다고 주장한다.

노블레스 오블리주(Noblesse Oblige)

서일대, 중앙대

사회지도층의 책임 있는 행동을 강조하는 프랑스어로, 초기 로마시대에 투철한 도덕의식과 솔선수범하는 공공정신을 보인 왕과 귀족들의 행동에서 비롯되었다. 귀족사회를 지키기 위한 수단으로 볼 수도 있지만, 도덕적 책임과 의무를 다하려는 사회지도층의 노력으로써 결과적으로 국민들을 결집하는 긍정적인 효과를 기대할 수 있었다. 최근 국내 대기업 총수들이 노블레스 오블리주의 전면에 나서고 있는 것은 획기적인 변화라고 할 수 있지만, 마이크로소프트 창업주인 빌 게이츠와 버크셔 해서웨이의 회장인 워런 버핏이 전 재산의 99% 이상을 기부하겠다고 밝힌 것을 보면 우리나라에서는 뒤늦은 감도 있다.

PLUS ONE

리세스 오블리주(Richesse Oblige)

부자가 쌓은 부(富)에도 사회적인 책임이 따른다는 의미이다. 노블레스 오블리주가 지도자층의 도덕적 심성과 책임감을 요구하는 것이라면 리세스 오블리주는 부자들의 부의 독식을 부정적으로 보며 사회적 책임을 강조한다. 2011년 미국에서 일어난 월가 시위에서 '1대 99'라는 슬로건이 등장하는 등 1%의 탐욕과 부의 집중을 공격하는 용어로 쓰인다.

노블레스 말라드(Noblesse Malade)

'귀족'을 뜻하는 프랑스어 'Noblesse'와 '아픈', '병든'을 뜻하는 'Malade'의 합성어로, '부패한 귀족'을 의미한다. 오늘날로 말하면 '갑질'하는 기득권층이나 권력에 기대 부정부패를 일삼는 부유층을 가리킨다. 노블레스 오블리주와 반대되는 개념으로 그룹 회장의 기사 폭행, 최순실의 국정 농단, 땅콩 회항 사건 등 권력층의 각종 비리들을 예로 들 수 있다.

머그샷

삼육대

피의자를 식별하기 위해 구치소, 교도소에 구금될 때 촬영하는 얼굴사진을 말한다. 피의자의 정면과 측면을 촬영하며, 재판에서 최종무죄판결이 나더라도 폐기되지 않고 보존된다. 우리나라에서는 2023년 들어 '부산 돌려차기 사건'과 '또래 살인사건' 등 강력범죄가 불거지면서 중대 범죄자에 대한 신상공개제도의 실효성이 도마에 올랐고, 이에 정부와 여당은 머그샷을 공개하는 내용을 포함한 특별법 제정을 추진해 국회에서 통과시켰다.

무장애 여행

세종대, 경희대

거동이 불편한 장애인, 노약자 등 여행 약자들도 편하게 여행을 다닐 수 있는 환경 또는 여행지를 말한다. 최근에는 유모차가 필요한 영 · 유아 동반 가족 등 조금 더 다양한 여행객들로 범위를 넓히고 있다. 휠체어와 유모차가 자유롭게 오갈 수 있는 도로환경을 조성하고, 휠체어 리프트 차량을 대여하는 등의 서비스를 펼치는 지자체 · 관광업체가 늘어나고 있다.

다문화 가정

한국교원대, 숙명여대, 한국외대

최근 들어 국제결혼이 늘어나면서 이중문화 가정, 서로 다른 인종 사이에서 태어난 자녀를 일컫는 혼혈인 가정 등으로 불리는 '다문화 가정'이 증가하고 있다. 다문화 가정의 증가는 글로벌 시대에 따른 자연스러운 현상이지만, 다문화 가정의 아동들은 외국인으로 치부되면서 한 동족으로 인정하기를 거부하는 한국 사회의 편견으로 인해 심리적 고립감, 정서적 소외감을 경험하게 되고, 또한 한국어를 잘하지 못해 한국어를 배우고 친구를 사귀는 데 상당한 어려움을 겪는다. 다문화 가정의 아동들은 원활하지 못한 부모의 한국어 능력 때문에 자신이 겪고 있는 사회 · 심리적인 갈등을 해결하지 못하고, 이로 인한 좌절감으로 심한 자아정체감의 위기를 겪기도 한다.

양극화

서울대, 가톨릭대

소득이나 자산과 같은 경제적 불평등이 심화돼 중산층의 지위의 유지와 상승이 어렵게 되고 빈곤층이 증가되는 사회적 현상이다. 한국의 양극화 현상은 1990년대 후반부터 본격적으로 나타나기 시작했으며, 경제적 불평등은 사회·문화 등 다양한 분야로 확대되고 있다. 빈부격차의 원인은 자본주의의 근간인 사유재산의 인정과 자유로운 경제활동의 보장 때문이다. 각종 통계에 따르면, 최저 생계집단과 최고 생계집단 간의 격차가 점차 심화되고 있다. 고소득층의 경우 경제성장률에 큰 영향없이 소득이 증가하고 있는 반면, 저소득층은 경제성장에 많은 영향을 받으며 갈수록 소득이 감소하는 것으로 알려져 사회적으로 그 심각성이 대두되고 있다.

고교학점제

공주대, 서울시립대

고등학생도 대학생처럼 진로와 적성에 맞는 과목을 골라 듣고 일정 수준 이상의 학점을 채우면 졸업할 수 있도록 한 제도다. 일부 과목은 필수로 이수해야 하고, 3년간 총 192학점을 이수하면 졸업할 수 있다. 교육부는 고교학점제를 2025년에 전면적으로 시행하기 위해 2023년부터 부분적으로 도입했다. 고교학점제에서는 다양한 선택과목들을 개설함으로써 자율성을 살리고 진로를 감안하여 수업을 선택한다. 또한 2025학년도부터 기존처럼 상대평가로 내신 9등급을 산출하지 않고, 전과목 5등급 상대평가제로 개편한다. 학교생활기록부에는 과목별 절대평가(성취평가)와 상대평가 성적이 함께 기재되지만, 대입에서는 상대평가 성적이 활용되기 때문에 사실상 상대평가에 해당한다.

매슬로우의 동기이론

백석대, 가천대

인간의 욕구는 타고난 것이라 하며 욕구를 강도와 중요성에 따라 5단계로 분류한 아브라함 매슬로우(Abraham H. Maslow)의 이론이다. 계층적(하위 단계에서 상위 단계)으로 배열되어 하위 단계의 욕구가 충족되면 그 다음 단계의 욕구가 발생한다는 것이다. 매슬로우에 따르면 욕구는 행동을 일으키는 동기요인이며 인간의 욕구는 그 충족도에 따라 낮은 단계에서부터 높은 단계로 성장해간다.

PLUS ONE

매슬로우의 욕구 5단계

- 1단계 : 생리적 욕구 → 먹고 자는 것, 종족 보존 등 최하위 단계의 욕구
- 2단계 : 안전에 대한 욕구 → 추위 · 질병 · 위험 등으로부터 자신을 보호하는 욕구
- 3단계 : 애정과 소속에 대한 욕구 → 가정을 이루거나 친구를 사귀는 등 어떤 조직이나 단체에 소속되어 애정을 주고받는 욕구
- 4단계 : 자기존중의 욕구 → 소속단체의 구성원으로 명예나 권력을 누리려는 욕구
- 5단계 : 자아실현의 욕구 → 자신의 재능과 잠재력을 충분히 발휘하여 자기가 이룰 수 있는 모든 것을 성취하려는 최고 수준의 욕구

워케이션(Workation)

명지대

'일'을 뜻하는 'Work'와 '휴가'를 뜻하는 'Vacation'의 합성어로 휴가지에서의 업무를 급여가 발생하는 일로 인정해주는 근무형태다. 일과 삶의 균형을 위해 시간과 장소에 구애받지 않고 회사 이외 장소에서 근무하는 형태의 텔레워크(Telework) 이후에 새롭게 등장한 근무방식이다. 미국에서 시작됐으며 최근 국내와 일본에서도 노동력 부족과 장시간 노동을 해결하기 위한 방안으로 점차 확산되고 있다.

역사수정주의

서울대

기존에 정설로 굳어진 역사적 사실에 이의를 제기해, 그런 사실이 존재하지 않았거나 사실과 다르다고 주장하는 역사관을 말한다. 주류 사학계가 가진 역사적 견해를 재해석하여 역사적 사실을 부정하거나 거부하기도 한다. 일본의 아베 신조 전 총리의 경우, 제2차 세계대전 당시 일본의 전범 사실을 왜곡하고 반성과 사죄를 거부하는 등 역사수정주의적 시각을 견지한 바 있다.

차별금지법

강남대, 충남대, 총신대

정당한 이유 없이 성별과 장애, 병력, 나이, 성적지향성, 인종, 피부색 등의 이유로 고용·교육이나 참정권 등을 차별 받지 않도록 하는 법률이다. 우리나라에서는 2007년 17대 국회에서부터 계속 발의되어 왔으나, 일부 보수성향 기독교 단체의 발발로 입법되지 못했다. 2022년 5월 국회 법제사법위원회에서 공청회가 개최되면서 다시금 입법 논의가 시작됐으나 21대 국회에서도 결국 무산됐다.

판옵티콘(Panopticon)

한국교원대, 중앙대

프랑스의 철학자 미셸 푸코가 컴퓨터 통신망의 발달과 과다한 사회의 데이터베이스화가 개인의 사생활을 감시 또는 침해하는 권력이 될 수 있음을 주장하며 사용한 말이다. 학교, 공장, 병원, 감옥 등 사람이 존재하는 모든 곳에 안전을 이유로 감시체계가 세워지게 되어 개인의 일거수일투족에 관한 모든 자료가 저장되는 데이터베이스가 완성되면 그 관리자는 마치 교도관이 죄수들을 감시하듯이 출산에서 죽음에 이르기까지 대중을 통제하고 관리하는 전체주의적 권력을 가지게 될 수도 있다고 경고했다.

논술·구술
'기출용어'

04 인문·문화·미디어

실존주의

숭실대, 명지대

실존주의는 개인의 실존을 철학의 중심에 두는 사상이다. 보편적 · 필연적인 본질존재를 규정하는 기존 철학에 대항하여 현실존재인 개개인의 삶과 자유를 강조하는 철학이다. 제2차 세계대전 이후 20세기의 문학 · 예술을 포함한 사상 운동으로 번졌다. 키에르 케고르, 니체를 비롯하여 야스퍼스, 하이데거, 사르트르 등이 대표적인 사상가이다.

페미니즘(Feminism)

금오공대, 조선대, 성신여대

여성중심적인 의식에 바탕을 두고 성차별과 여성해방을 목표로 하는 경향을 말한다. 페미니즘은 여성과 남성의 동등한 평등을 지향하며 사회체제 · 제도의 개혁을 통해 여성해방을 실현하고자 한다. 1960년대에 정치적인 변혁 운동이 일어나면서 여성해방 운동이 본격화되기 시작했고, 여성학이라는 새로운 학문의 등장과 함께 여성의 활발한 정치 참여도 주목받고 있다.

스낵컬처(Snack Culture)

'짧은 시간에 문화콘텐츠를 소비한다'는 뜻으로 패션, 음식, 방송 등 사회 여러 분야에서 나타나는 현상이다. 제품과 서비스에 소요되는 비용이 부담스럽지 않아, 항상 새로운 것을 열망하는 소비자들이 많은 것을 소비할 수 있도록 하는 하나의 문화 트렌드로 웹툰, 웹소설과 웹드라마가 대표적이다. 스마트 기기가 대중화되면서 스마트 기기를 활용해 웹이나 영상 콘텐츠를 즐기는 새로운 방식이 등장했다. 이에 따라 온라인상에서 인기를 끌던 웹툰이 10분 미만의 모바일 영화로 제작되거나, 시리즈 형식의 모바일 영화로 만들어졌다.

팝아트(Pop Art)

1950년대 영국에서 시작된 팝아트는 추상표현주의의 주관적 엄숙성에 반대하며 TV, 광고, 매스미디어 등 주위의 소재들을 예술의 영역 안으로 받아들인 구상미술의 경향을 말한다. 대중문화 속에 등장하는 이미지를 미술로 수용함으로써 순수예술과 대중예술의 경계를 깨뜨렸다는 평도 있지만 이를 소비문화에 굴복한 것으로 보는 시선도 있다. 대표적인 작가로 앤디 워홀, 로이 리히텐슈타인이 있다.

PLUS ONE

앤디 워홀

만화의 한 컷, 신문보도 사진의 한 장면 등 매스미디어의 매체를 실크스크린으로 캔버스에 전사 확대하는 수법으로 현대의 대량소비 문화를 찬미하는 동시에 비판한 인물

할랄(Halal)

한국외대, 명지대

과일이나 야채와 같은 식물성 음식과 어패류 등의 해산물 중 이슬람 율법에 따라 이슬람교도들이 먹고 쓸 수 있도록 허용된 제품을 총칭한다. 육류 중에서는 이슬람식으로 도살된 고기(주로 염소고기 · 닭고기 · 쇠고기 등)가 있고 제품 중에서는 이를 원료로 한 화장품 등이 있다.

피카소 〈게르니카〉

명지대

스페인 내전이 벌어지던 1937년, 나치가 게르니카를 폭격한 사건을 담은 피카소의 그림 〈게르니카〉에서는 나치의 폭격이나 내전의 구체적인 참상과 그 과정이 직접적으로 드러나지 않는다. 다만 정형적이지 않은 인물과 대상의 표현이 괴기스러운 분위기를 자아낸다. 더불어 작품을 이루는 각 요소들의 조형적 특성과 흑백 톤의 컬러만을 사용함으로써 주제의식을 더욱 극대화했다. 캔버스 왼쪽부터 보면 불이 난 집, 죽은 아이의 시체를 안고 절규하는 여인, 멍한 황소의 머리, 부러진 칼을 쥐고 쓰러진 병사, 광기에 울부짖는 말, 상처 입은 말, 램프를 들고 쳐다보는 여인, 여자들의 절규, 분해된 시신 등 전쟁터에서 볼 수 있는 참상들이 뒤엉켜 있다.

사도광산

일본 니가타현에 있는 에도시대 금광으로 일제강점기 당시 조선인 강제노역이 자행된 곳이다. 일본은 2022년 9월 사도광산을 세계유산으로 지정하기 위한 잠정 추천서를 유네스코에 다시 제출했는데, 대상기간을 16~19세기 중반으로 한정해 일제강점기 조선인 강제노동 내용을 배제했다. 그러나 2024년 6월 유네스코 자문기구인 국제기념물유적협의회(ICOMOS)가 '보류'를 권고, 사도광산 세계유산 구역에서 에도시기(16~19세기) 이후 유산이 대부분인 지역을 제외하고 '강제노역을 설명하라'고 요청했다. 이에 일본 정부는 자문기관의 요청을 수용하고 미비한 부분을 보완하기로 했다. 한편 우리나라는 이러한 일본의 사도광산의 등재 추진에 대한 문제점을 유네스코와 일본 정부에 지속적으로 제기한 바 있다.

세계문화유산

한국전통문화대

유네스코는 1972년부터 세계유산협약에 따라 역사적 중요성, 뛰어난 예술성, 희귀성 등을 지니어 인류를 위해 보호해야 할 가치 있는 유산을 세계유산으로 지정하고 이를 문화유산 · 자연유산 · 복합유산으로 구분하였다.

우리나라의 세계유산 등록 현황

구분	등재 현황
세계유산	석굴암 · 불국사(1995), 해인사 장경판전(1995), 종묘(1995), 창덕궁(1997), 수원화성(1997), 경주역사유적지구(2000), 고창 · 화순 · 강화 고인돌 유적(2000), 제주화산섬과 용암동굴(2007), 조선왕릉(2009), 안동하회 · 경주양동마을(2010), 남한산성(2014), 백제역사유적지(2015), 산사, 한국의 산지승원(2018), 한국의 서원(2019), 한국의 갯벌(2021), 가야고분군(2023)
인류무형문화유산	종묘제례 및 종묘제례악(2001), 판소리(2003), 강릉단오제(2005), 강강술래(2009), 남사당놀이(2009), 영산재(2009), 처용무(2009), 제주칠머리당영등굿(2009), 가곡(2010), 대목장(2010), 매사냥(2010), 택견(2011), 줄타기(2011), 한산모시짜기(2011), 아리랑(2012), 김장문화(2013), 농악(2014), 줄다리기(2015), 제주해녀문화(2016), 씨름(2018), 연등회(2020), 한국의 탈춤(2022)
세계기록유산	훈민정음(1997), 조선왕조실록(1997), 직지심체요절(2001), 승정원일기(2001), 해인사 대장경판 및 제경판(2007), 조선왕조의궤(2007), 동의보감(2009), 일성록(2011), 5 · 18 민주화운동 기록물(2011), 난중일기(2013), 새마을운동 기록물(2013), KBS 특별생방송 '이산가족을 찾습니다' 기록물(2015), 한국의 유교책판(2015), 조선왕실 어보와 어책(2017), 국채보상운동 기록물(2017), 조선통신사 기록물(2017), 4 · 19 혁명 기록물(2023), 동학농민혁명 기록물(2023)

PLUS ONE

세계기록유산

사회적 · 문화적 가치가 높다고 인정되는 기록물을 보존하기 위해 지정하는 유산으로 인류의 소중한 기록유산을 보존 · 활용하기 위해 1997년부터 2년마다 국제자문위원회의 심의를 통해 선정한다. 무형문화재 가운데 선정되는 세계무형유산과는 구별되며 별도로 관리된다.

네카시즘(Netcarthism)

'인터넷'과 '메카시즘'의 합성어로 인터넷에 부는 마녀사냥 열풍을 가리킨다. 'ㅇㅇ녀, ㅁㅁ남' 등이 그 예이며 다수의 누리꾼들이 인터넷상에서 특정 개인을 공격하며 사회의 공공의 적으로 삼아 매장해버리는 현상을 말한다. 단순한 영상과 댓글로 확산되기 때문에 사실 확인이 어렵다는 점에서 부당하게 피해를 보는 사람이 생길 수 있다.

모더니즘(Modernism)

명지대, 덕성여대

1920년대부터 일어난 문예사조이다. 넓은 의미로 교회의 봉건성이나 권위를 비판하면서 과학적 · 합리적 사고를 중시하고 널리 근대화를 지향하는 것을 뜻하지만 좁은 의미로는 도회적 감각을 더 중요시하고 현대풍을 추구하는 것을 뜻한다. 모더니즘은 19세기까지 이어진 기성적 도덕과 이념의 전통적인 권위를 거부하고 있다는 점에서 반동적이다. 그리고 20세기에 접어들면서 개인주의에 입각하여 도시의 시민생활과 기계문명을 새롭게 향유하고자 하는 사상적 · 예술적 경향을 뜻한다는 점에서 전위적이다. 또한 서구 문화 · 예술상에서의 여러 새로운 경향을 말해주는 미래주의 · 표현주의 · 형식주의 등은 추상적이고 초현실적인 면에서 모두 모더니즘에 속한다고 할 수 있다.

PLUS ONE

포스트모더니즘(Postmodernism)

1960년대에 사회 전반적으로 일어난 문화운동이면서 정치 · 경제 · 사회에 영향을 끼친 한 시대의 이념이다. 포스트모더니즘(Postmodernism)은 라틴어 '~이후'를 의미하는 접두사 '포스트(Post)'와 '근대'를 의미하는 'Modern'의 결합어이다. 이 운동은 미국과 프랑스를 중심으로 여성운동 · 학생운동 · 흑인인권운동 등의 사회운동과 결과보다는 의문 자체에 의미를 두는 후기 구조주의 사상으로 시작되었으며, 사회 · 예술면에서 기존 권위를 갖고 있던 구조적 형태를 탈피하고자 하는 움직임을 보였다.

잊힐 권리(Right to Be Forgotten)

성신여대, 서울시립대

개인이 온라인 사이트에 있는 자신과 관련된 각종 정보에 대한 삭제를 요구할 수 있는 권리이다. 온라인 사이트에 남아 있는 개인 신상정보 및 사망한 뒤 남아 있는 사적인 정보를 온라인 사이트 관리 기업이 마음대로 처분할 수 있는 것은 문제가 있다는 지적이 지속적으로 제기되어 왔다. 이렇듯 온라인상의 정보에 대한 논란이 일자 지난 2012년 1월 25일 유럽연합집행위원회는 인터넷에서 정보 주체의 권리를 강화하기 위해 잊힐 권리를 명문화하는 내용을 골자로 한 정보보호법 개정안을 확정했다. 이는 세계적으로 '잊힐 권리'가 입법화된 첫 사례이다. 이에 따라 2017년에는 구글이 인터넷 공간에서 잊힐 권리를 완전히 보장하지 않았다는 이유로 프랑스에서 과징금 10만유로를 부과받기도 했다. 반면 미국은 전통적으로 이를 반대하는 분위기이다.

PLUS ONE

디지털 장의사

디지털 장의사가 하는 일은 첫째로 망자를 위한 디지털 장례다. 고인으로부터 개인정보를 받아 고인이 생전에 인터넷에 남긴 기록들을 모두 삭제하고 그 정보를 모아 유족에게 전달한다. 둘째로는 의뢰인이 과거 인터넷에 게재한 정보를 삭제해 주는 일이다. 디지털 장의사는 전 세계적으로 주목받고 있는 '잊힐 권리'와 깊은 관련이 있어 정식 직업으로 인정받는 추세다.

파우스트(Faust)

건국대

독일의 대문호 괴테가 15~16세기 독일의 실존인물인 '파우스트 박사'의 전설에 영감을 얻어 60여 년에 걸쳐 완성한 희곡 〈파우스트〉는 원초적 본능의 자아와 초월적 자아의 충동, 현세적 향락과 자연탐구, 고대 그리스에 대한 동경 등을 담고 있다. 파우스트는 신학, 철학, 법학, 의학 등 여러 학문을 통하여 우주의 지배 원리를 깨닫지만, 백발의 노인이 된 후 이러한 학문들의 부질없음에 회의를 느끼고 목숨을 끊으려 한다. 이때 나타난 악마 메피스토펠레스는 그에게 '젊음과 영혼의 거래'를 제안한다. 순결한 처녀 마르그리트와의 아름다운 사랑과 악마의 유혹에 갈등하는 파우스트는 완전성을 추구하려 노력하지만 불가능에 절망하여 방황하는 모순된 인간을 상징적으로 표현하고 있다. 이에 반해 메피스토펠레스는 고통과 삶의 의미를 부정하고, 본능만으로 현세를 살아가고자 하는 파괴적 존재로 부정과 불신, 회의와 소멸 등을 상징한다.

버튜버(Vtuber)

사람이 직접 출연하는 대신 표정과 행동을 따라 하는 가상의 아바타를 내세워 시청자와 소통하는 '버추얼 유튜버(버튜버)'가 콘텐츠업계를 달구고 있다. 초창기에는 소수의 마니아층만 즐기던 콘텐츠였으나 코로나19를 계기로 시청자가 대폭 증가하면서 대기업과 지방자치단체도 관련 콘텐츠를 주목하고 있다. 콘텐츠 제작자가 얼굴을 직접 드러내지 않아도 되기 때문에 부담 없이 다양한 시도를 할 수 있고, 시청자 입장에서도 사람이 아닌 캐릭터를 상대하는 느낌을 주기 때문에 더 편안하게 받아들일 수 있다는 점이 장점으로 꼽힌다.

뉴미디어(New Media)

광운대, 국민대

신문 · 방송 등의 기존 정보전달 매체와 달리 1970년대부터의 기술 개발에 따라 새롭게 진출한 다양한 커뮤니케이션 매체를 말한다. 주로 전자기술에 의존하며, 음성 · 문자의 다중방송, 위성으로부터의 직접방송, 대화형 방송매체, 뷰데이터(View Data) 또는 비디오텍스(Videotex), 비디오디스크, 가정용 팩시밀리 장치 등 다양한 발전이 이루어졌다. 뉴미디어의 가장 큰 특징으로는 쌍방향성(Interactivity)이다. 이는 단방향으로 이루어지던 미디어의 정보전달이 쌍방향으로 가능해짐에 따라 수용자의 의도대로 정보 선택이 허락되는 기술적 혁신에서 비롯됐다. 비디오텍스나 쌍방향케이블 TV가 좋은 예이다.

빌보드 차트(Billboard Chart)

동국대

미국의 절대적인 권위를 가진 대중음악 차트로 매주 발표되는 가요들의 성적을 집계하여 순위를 매긴다. Billboard Hot 100 차트와 Billboard 200 차트가 메인이며 그 외 지역별 · 장르별 서브 차트들이 있다. 2014년 12월부터는 집계 방식에 기존 앨범 판매량과 더불어 스트리밍을 카운트에 포함하기로 했다. 스트리밍 1,500회를 앨범 1회 판매로 규정한다. 'Billboard'라는 단어는 자동차도로 주변에 세워진 대형 입간판을 뜻하는 단어이다.

IP(지적재산권)

상명대, 성결대

법적으로 보호받는 창작권자 저작물에 대한 권리로 'Intellectual Property rights'의 약자이다. 산업기술을 발명한 뒤 직접 신고와 등록 절차를 거쳐야 보호받을 수 있는 특허제도부터 직접 창조한 사실을 증명만 하면 정보에 대한 소유권 등을 보장받을 수 있는 저작권제도까지 모두 포함하는 개념이다. 국내 관련 법률로는 특허법, 저작권법, 실용신안법, 디자인법, 상표법, 발명보호법 등이 있다.

소프트 파워(Soft Power)

고려대, 동국대

물리적인 힘보다는 유화정책이나 문화콘텐츠 등 보이지 않는 가치를 중심으로 드러나는 힘이다. 하버드대학교 케네디 스쿨의 조지프 나이(Joseph S. Nye) 교수가 처음 사용한 용어로 정치 · 외교 · 경제 · 사회학 · 문화 등에서 광범위하게 사용되고 있다. 군사력이나 경제제재 등 물리적으로 표현되는 힘인 하드 파워(Hard Power)에 대응하는 개념으로 경제제재 완화로 북한으로부터 미사일 발사실험 중지 약속을 얻어낸 것 등이 대표적 사례다.

엠바고(Embargo)

한국외대, 경동대, 숭실대

일정 시간까지 뉴스의 보도를 미루는 것이다. 본래 특정 국가에 대한 무역 · 투자 등의 교류 금지를 뜻하는 단어인데, 언론에서는 뉴스기사의 보도를 한시적으로 유보하는 것을 말한다. 정부기관 등의 정보 제공자가 뉴스의 자료를 제공하면서 일정 시간까지 공개하지 말 것을 요구할 경우 그때까지 보도를 미루는 것이다. 흔히 '엠바고를 단다'고 말하며 정보 제공자 측과의 관계를 고려하여 되도록 지켜주는 경우가 많다. 엠바고의 종류에는 보충 취재가 필요한 경우 보도를 유보하는 '보충 취재용 엠바고'와 알려지면 공공의 이익에 해를 끼칠 수 있는 사건이 진행 중일 경우 사건 해결 전까지 보도하지 않는 '공공이익을 위한 엠바고'가 있고, 사건이 일어난 뒤에 기사화하는 조건으로 보도자료를 제공받는 '조건부 엠바고'와 해외공관장의 이동 등과 관련해 정부가 양국의 발표가 있을 때까지 보도를 중지하는 '관례적 엠바고'가 있다.

카피레프트(Copyleft)

상명대, 가천대

지적창작물에 대한 권리를 모든 사람이 공유할 수 있도록 하는 것으로, 1984년 미국의 리처드 스톨먼이 소프트웨어의 상업화에 반대해 프로그램을 자유롭게 사용하자는 운동을 펼치면서 시작되었다. 지적재산권(저작권)을 뜻하는 카피라이트(Copyright)와 반대되는 뜻으로 저작권은 개인이 지적창작물을 공유하고자 하는 자유를 침해한다고 주장하면서 나온 개념이다. 검색 소프트웨어를 무상으로 나누어주고 복제를 허용한 뒤 검색에 필요한 검색장비 시장을 공략하는 전략 등이 카피레프트의 좋은 예라고 할 수 있다.

논술 · 구술
'기출용어'

05 과학 · IT

4차 산업혁명

수원대, 광운대, 인제대

정보통신기술(ICT)의 융합으로 이뤄지는 차세대 산업혁명을 말한다. 1차 산업혁명은 기계화, 2차 산업혁명은 대량생산, 3차 산업혁명은 정보화 및 자동화라는 특징을 지녔다. 현재의 4차 산업혁명은 기존의 산업에 정보통신기술(ICT)을 융합시켜 능동성을 갖춘다는 점이 특징이다. 인공지능과 공장 설비의 결합처럼 '지능적 가상 물리시스템'이 핵심키워드라 할 수 있는데, 우리나라에서는 '제조업 혁신 3.0 전략'이 같은 선상의 개념이고, 미국에서는 'AMI(Advanced Manufacturing Initiative)', 독일과 중국에서는 '인더스트리(Industry) 4.0'이라는 명칭으로 추진하고 있다.

그래핀(Graphene)

동국대, 한국공학대

탄소원자 1개의 두께로 이루어진 아주 얇은 막으로 활용도가 뛰어난 신소재인 탄소나노튜브로 잘 알려져 있다. 그래핀은 탄소를 6각형의 벌집 모양으로 층층이 쌓아올린 구조로 이뤄져 있는데 흑연에서 스카치테이프를 붙였다 떼면 접착력으로 그래핀을 떼어낼 수 있다. 구리보다 100배 이상으로 전기가 잘 통하고 실리콘보다 100배 이상 전자를 빠르게 이동시킨다. 강도는 강철보다 200배 이상 강하고, 열전도성은 다이아몬드보다 2배 이상 높다. 또 탄성이 뛰어나 늘리거나 구부려도 전기적 성질을 잃지 않아 활용도가 매우 높은 물질이다.

인공지능(AI)

서울과기대, 서울교대, 중앙대, 동국대

사람의 지적 능력을 컴퓨터 프로그램으로 구현해 놓은 것을 말한다. 주어진 데이터를 학습하고 거기에서 논리적인 연관성을 발견하여, 학습한 내용을 바탕으로 새롭게 주어진 과제를 컴퓨터가 스스로 해결하는 것이다. 인공지능(AI)은 데이터를 받아들이고 이에 대한 패턴을 스스로 파악해 데이터를 특정 조건에 대입해 분류한다. 데이터를 특정 조건에 의해 분류하는 것은 '경험'으로 작용하여 인공지능이 다양한 사건을 스스로 판단하고 적절하게 대응하는 능력의 기초가 된다.

PLUS ONE

챗GPT(ChatGPT)

2022년 11월 30일 미국의 AI 연구재단 오픈AI(Open AI)가 출시한 대화형 AI 챗봇이다. 사용자가 대화창에 텍스트를 입력하면 그에 맞춰 대화를 나누는 서비스로 오픈AI에서 개발한 대규모 인공지능 모델 'GPT-3.5' 언어기술을 기반으로 처음 개발됐다. 챗GPT는 방대한 데이터베이스를 기반으로 한 강화학습을 통해 스스로 언어를 생성하고 추론할 수 있는 능력을 지니고 있어 마치 사람과 이야기하는 것처럼 자연스러운 대화가 가능하고, 다양한 형태의 창작물을 새롭게 만들어낼 수도 있다는 점에서 전 세계적인 열풍을 불러일으켰다.

딥러닝(Deep Learning)

가천대, 국민대, 광운대

컴퓨터가 다양한 데이터를 이용해 마치 사람처럼 스스로 학습할 수 있게 하기 위해 만든 인공신경망(ANN ; Artificial Neural Network)을 기반으로 하는 기계학습기술이다. 인공신경망이란 인간의 뇌의 정보처리 과정을 모방해서 만든 알고리즘을 뜻하는데, 이는 컴퓨터가 이미지, 소리, 텍스트 등의 방대한 데이터를 이해하고 스스로 학습할 수 있게 돕는다. 딥러닝의 고안으로 인공지능(AI)이 획기적으로 도약하게 되었다.

알고리즘(Algorithm)

부산대, 국민대, 성신여대

쉽게 말해 문제를 해결하기 위한 절차와 방법의 집합이다. 수학과 컴퓨터 과학, 언어학 등에서 어떤 문제를 해결하기 위한 명령들로 구성된 일련의 순서화된 절차를 의미한다. 문제를 논리적으로 해결하기 위해 필요한 절차, 방법, 명령어들을 모아놓은 것, 이를 적용해 문제를 해결하는 과정을 모두 알고리즘이라고 한다. 알고리즘은 연산, 데이터 진행 또는 자동화된 추론을 수행한다.

사물인터넷(Internet of Things ; IoT)

건국대, 명지대

인터넷으로 연결된 기기가 사람의 개입 없이 서로 정보를 주고받아 가전제품, 전자기기 등을 언제 어디서나 제어할 수 있는 신개념 인터넷을 말한다.

PLUS ONE

스마트시티

스마트시티 또는 스마트도시는 첨단 정보통신기술(ICT)을 바탕으로 도시 전체의 교통, 환경, 안전, 복지 등 다양한 서비스를 신경망처럼 연결하여 데이터를 주고받아 자동적으로 통제하는 도시 시스템을 말한다.

청정수소

충북대

신재생에너지 가운데 하나로 전기를 생산할 때 이산화탄소를 적게 혹은 전혀 배출하지 않는 수소를 말한다. 수소발전은 보통 산소와 수소의 화학반응을 이용하는데 이 과정에서 이산화탄소가 발생한다. 청정수소는 이산화탄소 대신 순수한 물만을 부산물로 배출하는데, 생산방식에 따라 그린수소, 천연가스를 이용해 생산하는 부생수소 · 추출수소 등의 그레이수소, 그레이수소 생산과정에서 발생하는 탄소를 포집해 저장 · 활용하는 블루수소, 원전을 활용한 핑크수소 등으로 분류된다.

분자운동

한양대, 인하대, 서울대

분자들의 움직임을 분자운동이라 한다. 고체, 액체, 기체와 같이 물질의 상태에 따라 그 물질을 이루는 분자들의 움직임의 정도가 달라지는데, 고체일 때에는 분자 사이의 끌어당기는 힘이 강해 제자리에서 약한 진동을 하는 정도이고, 액체일 때에는 고체보다는 움직임이 커지며 온도가 올라가면 운동이 활발해진다. 빨래가 마르는 것과 같은 물의 증발 현상을 예로 들 수 있다. 기체일 때에는 분자 사이의 인력이 거의 없어서 매우 활발한 분자운동이 이루어진다. 그리고 자유로운 분자운동으로 용기 내부의 기체가 벽에 부딪치면서 압력이 생긴다. 이때 기체의 압력, 부피, 온도 사이의 관계를 나타낸 것이 '보일의 법칙'과 '샤를의 법칙'이다.

PLUS ONE

보일의 법칙

1662년 아일랜드의 보일이라는 사람이 실험을 통하여 발견한 법칙으로, 일정 온도에서 기체의 압력과 부피는 반비례한다는 이론이다.

샤를의 법칙

1787년 자크 샤를의 미발표 논문을 인용한 법칙으로, 압력이 일정할 때 부피는 물질의 종류와 상관없이 온도가 1℃ 오를 때마다 273분의 1씩 증가한다는 이론이다.

메타버스(Metaverse)

경희대, 공주교대

가상과 현실이 융합된 초현실세계를 말한다. 가상 · 초월을 뜻하는 '메타(Meta)'와 현실세계를 뜻하는 '유니버스(Universe)'의 합성어다. 현실세계와 가상세계를 더한 3차원 가상세계를 의미하는데, 이용자의 아바타가 가상세계 속에서 사회 · 경제 · 문화적 활동을 펼친다. 메타버스라는 용어는 닐 스티븐슨이 1992년 출간한 소설 〈스노 크래시〉에서 처음 등장했다. 5G 상용화와 더불어 가상현실(VR) · 증강현실(AR) 등을 구현할 수 있는 기술이 계속해서 발전하고 있고, 코로나19 팬데믹 이후 비대면 · 온라인 추세가 확산함에 따라 메타버스가 주목받고 있다.

인간 복제

가톨릭대

인간의 세포를 떼어내어 이를 착상시켜 유전적으로 동일한 인간을 만드는 기술로 〈뉴욕타임스〉가 1993년 10월 24일 첫 보도한 것이 전 세계적인 이슈로 확산됐다. 대표적으로 복제양 돌리가 체세포 복제기술에 의해 지난 1997년 2월 탄생했다. 국내에서는 1999년 복제 젖소 '영롱이'와 한우 '진이'가 같은 기술로 세상에 나왔다. 체세포 복제는 현존하는 생명체의 몸에서 세포를 떼어내 이를 착상시켜 또 다른 생명체를 만드는 기술이다. 따라서 체세포 복제는 난자와 정자가 결합하는 수정 과정 없이도 생명체를 탄생시킬 수 있다. 손톱이나 귀, 머리카락 등 몸에서 떨어진 세포 하나로 자신과 유전형질이 똑같은 복제인간을 만들 수 있는 세상이 올지 모른다.

빅데이터(Big Data)

인천대, 숙명여대

수천테라바이트에 달하는 거대한 데이터 집합 자체만을 지칭하던 양적 개념이던 빅데이터는 대용량 데이터를 분석해 가치 있는 정보를 추출하고, 생성된 지식을 바탕으로 능동적으로 대응하거나 변화를 예측하기 위한 정보기술 용어로 의미가 확장됐다. 휴대폰 통화량, 카드결제, 기상정보, 소셜네트워크서비스(SNS) 메시지, 인터넷 검색내역, 도로교통량 등이 모두 빅데이터에 해당한다. 빅데이터는 산업별로 경제적 타당성, 기술적 가능성, 혹은 관계 없는 분야의 연관관계를 분석하면서 이제까지 몰랐던 새로운 사실들을 알게 되거나, 앞으로의 발전 방향을 예상할 수 있게 하는 용도로 활용되고 있다.

GMO(Genetically Modified Organism)

이화여대, 삼육대

기존의 육종방법으로는 나타날 수 없는 형질이나 유전자를 지니도록 개발된 농산물을 말한다. 생산량 증대 또는 유통 · 가공상 편의를 위해 유전자 재조합 기술을 이용한다. 어떤 생물의 유전자 중 유용한 유전자만을 취하여 다른 생물체에 삽입해 이익에 상응하는 새로운 품종을 만든 것이다. GMO 식물체가 최초로 상업적 목적으로 판매가 허용된 것은 1994년 미국 칼젠사가 개발한 'Flavor Savor'라는 상표의 토마토다. 칼젠사는 토마토 유전자 중의 하나를 변형해 수확 후에도 상당 기간 단단한 상태를 유지하도록 했다. 하지만 현재까지도 유전자 조작으로 인한 인체 유해 여부에 대해 논란이 끊이지 않고 있다.

데이터 마이닝(Data Mining)

이화여대, 광운대

정보를 뜻하는 '데이터(Data)'와 채굴을 뜻하는 '마이닝(Mining)'의 합성어로 대규모의 데이터베이스로부터 유용한 상관관계를 발견하고, 미래에 실행 가능한 정보를 추출하여 중요한 의사결정에 활용하는 과정을 말한다. 기업이 보유하고 있는 대규모의 데이터 속에서 정보의 연관성을 파악하고 새로운 규칙 등을 발견함으로써 중요한 의사결정을 위한 정보로 활용해 이익을 극대화한다. 즉, 기존에 축적된 다양한 데이터에서 기업의 경쟁력을 높일 수 있는 유용한 정보를 찾아내는 작업이다.

아날로그와 디지털

동국대, 전남대, 가톨릭대

- 아날로그(Analog) : 아날로그의 신호와 자료는 연속적인 물리량으로 나타낸 것으로 디지털에 대비되어 쓰인다. 어원은 영어의 'Analogous(비슷한)'이다. 우리가 자연에서 얻는 신호는 대개 아날로그이다.
- 디지털(Digital) : 아날로그의 반대되는 개념으로 자료를 연속적인 실수가 아닌, 특정한 최소 단위를 갖는 이산적(離散的, Discrete)인 수치를 이용하여 처리하는 방법을 말한다. 디지털 컴퓨터에서는 모든 자료를 디지털 방식으로 처리한다. 문서와 통계자료뿐만 아니라 음성 · 영상자료도 이산적인 값으로 처리한다. 디지털자료는 복제 · 삭제 · 편집이 간편하며, 복사물과 원본의 차이가 없다는 특징이 있다.

반도체

동국대, 고려대, 서울과기대

반도체란 '전류가 잘 흐르는 정도'를 나타내는 '전도율'이 중간 수준인 물체를 가리키는 용어이다. 열에너지에 의해 전기전도성의 변화를 받는 등의 독특한 성질을 지니고 있는데, 이런 성질을 활용해 전자 신호를 조절하는 '반도체 소자'를 만들 수 있다. 삼성전자가 향후 미래 먹거리로 '시스템반도체'를 지정하여 다시금 주목받았다. 메모리반도체와 시스템반도체는 컴퓨팅 기기에서 맡는 전자공학적 역할에 따라 구분된다. 메모리반도체는 데이터를 저장하는 역할을 하는 전자부품(RAM · 보조기억장치)이고 시스템반도체는 연산 · 제어의 역할을 하는 전자부품(CPU · AP)이다. 메모리반도체는 삼성전자와 SK하이닉스가 세계 공급량의 70%를 점유하고 있는 반면 시스템반도체는 인텔과 퀄컴 등의 미국 기업이 전 세계 공급량의 60%를 차지하고 있다.

뉴턴의 운동법칙

DGIST, 인하대

- 제1법칙(관성의 법칙) : 모든 물체는 외부에서 힘이 주어지지 않을 때 처음 운동상태를 유지하려고 한다. 즉, 움직이던 물체는 그 방향으로 계속 움직이고, 멈추어 있던 물체는 그대로 멈추어 있으려는 성질이 있다.

  예시 급출발하는 버스 안에 탄 승객이 뒤로 넘어지는 현상

- 제2법칙(가속도의 법칙) : 물체의 가속도는 힘에 비례하고 질량에는 반비례한다.

  예시 높은 곳에서 떨어뜨리는 물건은 떨어지는 속도가 점차 빨라진다.

- 제3법칙(작용 · 반작용의 법칙) : 어떠한 작용이든지 크기는 같고 방향이 반대인 반작용이 있다.

  예시 대포를 발사할 때 대포가 뒤로 밀린다.

도플러 효과(Doppler Effect)

중앙대, 광운대

오스트리아의 물리학자 크리스티안 도플러가 발견한 것으로, 어떤 파동의 파동원과 관찰자의 상대속도에 따라 진동수와 파장이 바뀌는 현상을 가리킨다. 소리와 같이 매개체를 통해 움직이는 파동에서는 관찰자와 파동원의 매개체에 대한 상대속도에 따라 효과가 변한다. 그러나 빛이나 특수 상대성 이론에서의 중력과 같이 매개체가 필요 없는 파동의 경우 관찰자와 파동원의 상대속도만이 도플러 효과에 영향을 미친다.

사이토카인 폭풍(Cytokine Storm)

전남대

사이토카인은 인체에 바이러스가 침투하였을 때 이를 막기 위해 분비되는 우리 몸의 면역물질 중 하나다. 사이토카인 폭풍은 이 사이토카인이 과다하게 분비되어 바이러스뿐 아니라 정상적인 세포까지 공격하는 현상이다. 면역물질이 인체에 피해를 입히는 것이기 때문에 면역력이 약한 사람보다 강한 사람에게 발생될 확률이 높다. 스페인 독감과 조류 독감을 비롯해 코로나19 팬데믹 당시에도 의심 사례가 발견된 바 있다.

열역학 제1법칙

연세대, 건국대, 가천대

열역학 제1법칙은 기본적으로 열역학적 계가 에너지를 저장하거나 가지고 있을 수 있으며, 이런 내부 에너지가 보존된다고 말한다. 열은 높은 온도의 계(界)에서 낮은 온도의 계로 이동하는 에너지이다. 또한 계의 에너지는 계가 주변에 역학적 일을 함으로써 감소하거나, 주변으로부터 일을 받음으로 증가한다. 열역학 제1법칙은 이러한 에너지의 보존을 말한다.

엔탈피 · 엔트로피

연세대, 경희대, 경기대

- 엔탈피(Enthalpy) : 계(界)의 내부 에너지와 계가 바깥에 한 일에 해당하는 에너지(즉, 부피와 압력의 곱)의 합으로 정의되는 상태함수이다. 열역학, 통계역학, 그리고 화학에서 중요한 물리량이다.
- 엔트로피(Entropy) : 열역학적 계의 상태함수 가운데 하나로, 독일의 물리학자 루돌프 클라우지우스가 1865년에 엔트로피의 수학적 개념을 도입했다. 자연계는 엔트로피가 낮은 상태에서 높은 상태인 무질서로 변화한다.
  - 고전 열역학적 정의로 엔트로피는 일로 변환할 수 없는 에너지의 양을 나타낸다고 볼 수 있다.
  - 통계 열역학적 정의로 엔트로피는 열역학적 계의 통계적인 '무질서도'를 나타낸다.

옴의 법칙(Ohm's Law)

동국대, 한기대

전기난로나 전기오븐, 혹은 백열전구, 형광등 등은 전자의 흐름인 전류가 가지는 에너지를 직접적으로 이용한 것이다. 전류의 세기는 두 점 사이의 전위차에 비례하고 전기저항에 반비례한다는 법칙으로, 독일의 물리학자 옴이 전압(V)과 전류(I)와 저항(R)의 관계(V = IR)를 정리했다.

전고체 배터리

국민대, 가천대, 광운대

배터리 내부의 전해질을 액체 대신 고체로 만드는 것이다. 전해질은 배터리 내부에서 이온이 양쪽 극으로 수월하게 이동하도록 돕는데, 액체전해질은 배터리가 외부의 압력이나 열을 받으면 부풀고 폭발할 가능성이 있기 때문에 비교적 위험하다. 고체전해질은 구조적으로 더 안정되기 때문에 훼손되더라도 그 형태를 유지할 수 있다. 다만 고체보다 액체가 이온이 이동하기 더 유리하기 때문에 '이온을 저장하는 양극의 소재와 방출하는 음극의 소재를 어떻게 개선하느냐'가 숙제로 지목되고 있다.

전해질

국민대, 광운대

물에 녹은 상태에서 이온으로 쪼개져 전류가 흐르는 물질이다. 대표적인 전해질로는 염화나트륨, 황산, 염산, 수산화나트륨, 수산화칼륨, 질산나트륨 등이 있다. 염화나트륨은 고체 상태에서는 전류를 흘려보내지 않아 도체가 될 수 없지만, 수용액 상태에서는 전류를 흘려보내서 전해질이 될 수 있다. 강한 산과 염기는 강한 전해질이 되고, 약한산과 염기는 약한 전해질이 된다. 반대로 이온으로 나누어지지 않아서 전류가 통하지 않는 물질을 비전해질이라 한다.

산과 염기

고려대, 건국대

- 산(Acid) : 화학적으로는 물에 녹았을 때 수소 이온을 내놓는 물질을 말한다. 일반적으로 신맛이 나며 염기와 중화반응을 한다. 또한 일부 금속과 반응하여 수소가 발생한다.
- 염기(Base) : 수용액에서 수산화 이온을 내거나 수소 이온을 흡수하는 물질의 성질을 말한다. 흔히 알칼리라고 불리며 산에 대응되는 물질로 서로 중화반응을 일으켜 염기와 물을 만든다. 대부분의 염기는 금속 산화물이다. 대체로 쓴맛이 나며, 손에 닿으면 단백질을 녹이는 성질 때문에 미끈거린다.

희토류

첨단산업의 비타민으로 불리는 비철금속 광물인 희토류는 화학적으로 안정되면서 열을 잘 전달하여 반도체나 2차 전지 등 전자제품에 필수로 들어가는 재료이다. 물리 · 화학적 성질이 비슷한 란탄(란타넘), 세륨, 프라세오디뮴, 네오디뮴, 프로메튬, 사마륨, 유로퓸, 가돌리늄, 터븀(테르븀), 디스프로슘, 홀뮴, 어븀(에르븀), 툴륨, 이터븀, 루테늄 등의 원자번호 57에서 71까지의 원소(란타넘족)와 스칸듐과 이트륨을 더한 17개 원소가 있다.

탄수화물

경일대, 전남대

생명체가 생산하는 당이 기본이 되는 중합분자로, 수소 · 탄소 · 산소로 이루어진 유기 화합물이다. 보통 탄당 또는 탄당이 기본이 되어 여러 개가 연결되어 있는 중합분자를 구성하게 된다. 대표적인 탄수화물로 녹말, 셀룰로오스가 있으며 두 가지 모두 포도당의 중합분자이다. 특정한 종류의 탄수화물은 동물과 식물을 포함한 생체 내에서 에너지원으로 쓰인다. 탄수화물은 그 분자를 구성하는 탄소 원자의 수에 따라 포도당과 같은 단당류, 이당류, 올리고당, 다당류로 분류된다.

멘델의 법칙

고려대, 서울대, 전북대

- 우열의 법칙 : 세대가 짧은 생물(완두)로 실험해서 정립한 유전에 대한 법칙이다. 그레고어 멘델이 7년간 완두를 교배해 '식물의 잡종에 관한 연구'라는 논문을 1866년에 발표하면서 알려지게 됐다. 논문이 발표될 당시에는 거의 무시되었지만 1900년대에 와서 유럽의 과학자들에게 재발견되었다.
- 분리의 법칙 : 잡종 1대를 자가수분시켜 얻은 잡종 2대에서 우성과 열성의 형질이 일정한 비로 분리되어 나타나는 현상이다. 완두의 유전에서 '둥근 완두 : 주름진 완두'의 비는 3 : 1이다.
- 독립의 법칙 : 서로 다른 대립 형질은 각각 독립적으로 유전된다. 완두의 유전에서 껍질 모양(R, r)은 색깔(Y, y)을 결정하는 데 영향을 주지 않고, 마찬가지로 색깔도 껍질 모양을 결정하는 데 영향을 주지 않는다. 유전자가 각각 RRYY, rryy인 두 완두를 교배해서 나온 잡종 1대를 자가수분시켜 잡종 대를 얻어냈을 때, 껍질 모양의 비율도 R : r = 3 : 1, 색깔의 비율도 Y : y = 3 : 1 로 나온다. 이것은 한 가지 형질에 대해서만 실험했을 때 나오는 것과 같은 값이다(위의 분리의 법칙에서 얻은 값). 이 결과는 껍질 모양과 색깔은 서로에게 영향을 주지 않는다는 사실을 말해준다.

에너지 보존의 법칙

건국대, 고려대

에너지가 다른 물체로 이동하거나 형태가 바뀌어도 에너지의 총합은 변하지 않는다는 법칙이다. 증기기관차에서는 수증기의 분자가 갖는 열에너지가 운동에너지로 전환된다. 이때 열에너지의 총합과 운동에너지의 총합은 같아야 하는데 에너지가 전환되면서 소모되는 기타 에너지가 있기 때문에 실제로는 운동에너지의 합이 항상 작다. 이 에너지까지 합하면 전환 전의 에너지의 총합과 전환 후의 에너지의 총합은 같다. 또 다른 예로는 수력발전소에서 물의 위치에너지가 터빈을 통과하며 운동에너지로 바뀌고 다시 발전기를 지나 전기에너지로 바뀌는 경우이다.

온실효과(Greenhouse Effect)

서울시립대, 연세대

태양의 열이 지구로 들어와서 나가지 못하고 순환되는 현상이다. 태양의 열은 지구에 들어오면 다시 나간다. 그 열을 지구 복사열이라고 하는데, 온실가스가 지구를 둘러싸게 되어 지구에 막이 생성되면 지구 복사열이 지구 밖으로 나가지 못한다. 18세기 산업혁명 이후 인류는 끊임없이 더 나은 생활을 위하여 수많은 기술을 개발했고, 이를 위하여 해마다 엄청난 화석연료를 사용해왔다. 그 결과 인간의 삶이 풍족해지고 살기 좋아진 반면, 지구 기후시스템의 충격이라는 반작용을 유발하였다. 온실가스는 온실효과의 주범이자 지구온난화의 원인이며, 이산화탄소, 메탄, 아산화질소, 수소불화탄소, 과불화탄소, 육불화황 등을 6대 온실가스라고 한다.

아르키메데스의 원리(부력의 원리)

경희대

물체가 유체 속에서 부력을 받는다는 원리로, 물체는 유체(기체와 액체) 속에서 물체를 뜨게 만드는 힘인 부력을 받는다는 것이다. 부력은 물체의 부피와 같은 크기이며, 방향은 중력의 반대 방향으로 작용한다. 부력의 원리는 물체의 부피를 측정하는 데 유용하다. 예를 들어 형태가 울룩불룩한 물체의 부피는 직접 측정하기가 어려우므로, 비중을 아는 액체 속에 담가 흘러넘친 물의 양을 측정하여 부피를 측정할 수 있다.

누리호(KSLV-II)

인하대

한국항공우주연구원 등이 국내 독자기술로 개발한 한국형 발사체다. 탑재 중량 1,500kg, 길이 47.2m의 3단형 로켓으로 설계부터 제작, 시험, 발사운용 등 모든 과정이 국내기술로 진행됐다. 2022년 6월 21일 진행된 2차 발사에서 발사부터 목표궤도 안착까지의 모든 과정을 완벽히 수행한 뒤 성능검증위성과의 교신에도 성공하면서 마침내 우리나라는 전 세계에서 7번째로 1톤(t)급 실용위성을 우주발사체에 실어 자체 기술로 쏘아 올리는 데 성공한 나라가 됐다. 또 2023년 5월 25일에 진행된 3차 발사이자 첫 실전 발사에서는 주탑재위성인 '차세대소형위성 2호'를 고도 550km 지점에서 정상분리한 데 이어 부탑재위성인 큐브위성 7기 중 6기도 정상분리한 것으로 확인돼 이륙부터 위성 작동까지 성공적으로 마쳤다는 평가가 나왔다.

신재생에너지

서울대, 숭실대

액화석탄 · 수소에너지 등 '신(新)에너지'와 유기물 · 햇빛 · 바람 · 물 · 지열 등을 이용하여 친환경적이고 재생 가능한 에너지로 변환하는 에너지를 통합해 지칭한 말이다. 신재생에너지 중 가장 각광받고 있는 것은 바이오디젤과 바이오에탄올을 아우르는 바이오연료다. 바이오디젤은 콩 · 유채 · 야자유 · 팜유나 폐식용유 등 식물성 기름을 촉매와 함께 물리 · 화학적 처리과정을 거쳐 만든다. 국제에너지기구(IEA) 추산에 따르면 2008년 기준 신재생에너지는 전 세계 에너지원의 19%를 차지하고 있지만, 우리나라의 신재생에너지 발전 비율은 2020년 기준 약 7.44%에 불과했고, 2021년에는 약 8.29%로 집계됐다.

망원경의 성능

강원대, 충북대

망원경의 구경이 커짐에 따라 망원경의 집광력이 좋아지고, 그에 따라 더 어두운 별들을 찾을 수 있게 된다. 같은 배율에서 관측을 할 때, 구경이 큰 망원경이 그만큼 더 밝은 상을 보여주며 그에 따라 유효 최대 배율은 구경에 비례하여 커지게 된다. 망원경의 구경이 커지면 이론상 얻을 수 있는 망원경의 분해능력이 좋아지게 된다. 이는 좀 더 선명한 상을 얻을 수 있으며 고배율 관측에도 이점을 가진다는 것을 뜻한다. 단, 망원경의 구경에 따른 집광력과 분해능력은 모두 이론상의 것이며 실제 망원경들은 모두 이보다 조금 떨어진 성능을 보이는 것이 사실이다. 망원경의 구경 이외에도 렌즈나 반사경의 소재와 코팅, 여러 가지 수차 등이 망원경의 성능에 영향을 줄 수 있으며, 이로 인해 소구경임에도 뛰어난 성능과 비싼 가격대를 형성하는 제품들도 있다. 구경이 커지면 망원경의 성능이 좋아지지만 망원경의 가격과 무게, 부피와 조작의 문제 등 성능 외적인 요소들이 망원경 사용의 장해로 작용할 수 있다.

PLUS ONE

제임스 웹 우주망원경(NGST)

허블 우주망원경을 대체하는 망원경이다. 별칭인 NGST는 'Next Generation Space Telescope'의 약자로 2002년 NASA의 제2대 국장인 제임스 웹의 업적을 기리기 위해 붙여졌다. 허블 우주망원경보다 반사경의 크기가 더 커지고 무게는 더 가벼워진 한 단계 발전된 우주망원경이다. 미국 NASA와 유럽우주국, 캐나다우주국이 함께 제작했다. 허블 우주망원경과 달리 적외선 영역만 관측할 수 있지만, 더 먼 우주까지 관측할 수 있도록 제작됐다.

블록체인(Block Chain)

동국대, 한국외대

데이터 보안방식의 하나로, 데이터들을 모든 거래 참가자들을 연결한 분산 데이터 저장 환경에 빠짐없이 저장해 데이터 변경이 있을 경우 참가자들이 소유한 데이터 노드 전체의 승인을 받아야만 거래가 이뤄지도록 만든 보안시스템이다. 한번 연결된 블록의 거래기록은 변경할 수 없고 영구적으로 저장된다.

영구적이고 동시다발적으로 남게 되는 거래 기록은 위조된 거래 기록을 만들어내려는 해커들의 수법이 통용되지 못하게 만든다. 또한 기록들을 모두가 가지고 있으니 어떤 주체가 자신이 소유하지 않은 코인을 위조해 송금하는 시도 또한 원천적으로 불가능하다.

PLUS ONE

NFT(Non Fungible Token)

하나의 토큰을 다른 토큰과 대체하거나 서로 교환할 수 없는 가상화폐다. 2017년 처음 시장이 만들어진 이래 미술품과 게임아이템 거래를 중심으로 빠른 성장세를 보였다. NFT가 폭발적으로 성장한 이유는 희소성 때문이다. NFT는 토큰 하나마다 고유의 가치와 특성을 갖고 있어 가격이 천차만별이다. 또한 어디서, 언제, 누구에게 거래가 됐는지 모두 기록되어서 위조가 쉽지 않다는 것이 장점 중 하나다.

바이오시밀러(Biosimilar)

동국대, 인천대

특허가 만료된 바이오의약품의 복제약을 말한다. 오리지널 바이오의약품과 비슷한 효능을 갖도록 만들지만 기존의 특허 받은 바이오의약품에 비해 약값이 저렴하다. 바이오의약품의 경우 화학적 합성이 아니라 동물세포나 효모, 대장균 등을 이용해 만든 고분자의 단백질 제품이기에 완전 동일한 제품을 만들어 낼 수는 없다. 즉, 효능은 비슷하게 내지만 성분과 원료는 오리지널 바이오의약품과 다른 '진짜 같은 복제약'인 것이다.

유전자 가위

중앙대, 건국대

손상된 DNA를 잘라낸 후 정상 DNA로 바꾸는 기술이다. 동식물 유전자의 특정 DNA 부위를 자른다고 하여 '가위'라는 표현을 사용한다. 1, 2, 3세대의 유전자 가위가 존재하며 3세대 유전자 가위인 '크리스퍼'가 개발되었다. 유전병의 원인이 되는 줄기세포 · 체세포의 돌연변이의 교정이나 항암세포 치료제 등으로 다양하게 활용할 수 있다.

배아줄기세포(Embryonic Stem Cells)

동국대, 공주대

난자와 정자가 결합하여 수정란이 된 후, 하나의 세포로 시작한 수정란은 세포분열을 통해 여러 개의 세포로 이루어진 배반포(Blastocyst)가 된다. 배반포의 안 쪽에는 내세포집단(Inner Cell Mass)이라고 하는 30~40개의 세포들의 덩어리가 있는데, 이 세포들은 증식한 후 수백만개의 분화된 세포로 태아의 몸을 구성하면서 심장, 폐, 피부, 뼈 등 여러 가지의 조직세포로 분화되면서 태아의 몸을 만들어가게 된다. 이러한 내세포계의 세포를 배반포로부터 특정한 환경에서 배양하면 더 이상 분화는 일어나지 않지만 분화할 수 있는 능력은 여전히 가지고 있는 상태의 세포로 만들 수 있다. 이러한 세포를 배아줄기세포라고 한다. 배아줄기세포는 모든 조직의 세포로 분화할 수 있는 능력을 지니고 있으며, 이론상으로는 무한정 세포분열을 할 수 있다. 이러한 특성을 이용하여 부상이나 질병 등으로 조직이 손상되었을 때, 배아줄기세포를 원하는 조직으로 분화시켜서 그 조직을 재생시키는 데 이용할 수 있을 것이라고 기대되고 있다.

질병 치료에 따르는 윤리적 문제

사람의 난자(Oocyte)와 수정란(Embryo)을 사용함에 따르는 윤리적인 문제는 일부 종교에서 수정란을 생명체로 간주하기 때문에 제기된다. 이에 대한 대체 방안으로 성체줄기세포(Adult Stem Cells) 또는 체세포(Somatic Cells)를 역분화한 줄기세포를 이용하는 연구방법이 있다.

세포 주기

동국대

- 간기(Interphase) : 분열하지 않는 기간으로 DNA가 응축되지 않은 형태의 염색질(Chromatin)의 형태로 존재하면서 세포 성장, 복제, 유전자 발현 등 세포활동이 활발한 시기이다. G1기, S기, G2기로 구성된다.
- 분열기(Mitotic Phase) : 분열하는 기간으로 핵분열과 세포질 분열로 나누어지며, 염색체 수의 변화에 따라 감수분열과 체세포분열로 나누어진다.

PLUS ONE

G0기

일반적으로 G0기는 분열정지기이다. 그러나 실제로 정지한 것은 아니다. G0기에 있는 세포들은 그 세포의 종류에 따라 신경전도, 특정 단백질 분비라든지 병원균에 대한 공격 등의 일을 수행하고 있다. 분화된 이후 간기와 분열기로 구성되어 있는 세포 주기로 다시 들어가지 못하고 그 세포가 사멸할 때까지 특정한 기능을 수행하게 되는 경우도 있고 다시 세포 주기로 들어가는 경우도 있다.

항상성의 유지 기능

연세대, 우석대

생명 현상의 유지에는 우리 몸의 최소 구성단위인 세포의 환경을 정상적으로 유지하는 것이 필요하다. 세포의 직접적인 환경이 되는 것이 세포외액이다. 세포가 모인 조직, 나아가 기관 단위의 여러 생리적 기능은 자체뿐 아니라 다른 기관이 기능을 유지하는지의 여부도 중요하게 되는데, 이때 중요시되는 것이 세포외액(내환경)의 항상성(Homeostasis) 유지 기능이다.

탄소중립

건국대, 가톨릭대, 명지대

탄소의 배출량과 흡수량을 동일하게 맞춰 '0'으로 맞추는 것을 뜻한다. '넷제로(Net Zero)'라고 하기도 한다. 배출하는 탄소량과 흡수 · 제거하는 탄소량을 같게 함으로써 실질적인 탄소배출량을 '0'으로 만드는 것이다. 즉, 온실가스 배출량(+)과 흡수량(−)을 같게 만들어 더 이상 온실가스가 늘지 않는 상태를 말한다. 기후학자들은 넷제로가 달성된다면 20년 안에 지구 표면온도가 더 상승하지 않을 것이라고 보고 있다.

분자의 반응속도

인하대, 서울대

단위시간에 변화된(증가 · 감소) 반응물 및 생성물의 몰농도로, 화학반응이 진행되는 속도이다. 단위 시간당 반응물질이 소비되는 양이나 생성물질이 생성되는 양으로 나타내며, 반응물질의 농도 · 온도 · 압력 · 촉매 따위에 따라 다르게 변한다.

온도가 높을수록 반응속도가 빨라지는 예

- 음식물은 겨울철보다 여름철에 상하기 쉽다.
- 냉장고에 넣어둔 음식은 쉽게 상하지 않는다.
- 겨울철에 비닐하우스 안에서 여름채소를 키울 수 있다.
- 일반 밥솥보다 압력 밥솥에서 밥이 빨리 만들어진다.

대체육류

경희대, 고려대, 동덕여대

미래에 닥쳐올 식량문제를 해결하기 위해 개발되고 있는 '대체 단백질 식품'을 가리킨다. 대표적으로 식물성 육류와 배양육 방식이 있다. 식물성 육류란 식물을 사용해 고기의 맛과 식감이 나도록 개발한 제품을 말한다. 미국의 식품회사 '임파서블푸드'는 진짜 고기의 맛과 향, 식감을 재현하는 데 성공했고 단백질의 함량을 높이고 지방을 낮추는 등 영양도 갖춘 식물성 육류를 개발했다. 기존의 패티를 만들 때보다 토양은 95%, 물은 74%나 덜 사용하며 온실가스 배출량은 87%나 줄일 수 있었다고 한다. 이들은 소고기를 분석해 고기 중에서도 단백질 성분인 '헴(유기철분)'이 인간의 입에서 고기 맛을 낸다는 것을 알게 되었고, 콩의 뿌리혹 헤모글로빈 또한 '헴'의 일종이라는 것에 착안해 이를 추출하는 데 성공했다. 이후 고기와 정확히 동일한 맛을 낼 수 있는 뿌리혹을 만들기 위해 다양한 기술을 사용했다고 한다. 하지만 아직 진짜 고기에 비해 맛은 떨어지지만 가격은 수배로 비싸다는 문제가 있다. 배양육은 소, 돼지, 닭 등의 가축에서 추출한 줄기세포를 실험실에서 6주간 배양한 후 고기 색을 입히는 등의 과정을 거친 단백질 식품이다. 미국의 배양육 생산업체 '멤피스미트'에 따르면 닭가슴살에서 추출한 줄기세포를 영양분과 섞어 배양하는 과정에서 물은 전통적인 방식으로 사육할 때의 10분의 1, 토지는 100분의 1만 들어갔다고 한다.

양자물리학

강원대

양자역학을 기초로 하는 물리학을 통틀어 이르는 말이다. 양자역학은 분자, 원자, 전자와 같은 작은 크기를 갖는 계의 물리학을 연구하는 분야이다. 19세기 중반까지의 실험은 뉴턴의 고전역학으로 설명할 수 있었다. 그러나 19세기 후반부터 20세기 초반까지 이루어진 전자, 양성자, 중성자 등의 아원자 입자에 관련된 실험들의 결과는 고전역학으로 설명을 시도할 경우 모순이 발생하여 이를 해결하기 위한 새로운 역학체계가 필요하게 되었다. 이 양자역학은 막스 플랑크의 양자가설을 계기로 하여 에르빈 슈뢰딩거, 베르너 하이젠베르크, 폴 디 랙 등에 의해 체계화된 전적으로 20세기에 이루어진 학문이다. 양자역학은 모든 역학, 전자기학(일반 상대성 이론은 제외)을 포함하는 고전이론을 일반화한다. 양자역학은 고전역학으로 설명되지 않는 현상에 대해 정확한 설명을 제공한다. 양자역학의 효과는 거시적으로는 관측이 어렵지만 고체의 성질을 연구하는 과정에서는 양자역학 개념이 필수적이다.

에너지 하베스팅

국민대, 광운대, 서울대

'Harvesting'은 '수확'이라는 의미로서 에너지 하베스팅은 태양광, 풍력, 진동 등 일상에서 버려지는 에너지를 수확해 전기에너지로 바꾸어 사용하는 기술을 말한다. 신체의 운동에너지나 태양광, 열, 전자파 등 일상과 자연 속 다양한 부분에서 잉여 에너지를 모을 수 있다. 에너지 공급의 안정성과 지속가능성을 획득할 수 있어 차세대 친환경에너지 활용기술로 각광받고 있다.

좋은 책을 만드는 길, 독자님과 함께 하겠습니다.

2025 대학으로 가는 논술구술 필수상식

개정15판1쇄 발행	2024년 08월 05일 (인쇄 2024년 06월 27일)
초 판 발 행	2009년 10월 15일 (인쇄 2009년 09월 23일)
발 행 인	박영일
책 임 편 집	이해욱
편 저	시사상식연구소
편 집 진 행	김준일 · 이보영 · 김유진
표지디자인	하연주
편집디자인	윤아영 · 채현주
발 행 처	(주)시대고시기획
출 판 등 록	제10-1521호
주 소	서울시 마포구 큰우물로 75 [도화동 538 성지 B/D] 9F
전 화	1600-3600
팩 스	02-701-8823
홈 페 이 지	www.sdedu.co.kr
I S B N	979-11-383-7381-4 (13030)
정 가	17,000원